KB211271

도전하는 현대의 세계관

도전하는 현대의 세계관

지은이 | 최용준

펴낸이 | 원성삼

책임편집 | 김지혜

표지디자인 | 이세영

펴낸곳 | 예영커뮤니케이션

초판 1쇄 발행 | 2020년 9월 20일

등록일 | 1992년 3월 1일 제 2-1349호

주소 | 04018 서울시 마포구 동교로 55 2층(망원동, 남양빌딩)

전화 | (02) 766-8931

팩스 | (02) 766-8934

홈페이지 | www.jeyoung.com

ISBN 979-11-89887-30-8 (93210)

값 18,000원

이 도서의 국립중앙도서관 출판예정도서목록(CIP)은 서지정보유통지원시스템 홈페이지
(http://seoji.nl.go.kr)와 국가자료공동목록시스템(http://www.nl.go.kr/kolis-
net)에서 이용하실 수 있습니다.(CIP제어번호: CIP2017025643)

모든 인간은 하나님의 형상을 닮은 존귀한 존재입니다. 사람은 인종, 민족, 피
부색, 문화, 언어에 관계없이 모두 다 존귀합니다. 예영커뮤니케이션은 이러한
정신에 근거해 모든 인간이 존귀한 삶을 사는 데 필요한 지식과 문화를 예수 그리스도의
사랑으로 보급함으로써 우리가 속한 사회에 기여하고자 합니다.

그리스도인의 정체성에 도전하는 현대의 세계관에 대한 고찰

도전하는 현대의 세계관

지은이 **최용준**

목차

머리말

우리가 살고 있는 이 시대에는 다양한 세계관이 있다. 이 세계관은 우리가 의식하든, 그렇지 못하든 간에 우리 삶에 많은 영향을 주고 있다. 특별히 기독교 세계관에 바탕을 두고 살아가는 그리스도인에게 현대의 다양한 세계관은 그리스도인의 정체성에 많은 도전을 주고 있다. 가령 LGBT 이슈 및 신천지 이단의 포교활동 등으로 젊은이들에게 적지 않은 피해를 주고 있으며 나아가 한국 및 국제사회에서도 포스트모더니즘, 뉴에이지 등 다양한 시대정신(Zeitgeist)이 그리스도인을 위협하고 있다. 이러한 영적 전쟁에서 지피지기(知彼知己)면 백전백승(百戰百勝)이라는 말처럼 기독교 세계관을 바로 알고 이에 도전하는 세속적인 세계관을 올바르게 분석, 비판하고 대안을 제시하는 것은 기독학자로서 매우 중요한 사명이며 책임이라고 할 수 있다.

이를 위해 본서는 먼저 세계관이 무엇인지에 대해 간략히 설명하고 기독교 세계관(Christian Worldview)을 진술한 후 근대 및 현대 서양의 대표적인 세계관으로 이신론(Deism), 자연주의(Naturalism), 허무주의(Nihilism), 실존주의(Existentialism), 마르크스주의(Marxism), 포스트모더니즘(Postmodernism), 뉴에이지(New Age) 등을 살펴보겠고 동양의 대표적인 세계관으로 이슬람(Islam), 힌두교(Hinduism), 불교(Buddhism) 및 유교(Confucianism)를 고찰한 후 마지막으로 현대 한국 사회에 큰 이슈가 되고 있는 신천지와 하나님의교회에 대해 평가하려고 한다. 이를 위해 각 세계관의 내용을 살펴보고 대표적 사상가들을 언급한 후 그 세계관이 가지고 있는 장·단점을 비판적으로 분석하고 평가한 후 단점에 대해 기독교 세계관적 대안을 제시하여 그리스도인들에게 올바른 성경적 분별력을 키울 수 있도록 돕고자 한다.

본서는 한동대학교에서 필자가 수년간 "기독교와 현대사상"이라는 과목으로 강의한 경험을 바탕으로 온라인 강좌인 K-MOOC(Korea Massive Open Online Course)에서 "현대 세계관의 이해(www.kmooc.kr/courses/course-v1 : HGUk+HKG06+2020_T1/about)"라는 과목의 교재로 일차 개발되었다. 본서는 이를 좀 더 심화시켰고 마지막에 신천지와 하나님의교회를 추가하였다. 나아가 본서의 출판은 저자가 한

동대학교에서 수행한 "기독교 세계관의 도전과 발전 방안"이라는 전략 과제의 일환으로 이루어졌다.

바라기는 본서가 종말을 살아가는 그리스도인들로 하여금 더욱 경성하여 이 시대를 분별하면서 영적인 싸움에서 "궤변을 무찌르고, 하나님을 아는 지식을 가로막는 모든 교만을 쳐부수고, 모든 생각을 사로잡아서, 그리스도께 복종"시켜(고후 10:4-5) 승리하도록 도울 수 있기를 바란다.

한동대학교 캠퍼스에서

저자

1. 세계관이란 무엇인가?

세계관은 삶이다

먼저 '세계관이란 무엇인가?'에 대해 생각해 보겠다. 모든 인간은 세상을 살아가면서 나름대로 생각을 갖고 산다. 이 생각을 '세상을 바라보는 눈' 또는 '세계관'이라고 한다. 삶의 전제, 지도, 안경 또는 참조 틀이라고 할 수도 있다. 이러한 관점은 선천적으로 갖는 것이 아니라 후천적이며 따라서 계속해서 형성되는 하나의 진행형이라고 말할 수 있다. 하지만 적지 않은 사람이 자신의 세계관에 대해 근본적인 성찰 없이 살아간다. 우리는 이에 대해 문제의식을 가져야 한다. 자신의 세계관이 무엇인지 정확히 모른 채 산다면 자신도 모르는 사이에 자신이 의도하지 않은 인생을 살 수도 있기 때문이다. 세계관과 삶은 분리될 수 없다.

네덜란드 속담에 이런 말이 있다.

물은 가장 친한 친구인 동시에 가장 무서운 적이다.

필자는 10년 가까이 네덜란드에 살면서 이 속담의 의미를 피부 깊숙이 느꼈다. 네덜란드는 대부분의 땅이 해수면보다 낮기 때문에 물 관리가 국가의 생존과 직결된다. 네덜란드는 온 사방에 운하와 강 그리고 호수가 있어 네덜란드 사람들은 일단 물과 매우 친숙하다. 따라서 거의 대부분의 아이들은 네 살만 되면 수영을 배운다. 물에 빠져도 언제나 헤엄쳐 나올 수 있도록 준비시키는 것이다.

1953년 대홍수로 막대한 피해를 입은 뼈아픈 경험을 했기에 네덜란드는 철저한 공사를 통해 서남쪽 바다를 막는 델타 프로젝트를 완성하여 환경도 보호하면서 홍수의 위협에서 벗어났다. 그리고 땅을 더 간척하기 위해 북쪽 바다도 막아 4차선 고속도로를 건설해 짠물의 바다를 민물의 호수인 아이슬미어(Ijsselmeer)로 만들었으며, 동시에 전국을 연결하는 운하를 철저히 관리하고 있다. 그래서 네덜란드 사람들의 세계관에 있어 물은 친한 '친구'인 동시에 항상 경계해야 할 '적'이라는 양면성을 가지고 있고 수력공학에 관한 한 세계 최고의 기술력을 자랑한다.

다른 예로는 언젠가 필자가 영국 런던의 히드로 공항에 내린 적이 있다. 건물 안으로 들어가는 데 다음과 같은 광고를 보았다.

How the world sees you depends on how you see the world.
세상이 당신을 어떻게 보는가는 당신이 세상을 어떻게 보는가에 달려 있다.

필자는 이것이 매우 세계관적인 광고라고 생각한다. 나아가 미국의 유명한 릭 워렌(Rick Warren) 목사는 *Purpose-Driven Life*(『목적이 이끄는 삶』)라는 그의 책에서 다음과 같이 말한다.

> The way you see your life shapes your life.
> 당신이 당신의 삶을 보는 방식이 당신의 삶을 결정한다.

가령 히드로 공항의 광고에서 보여 주었던 이미지는, 같은 사람의 머리를 보면서도 어떤 사람은 하나의 헤어스타일이라고 해석하고 다른 사람은 군인으로 이해하며, 심지어 어떤 사람은 생존자로 보기도 한다. 아마도 항암치료를 받는 환자로 생각했기 때문일 것이다. 나아가 한국 사람은 이 사람을 스님으로 볼 수도 있고 또 다른 어떤 분으로 생각할 수도 있을 것이다. 이처럼 어떤 관점에서 보느냐에 따라 사람을 보고 이해하는 것도 다를 수 있다는 것이다.

같은 광고인데 이런 장면도 있었다. 같은 그림을 두고 해석이 정반대인 것이다. 가령 피사의 사탑을 보면서 가장 완벽한 작품이라고 보는 사람이 있는가 하면 가장 불완전한 건축물로 이해하는 사람도 있다는 것이다. 또한 얼굴과 팔이 없는 조각품을 보면서도 가장 완전한 예술품으로 보는 사람이 있는가 하면 가장 불완전한 작품으로 이해하는 사람도 있을 수 있다. 이처럼 어떤 세계관을 가지고 있는가에 따라 세상은 전혀 다르게 보인다. 마치 **빨간색 선글라스**를 끼면 세상이 모두 빨갛게 보이고 파란색 안경을 착용하면 온 세상은 파랗게 보이는 것처럼 말이다.

나아가 같은 공간에서 살면서 전혀 다른 세계관이 충돌하는 경우도 있다. 미국 서부개척 당시, 원주민에게는 땅을 정복한다거나 판매한다는 개념이 전혀 없었다. 그들은 땅이 자신들의 생활 터전이고 땅과 하나라는 세계관을 가지고 있었기 때문이다. 하지만 개척자들의 세계관에 의하면 땅은 정복 대상이었고 따라서 원주민과의 충돌은 불가피했다. 이와 같이 세계관은 우리가 세상을 보는 방식에 영향을 미치며 전혀 다른 두 세계관이 부딪칠 경우 심각한 문제를 낳기도 한다.

세상에는 세계관을 일관성 있게 정립하여 그 세계관에 충실한 삶을 살아가는 사람이 있는가 하면, 혼돈스러운 세계관을 가지고 있거나 자신의 세계관에 부합하는 삶을 살지 못하는 사람도 있다. 그럼에도 분명한 사실은 세계관이 없이 사는 사람은 없다는 것이다. 우리가 가진 세계관, 인생관 또는 가치관은 인간의 삶에 있어서 하나의 전제 조건이 되는 동시에 삶을 이끌고 가는 하나의 동인(動因)이자 비전이 된다고 할 수 있다.

그런데 이러한 세계관은 대부분 선천적으로 가지는 것이 아니라 후천적으로 배워 습득하게 된다. 사람이 선천적으로 똑똑하고 지혜로울 수는 있지만 그것을 어떤 방향과 목적으로 사용하는가는 그 사람의 세계관 여부에 따라 결정되며, 그러한 세계관은 그가 살아가면서 점진적으로 체계가 세워진다. 따라서 우리의 세계관을 바로 아는 것은 매우 중요하다. 나아가 자신의 세계관이 왜 옳은지 말할 수 있어야 한다. 세계관을 체계적으로 연구한 제임스 사이어(James W. Sire, 1933-2018)의 말을 보자.

우리가 진정 지적으로 충분히 의식적이라면 우리는 다른 사람들의 세계관을 분별할 수 있어야 할 뿐만 아니라 우리 자신의 세계관도 알고 있어야 한다. 수많은 세계관 중에서 어떤 것이 우리의 세계관이고 왜 옳은지도 말이다(Sire, 2009:1).

왜냐하면 자신의 세계관과 다른 세계관을 검토하지 않고 사는 삶(unexamined life)은 자칫 헛된 삶으로 끝나기 쉽기 때문이다. 만약 자신이 옳다고 믿고 있던 세계관이 결국 잘못된 것으로 드러나고 자신의 남은 삶이 얼마 남지 않음을 깨닫는다면 우리는 절망할 수밖에 없을 것이다.

2차 세계대전의 종말을 그린 독일 영화 "몰락(Der Untergang)"에서 나치즘을 절대 진리로 믿으며 불변하는 세계관으로 숭배했던 히틀러와 그의 심복들은 전쟁에서 연합군에게 패하자 결국 절망감에 휩싸이게 된다. 서쪽에서는 연합군이, 동쪽에서는 러시아군이 계속해서 베를린을 포위해 들어오자 지하 벙커에 있던 히틀러의 참모들이 안절부절못하면서 한 명 두 명 절망 가운데 목숨을 끊는다. 이처럼 세계관은 매우 중요하다. 특별히 지도자가 잘못된 세계관을 가질 경우 그가 속한 공동체 모두가 큰 피해를 볼 수 있음을 이 영화

는 매우 잘 보여 주고 있다.[1]

이 '세계관'이라는 단어는 먼저 임마누엘 칸트(I. Kant, 1724-1804)와 같은 독일의 관념론 철학자에 의해 "세계에 대한 직관(Weltan-schauung)"이라는 단어로 쓰였으며 그 후 딜타이(W. Dilthey, 1833-1911) 그리고 낭만주의 철학자에 의해 보편화되었다(전광식, 1998:12-17). 하지만 네덜란드의 아브라함 카이퍼(Abraham Kuyper, 1837-1920)와 헤르만 도예베르트(Herman Dooyeweerd, 1894-1977)와 같은 신칼빈주의(Neo-Calvinism) 학자들은 이 '세계관'이라는 단어를 성경적 의미로 적용하여 '세계 및 인생관('wereld en levensbeschouwing)'이라는 표현을 사용하기 시작했다. 나아가 이 세상은 기독교적 세계관과 다른 세계관이 서로 양보할 수 없는 영적 전쟁을 치르고 있다고 보았다.[2]

반면에 동양의 산스크리트어로는 세계를 'loka'라고 하며 한자로 '세(世)'는 시간을 '계(界)'는 공간을 의미한다. 따라서 동양적 의미에서 세계관이란 단지 공간적 세계가 아니라 시간과 공간으로 구성된 세상 전체에 대한 포괄적인 관점이라고 말할 수 있다.

세계관의 정의 및 유형

세계관에 대해 좀 더 세부적으로 들어가 보면 가령 독일의 철학

---

1 이 영화 트레일러는 www.youtube.com/watch?v=U7AGbgzfXis 참조.

2 보다 자세한 내용은 David K. Naugle, *Worldview: the history of a concept*, Grand Rapids: Eerdmans(2002). 박세혁 역, 『세계관, 그 개념의 역사』 CUP(2018) 참조.

자 빌헬름 딜타이는 '세계상(Weltbild)'과 '세계관(Weltanschauung)'을 구분하였다. 세계상은 문화가 미개한 단계에서 가지는 세계에 대한 그림으로 가령 신화나 설화가 이에 해당하겠다. 반면에 세계관이란 보다 구체화되고 종합적인 세계에 관한 기본 가설이라고 구별했다.

세계를 바로 보고 이해하기 위해서는 아래 네 가지 질문이 중요하다.

첫째, 모든 것은 어떻게 시작되었는가? 모든 세계관의 첫 관심사는 만물의 기원이 무엇인가 하는 것이다. 서양의 그리스 세계관이 그러했고 동양적 세계관도 마찬가지다.

둘째, 세상의 가장 근본적인 문제는 무엇인가? 이 세상은 무언가 정상이 아니라는 보편적인 생각이 우리에게 있다. 세상은 우리가 원하는 낙원이 아니라 원치 않는 악이 존재하는 곳이다. 그 뿌리가 과연 무엇인지를 살펴보겠다.

셋째, 이 문제에 대한 해결책은 무엇인가? 문제가 무엇인지 정확히 밝혀지면 그 문제를 어떻게 해결해야 할 것인가가 당연히 그 다음 관심사가 될 것이다. 이 세상의 모든 문제를 풀 수 있는 열쇠가 무엇인지 안다면 그 사람의 삶은 분명 확신 가운데 사는 삶이 될 것이다.

넷째, 이 세상의 마지막은 어떻게 되는가? 우리는 이 세상의 최후에 대해 관심을 갖지 않을 수 없다. 종말의 모습에 대해 어느 정도 바로 알고 예측할 수 있다면 오늘을 사는 우리의 자세는 그것을 모르고 살아가는 사람과는 분명 다를 것이다.

이 세계관에 대해 보다 진지한 관심을 가지고 체계적으로 연구한 학자들은 서구의 복음주의적 신학자와 기독교 철학자다. 그들이 세계관에 대해 정의한 것 중 중요한 것만 간추려 본다면 다음과 같다.

가령 미국의 제임스 사이어는 처음에 세계관에 대한 그의 고전적 명저 *The Universe Next Door: A Basic World View Catalog*에서 이렇게 정의했다.

> 옳을 수도 있고 일부만 맞을 수도 있으며 전적으로 틀릴 수도 있는 삶에 대한 전제, 즉 우리 모두가 의식 또는 무의식적으로 일관성이 있든지 없든지 간에 세계의 기본 구성에 대해 가지고 있는 전제들의 집합(Sire, 김헌수 역, 2007:17).

그러나 최근 그는 한 걸음 더 나아가 보다 깊이 있게 정의한다.

> 세계관은 우리의 존재 중심인 마음의 헌신이며 근본적인 방향 설정으로서 우리가 세상의 기본 구조에 대해 가진 하나의 이야기 또는 전제의 집합으로 우리가 살고 움직이며 존재의 근거가 되는 기초다.(Sire, 2004:122)

여기서 우리가 주목할 것은 세계관이 단순히 지적 산물일 뿐만 아니라 '마음의 헌신도 포함한다.'는 사실이다. 즉 세계관은 단지 관념이 아니라 삶 전체를 결정한다는 것이다.

캐나다 리디머(Redeemer)대학의 교수였던 앨버트 월터스(Albert. M. Wolters)는 세계관을 "기본적이면서도 포괄적인 사물에 대한 신념 체계"라고 정의한다(Wolters, 1985:2). 또한 남아프리카공화국 포체프스트롬(Potchefstroom)대학 교수였던 반 데어 발트(B. J. van der Walt)는 세계관은 "인간의 활동에 있어 밑바탕이 되면서 동시에 활동을 형성하고, 동기와 방향과 의미를 부여하는 하나의 통합된 사물에 대한 해석적 및 고백적 관점의 집합"이라고 설명한다(van der Walt. 1994:39).

캐나다 토론토의 기독교학문연구소(ICS: Institute for Christian Studies)에서 가르치던 브라이언 왈쉬(Brian J. Walsh)와 리처드 미들톤 (J. Richard Middleton)은 세계관이 세상의 모델을 제공하는 동시에 세상에 사는 사람을 인도한다는 사실을 강조한다(Walsh & Middleton, 1984: 15-30). 다시 말해 세계관은 우리의 삶의 방향을 결정하는 매우 중요한 요소라는 것이다.

이러한 내용을 종합해 볼 때 필자는 세계관을 다음과 같이 정의할 수 있다고 생각한다. 세계관은 "세계와 삶에 대한 전제로서 체계적인 성격을 가지며 모든 인간 활동의 헌신과 방향을 결정하는 관점"이다. 이것은 결국 세계관과 삶이 불가분리적으로 연결되어 있음을 뜻한다. 따라서 우리가 우리 자신의 세계관에 대해 의식적으로 점검하고 살펴보는 것은 매우 중요한 일인 것이다.

세계관의 내용에 대해 좀 더 살펴본다면 다음 네 가지 질문으로 요약할 수 있겠다.

첫째, 나는 누구인가? 인간의 본질과 사명, 목적은 무엇인가?

둘째, 나는 어디에 있는가? 내가 사는 이 세상과 우주의 본성은 무엇인가?

셋째, 무엇이 문제인가? 내가 목적을 달성하는 데 방해물은 무엇인가?

넷째, 그 해결책은 무엇인가? 이 방해물을 어떻게 제거할 수 있는가?

이 질문을 좀 더 깊이 분석해 보면 결국 인간, 세계, 악 그리고 구원의 문제로 압축할 수 있다. 내가 누구인지 바로 아는 동시에 인간이 어떤 존재인지 바로 이해하고 내가 살고 있는 이 세상의 현실을 올바로 바라보는 동시에 이 세상에 너무나 많은 문제의 핵심인 가장 근본적인 악과 죄의 본질을 이해한 뒤, 이것을 어떻게 극복할 수 있는지 그 방법까지도 인식하게 된다면 가장 바른 세계관을 가진다고 말할 수 있지 않을까?

나아가 사이어는 이 네 가지 질문을 좀 더 발전시켜 보다 구체적으로 아래 일곱 가지를 제시하고 있다.

첫째, 진정한 실재는 무엇인가?

둘째, 우리 주변 세계의 본질은 무엇인가?

셋째, 인간은 무엇인가?

넷째, 죽은 이후 인간은 어떻게 되는가?

다섯째, 우리가 무엇을 아는 것은 도대체 어떻게 가능한가?

여섯째, 우리가 옳고 그름을 어떻게 알 수 있는가?

일곱째, 인간 역사의 의미는 무엇인가?(Sire, 김헌수 역, 2009:18).

반면에 반 데어 발트는 보다 보편적인 관점에서 세계관을 다음과 같이 설명한다.

첫째, 세계관은 포괄적이다.

둘째, 사물을 바라보는 방식이다.

셋째, 우리가 이 세상을 이해하고 방향을 잡는 데 도움을 준다.

넷째, 하나의 통합적 관점을 제공한다.

다섯째, 서술적인 동시에 규범적이다.

여섯째, 전적 헌신을 요구한다.

일곱째, 전형적으로 인간에게만 있다.

여덟째, 전학문적(pre-scientific)이다.

아홉째, 행동의 근저에 깔린 기원이다.

열째, 현실 세계에 대한 명확한 상(image)이지만 아직 완전하지는 않다(Van der Walt, 1994:40-42).

나아가 대부분의 공동체는 자신의 세계관을 구체적인 상징물로 표현하여 그 공동체의 구성원에게 동기를 부여하며 영감을 주고 결속시키는 데 사용하기도 한다. 가령 공산주의 세계관은 망치와 낫이 그려진 붉은 깃발이 그 대표적인 상징이며, 나치즘의 세계관은 오른쪽으로 구부러진 십자가가 상징이고, 불교는 바퀴, 이슬람은 초승달 그리고 기독교 세계관은 십자가로 대표된다고 말할 수 있다.

마지막으로 세계관에도 크게 자연 중심적 세계관, 인간 중심적 세계관 그리고 신 중심적 세계관과 같이 세 종류의 유형이 있다고 말할 수 있다.

먼저 자연 중심적 세계관이다. 이러한 세계관은 자연 자체를 신성시하는데 샤머니즘이나 자연주의 등을 들 수 있다.

둘째로 인간 중심적 세계관이 있다. 세상보다는 나 자신의 주체가 가장 중요하다고 보는 실존주의나 각 인간의 생각을 존중하는 포스트모더니즘이 이에 해당한다고 볼 수 있다.

마지막으로는 신 중심적 세계관이 있는데 유대교, 이슬람 그리고 기독교가 이에 해당한다. 이 중에도 유대교와 이슬람은 신의 초월적인 면을 좀 더 강조한다면 기독교 세계관은 신의 초월성과 내재성을 동시에 강조한다고 말할 수 있다. 즉 알라신과 야훼는 전능하시고 거룩하시지만 우리 인간과 함께 하지는 않는다. 반면에 기독교적 신관은 하나님을 아버지라고 부른다. 이 부분은 나중에 보다 자세히 설명하겠다.

세계관의 기능

이러한 세계관은 여러 가지 기능을 한다. 그중 몇 가지 중요한 부분을 언급하겠다.

첫째, 세계관은 세상과 나 자신을 이해하는 해석적 열쇠를 제공한다. 이 세상에 많은 열쇠가 있지만 자기 집 문을 열고 들어갈 수 있는 열쇠는 단 하나이듯이 세상과 인간을 가장 올바로 이해할 수 있는 열쇠도 하나만 존재한다고 말할 수 있다. 다시 말해, 이 세상에는 다양한 세계관이 있지만 가장 궁극적인 의미에서 올바른 세계관만이 이 세상을 바르게 이해하고 해석하는 기능을 가진다는 의미다.

둘째, 현실의 상황과 삶의 경험 가운데서 인간 존재에 의미를 부여한다. 즉 삶의 목적을 깨닫게 되고 그 목적을 바로 이루기 위해 최선의 노력을 경주하도록 동기를 유발시킨다는 것이다. 예를 들어 학생에게 무조건 공부하라고 윽박지르는 것은 별로 효과적이지 않는다. 이와 같이 바른 세계관은 내가 왜 공부를 열심히 해야 하는지 또는 왜 내가 하는 사소한 일에도 최선을 다해야 하는지를 알게 해 준다.

셋째, 나아가 바른 세계관은 우리 삶의 규범적인 틀로, 우리 삶을 그 원칙에 의해 선택하도록 인도하며 특정한 패턴을 따라 행동하게 한다. 가령 성실과 정직을 원칙으로 삼고 살아가는 사람은 상황에 따라 타협하는 세계관을 가진 사람들과는 분명히 다른 삶의 패턴을 보여 줄 것이다. 이 사람은 순간적으로는 후자의 라이프 스타일이 지혜롭게 보일 수 있으나 궁극적으로는 전자가 올바른 삶이라는 것을 적극적으로 확신하며 일관성 있게 살아가려고 노력할 것이다.

넷째, 세계관은 결정적인 상황에서 아군과 적군, 올바른 세계관과 잘못된 세계관을 분별할 수 있도록 도와주는 진단적 기능을 가지고 있다. 따라서 자신이 신봉하던 세계관에 위기가 오면 그 세계관을 가진 사람들은 존재의 근거 자체가 위협받게 된다. 앞에서 언급했듯이 히틀러의 나치즘이 몰락할 때 그의 부하들이 함께 불안해하면서 결국 자결하는 모습이 대표적인 예다. 자신의 세계관이 다른 세계관보다 더 일관성이 있고 다른 세계관의 단점에 대해 대안을 제시할 수 있다는 것을 알면 알수록 자신의 세계관에 대한 확신이 강화될 것이다.

다섯째, 올바른 세계관은 우리의 소명(calling)을 자각하도록 일깨우며 이 세상을 보다 나은 곳으로 만들어야 할 책임을 느끼게 한다. 즉 참된 세계관은 단지 세상을 이해하는 데서 머물지 않고 이 세상을 어떻게 변화시켜야 하는지를 깨닫게 해 주며 그 방향으로 나아가도록 인도해 준다. 다시 말해 세계관은 세상의 구조를 서술적(descriptive)으로 분석하고 설명할 뿐만 아니라 이 세상을 어떻게 살아야 하는가 하는 규범적(prescriptive)인 측면을 포함한다.

따라서 올바른 세계관은 우리 자신의 정체성(identity)과 온전한 모습(integrity)을 형성하는 데 매우 중요한 기능을 하며 안정감, 만족감, 내적 평안 그리고 기쁨을 제공하기도 한다. 그러므로 먼저 우리 자신의 세계관이 무엇인지 정확하게 아는 것은 매우 중요하다. 만약 내가 가진 세계관이 이러한 안정감과 평안을 주지 못한다면 무엇이 잘못되었는지 깊이 검토하여 올바른 세계관을 갖도록 해야 할 것이다.

2. 기독교 세계관

서론

이러한 세계관 중 그리스도인은 성경적인 세계관을 가지고 살려고 노력한다. 성경적 세계관은 마치 하나의 나침반이나 지도 또는 내비게이션처럼 인생이라는 우리의 항해를 궁극적인 목적지인 하나님의 나라로 인도해 준다. 다른 말로 정리하면 그리스도인은 성경이라는 안경을 통해 하나님과 자신 그리고 세상을 이해하고 성경의 기준을 따라 세상을 살아가는 사람이다.

그렇다면 성경적 세계관이란 무엇인가? 그것은 크게 창조(創造, creation), 타락(墮落, fall into sin), 구속(救贖, redemption) 그리고 완성(完成, consummation)이라는 주제로 설명할 수 있다(최용준, 2005:55-56).[3] 이것을 하나씩 간단히 설명한다면 다음과 같다.

---

3 이 네 가지 요소를 처음 언급한 학자는 아브라함 카이퍼의 영향을 받은 네덜란드의 기독교 철학자 헤르만 도예베르트다. 하지만 그는 구속과 완성을 크게 구분하지 않고 하나로 다루었다.

창조는 먼저 만물의 기원에 관한 질문의 답으로 이 세상은 창조주에 의해 설계되고 지어졌다는 것이다. 이것은 만물의 기원은 우연이라고 생각하면서 자연 도태와 적자생존의 법칙에 의해 생물이 진화되어 왔다고 보는 진화론과는 분명히 대조되는 세계관이다. 나아가 성경적 창조관은 원래 이 세상은 하나님 보시기에 아름답고 조화로운 곳이었다고 말한다. 따라서 이 우주는 하나님의 장엄함으로 가득 차 있다고 본다.

그러나 인간이 죄를 지음으로 세계는 뒤틀리고 타락하게 된다. 이것은 이 세상의 모든 문제의 근원이 무엇인가에 대한 답변으로 인간의 타락은 결국 세상 전체에 영향을 주게 되었다는 말이다.

그러나 예수 그리스도께서 이 땅에 오셔서 십자가에 죽으시고 부활하심으로 뒤틀린 세상이 다시 회복되고 구속되어 빛의 나라가 어둠의 나라를 정복해 나간다. 이것은 모든 문제의 근본적인 해결이 무엇인가에 대한 대답으로 타락이 우주적 영향을 미친 것과 같이 구속도 인간에게만 해당하는 것이 아니라 만물과 우주를 포함한다는 의미다.

마지막으로 이러한 과정이 끝나면 왜곡된 창조의 세계는 완전히 새롭게 변화되며 하나님의 나라가 완성될 것이라고 성경은 말한다.

이것을 그림으로 표시한다면 먼저 창조는 깨끗하고 밝은 하나의 원으로 나타낼 수 있다. 하나님께서 창조하신 모든 것(form)은 매우 좋았다. 처음 세상은 원래 매우 조화롭고 아름다운 세상이었던 것이다. 반면에 타락(deform)은 검게 변한 원으로 표현할 수 있다. 깨끗

2. 기독교 세계관

하던 원이 변질된 것이다. 그 결과 세상의 모든 것은 죄라는 바이러스에 오염되어 병들어 있다.

구속(reform)은 다시 하나님의 나라로 상징되는 깨끗한 원이 타락한 세상을 상징하는 어두운 원을 몰아내는 모습으로 표현될 수 있다. 죄로 오염된 세상이 하나님의 통치로 회복되는 과정을 보여 준다. 나아가 세상의 마지막은 어떻게 되는가에 대한 성경적 세계관을 도형으로 표현한다면 다시 깨끗하고 조화로운 원으로 표시될 수 있다. 하지만 이 원은 처음 창조의 원과는 다르다. 왜냐하면 이 원은 다시 검은 원이 될 가능성이 전혀 없는 완전한 상태(transform)이기 때문이다.

이것을 사도 바울은 로마서 11장 36절 상반절에서 다시 이렇게 요약한다.

> 만물이 그에게서 나고, 그로 말미암아 있고, 그를 위하여 있습니다.

짧은 문장이지만 여기서 우리는 만물의 기원과 과정 그리고 궁극적인 목적을 발견할 수 있다. 다시 말해 세계의 과거, 현재, 미래와 모든 것이 이 한 문장에 포함되어 있음을 알 수 있다. 필자는 이것이 기독교 세계관을 가장 잘 요약한 문장이라고 생각한다. 앞으로 이 내용을 좀 더 깊이 살펴보도록 하겠다.

서양 인사말에도 이러한 세계관이 나타나는 것을 볼 수 있는데 가령 스페인어로 장례식에서 작별 인사를 할 때 "adiós"라고 하고 불어로도 "adieu"라고 한다. 이 말은 영어로 하면 "To God", 즉 '하나님께로 (간다)'는 의미다. 즉 돌아가신 분은 이제 하나님께로 갔다는 뜻이다. 또한 한 해를 보내면서 우리는 "아듀 2019년"이라는 말을 사용하는데 문자적으로 보면 2019년은 하나님께로 갔다는 의미다. 이처럼 우리의 삶과 시간의 마지막 종착역은 하나님께 있다는 세계관이 인사말에서 표현되는 것이다(최용준, 2013 : 156-159).

기독교 세계관

1. 창조

이제 기독교 세계관의 창조에 대해 살펴보겠다. 창세기 1장 1절은 "태초에 하나님이 천지를 창조하셨다."고 말한다. 만물의 궁극적인 기원은 창조주께 있다는 말이다. 이 세상의 모든 물건은 만든 사람이 있듯이 이 우주도 설계하시고 만드신 분이 있으며 그분의 전능하심과 절대 주권을 인정해야 한다고 말한다. 반면에 진화론은 만물의 기원에 대해 우연(chance, contingency)이라고 밖에 말할 수 없고, 그것이 어떻게 존재했는지에 대해 설명할 수 없으므로 결국 불가지론(agnosticism)이라고 하겠다.

사실 우리가 조금만 주의 깊게 보면 우주가 단지 우연의 산물이라고 하기에는 너무나 복잡하면서도 질서정연함을 알게 된다. 성경은 이 모든 것이 창조주의 디자인이요 작품이라고 선언한다. 하지만 동시에 창조주와 피조물 간에는 넘을 수 없는 본질적인 경계가 있다고 말한다. 그 경계는 바로 피조물에게 적용되는 모든 창조의 법 또는 질서다. 창조주는 피조물을 만드신 분이므로 그 법을 초월하며 피조물은 지음 받은 존재이므로 성경은 하나님이 진정한 만유의 주재가 되시므로 삶의 모든 영역에서 그분의 주 되심(Lordship)과 왕 되심(Kingship)을 인정해야 한다고 말한다(잠 3:6).

그렇다면 성경은 창조주께서 천지를 어떻게 지으셨다고 말하는가? 그분의 '말씀'으로 창조하셨다고 말한다. 여기서 '말씀'이란 하나님의 명령인 창조적인 진술로 그 자체가 능력이 있고 주권적임을 창세기 1장은 보여 준다. "빛이 있으라."고 말씀하시니 그대로 빛이 생겨났다. 따라서 하나님의 창조는 'creatio ex nihilo', 즉 무에서 유를 창조하신 것이다. 이러한 사상은 다른 세계관에서 찾아볼 수 없는 유일하고 매우 독특한 사상이다. 그리스 철학에서 나오는 조물주(Demiurge)도 사실은 이미 존재하는 원물질(原物質)로 세상을 만들었으므로 엄격히 말해 무에서의 창조는 아니다.

창세기 1장 26-27절에 의하면 인간은 특별히 하나님의 형상을 따라 창조되었다고 한다. 하나님께서 삼위일체, 즉 한 분 안에 세 인격으로 존재하는데, 인간도 남자와 여자로 지음 받았으나 한 몸이 된다. 하나님의 형상이란 인간이 하나님의 성품을 어느 정도 닮았음을 뜻한다. 전지전능하심이나 영원하심 등은 인간이 닮을 수 없지만 거룩하심이나 의로우심, 자비하심 등은 인간이 어느 정도 공유한다.

또한 인간은 축복을 받아 땅에 충만하고 그분의 대리자로서 모든 피조물을 다스릴 사명을 받았다고 성경은 말한다. 즉 피조계에 담겨 있는 무한한 가능성과 잠재성을 개발하여 그분의 거룩한 영광을 드러내어야 할 사명이 인간에게 있다는 것이다. 여기에서 역사의 의미도 발견된다. 즉 인간은 이 명령에 순종할 수도 있고 불순종할 수도 있지만 그 결과에 대해 책임을 져야 한다는 것이다. 순종할 경우 그 문화는 발전하지만 그렇지 않을 경우 그 문화는 잘못된 방향으로 나아가 결국 자체적인 모순에 빠지게 된다.

나아가 이 세계는 정적(static)이지 않고 매우 동적(dynamic)이다. 가령 창세기 2장에는 아담과 하와가 에덴동산에서 살고 있지만 요한계시록 21장에는 새 예루살렘이라는 도시가 하늘에서 내려오는 것을 보게 된다. 정원(Garden)에서 도시(City)로 변화된 것이다. 인간은 이 동산을 잘 '개발'하는 동시에 '보존'해야 한다(창 2:15). 즉 인간은 환경에 대한 책임이 있다. 나아가 인간에 의해 이 세상은 계속 발전해 나간다는 의미에서 창조는 완성을 지향한다(Creation points to consummation)고 말할 수 있다.

따라서 창조는 하나의 '오픈 시스템(Open System)'이다. 튤립이 아름답게 피듯이 이 세상도 자유의지를 가진 인간에 의해 다양하게 펼쳐질 수 있는 가능성이 있다. 노트북이 열리면 다양한 기능을 발휘하듯 세계는 여러 가능성을 향해 열려 있다. 따라서 우리의 삶은 창조주의 뜻에 따라 올바르게 응답하며 살아가야 하며 그 삶에 대해서는 책임져야 한다. 이런 의미에서 인간은 '응답하는 존재(Homo Respondens)'라고 할 수 있다.

따라서 성경적 시간관과 역사관은 불교나 힌두교 또는 유교 등과 같이 만물은 돌고 돈다는 윤회사상과는 반대다. 불교의 상징은 바퀴인데 그것은 모든 것은 돌고 돈다는 사상을 의미한다. 이 순환적 시간관은 자칫 운명론(fatalism)에 빠지기 쉽다. 반면에 기독교 세계관은 시작과 끝이 있는 직선적인 역사관이라고 말할 수 있다. 창조가 있으면 완성이 있다. 그래서 성경 제일 마지막인 요한계시록에서 하나님은 처음이요 마지막이며, 시작이요 끝이며, 알파와 오메가라는 것이다. 물론 우리의 삶에 약간이 반복적인 요소는 있다. 하지만 궁극적으로 역사에는 방향성이 있다는 뜻이다.

창조 세계는 언약성을 보여 준다. 다시 말해 해가 어제도, 오늘도 그리고 내일도 동쪽에서 뜨지 서쪽에서 뜨지 않는다. 지구가 23.5도 기울어져 하루에 한 번 도는 것도 일정하다는 것이다. 나아가 지구가 일 년에 한 번 태양을 도는 것도 변하지 않는다. 이것은 모두 이 세상을 지으신 창조주께서 그 법칙을 신실하게 지키기 때문이다. 예레미야 선지자는 이것을 예레미야 33장 20-21절 및 25-26절에서 분명히 말하고 있다. 그러므로 우리는 이 세상의 일정한 법칙을 신뢰하면서 일상생활을 영위할 수 있다는 것이다.

나아가 창조는 이 세상의 모든 것을 포함한다. 즉 이 세상의 만물은 지어진 존재다. 따라서 이 세상에 그 어떤 것도, 그 누구도 절대화될 수 없고 오직 창조주만 절대 주권(sovereignty)을 가진다는 의미다. 다시 말해 성경은 이 세상의 어떤 것도 우상화시키는 것을 금한다. 사람이 신격화되어서도 안 된다. 왜냐하면 사람은 분명히 한계가 있는 존재이기 때문이다. 반대로 창조주의 주권, 왕 되심(Kingship) 및 주 되심(Lordship)을 인정한다면 삶의 모든 영역에서 그분을 온전히 인정해야 함을 의미한다. 다시 말해 신앙과 삶을 분리하는 이원론적 세계관은 잘못되었다는 것이다.

마지막으로 창조된 이 세상은 창조주의 능력과 신성을 보여 준다. 사진처럼 매우 장엄한 경치를 볼 때 우리는 그 경치에 놀랄 뿐만 아니라 그러한 작품을 만든 창조주가 있다면 그분은 대단한 능력을 가진 분이실 뿐만 아니라 그분의 신성도 느낄 수 있다. 이 세상의 어떤 정교하게 만들어진 제품을 보면서 우리가 그 제작자의 기술에 감탄하는 것처럼 말이다. 나아가 이 세상은 창조주의 지혜도 보여 준다. 우주만물이 매우 정교한 법칙에 의해 지금도 움직이고 있다는 것과 우리 인간의 세포 하나 그리고 놀라운 생명의 신비를 볼 때 창조주의 탁월한 지혜를 인정하지 않을 수 없을 것이다.

2. 타락

그러나 동시에 우리는 이 세상에 존재하는 '악'의 문제를 다루지 않을 수 없다. 도대체 이것이 어디에서 왔으며 왜 존재하는가 하는 것이다. 나아가 선한 사람에게 왜 악한 일이 일어나는가 하는 문제는 인류의 역사만큼 오래된 질문이기도 한다. 가령 2차 세계대전 당시 나치에 의해 희생당한 600만 명의 유대인을 생각할 때마다 이 주제는 언제나 우리에게 실존적인 관심사이며 이 세계를 이해하고 바라보는 데 가장 중요한 이슈 중 하나라고 말할 수 있다.

이 문제에 대해 성경은 인간이 원래 하나님 형상으로 지음 받은 고귀한 존재였지만 죄를 지어 타락하였고 따라서 인간은 전적으로 부패하여 스스로는 도저히 구원할 수 없는 존재라는 것이다. 만물의 영장으로, 하나님을 닮은 존재로 창조된 인간 원래의 모습은 맹자의 성선설과 비슷하다. 반면에 전적으로 부패하고 타락한 죄인으로서 인간은 순자의 성악설과도 유사하다. 이 두 가지는 극과 극의 대조가 아닐 수 없다. 그러나 성경은 이 모두를 100% 인정하고 있다. '천하보다 더 가치 있는 존재'인 동시에 '벌레만도 못한 죄인'이라는 이 두 가지 면을 올바로 이해해야 한다. 창세기 3장은 인류의 시조 아담과 하와가 어떻게 타락하게 되는지 잘 설명해 준다.

성경은 또한 죄의 '우주적인 영향(cosmic effect of sin)'을 말한다. 즉 인류의 대표였기에 아담과 하와의 타락은 단순히 그들만의 타락이 아니라 모든 인류의 타락을 의미했으며 인류의 타락은 동시에 그들이 다스려야 할 세계에도 영향을 미치게 된 것이다. 따라서 죄는 아담과 하와 개인의 삶뿐만 아니라 그 이후의 인간 사회, 가정, 국가, 정치 구조, 경제, 과학만능주의 등 모든 영역에서 마치 기생충이나 바이러스처럼 붙어 하나님의 창조 세계를 변질시키고 부패하게 한다.

그럼에도 이 세상 전체가 완전히 엉망이 된 것은 아니다. 이것을

'보편 은총(common grace)' 또는 '일반 은총(general grace)'이라고 하는데 악이 지배하는 세상에도 여전히 햇빛은 모든 사람에게 비취며 창조의 선한 기본 구조는 남아 있기 때문이다. 다만 악은 이 창조의 발전 방향을 왜곡시키는 것이다. 따라서 중요한 것은 이 '구조'와 '방향'을 올바로 구별하는 것이다. 가령 음악을 포함한 예술이나 건축 자체의 구조는 선하지만 이것을 어떤 방향으로 사용하는가에 따라 그 의미는 달라진다.

타락의 결과 인간은 바벨탑을 쌓게 된다. 바벨탑은 지금 말로 하면 최첨단 기술이 동원되어 건설된 도시로 인간이 만든 낙원이라고 볼 수 있다. 하지만 결국 이 프로젝트는 실패하고 중단된다. 그 이유가 무엇인가? 네덜란드의 화가, 피터 브루겔(Pieter Bruegel, 1525–1569)은 자신의 그림을 통해 잘 설명하고 있다. 문제는 바벨탑이 아니라 그 탑을 건설하는 인간에게 있다. 그 그림 왼쪽 아래에 보면 인간이 스스로 왕이 되어 하나님의 자리에 앉자 결국 내부적인 모순이 발생하고 각자의 이해관계가 충돌하면서 서로 소통이 되지 않고 갈등이 커져 바벨탑은 실패작이 된 것이다.

이처럼 창조주와의 관계가 단절된 인간은 그분 대신 다른 무엇을 절대화하여 섬기게 되는데 이것을 '우상'이라고 한다. 스위스의 개혁자였던 장 깔뱅(Jean Calvin, 1509–1564)은 그의 저서 『기독교 강요(*Institutio Christianae Religionis*)』에서 타락한 인간은 계속해서 "우상을 만들어 내는 공장(*fabrica idolatorum*)"이라고 말한다. 이것을 십계명에서 잘 확인할 수 있는데 첫째는 그분 외에 다른 신을 섬기지 말라는 것이다. 이것은 하나님 이외의 모든 것은 헛된 우상이라는 의미다. 둘째로 다른 형상을 만들지 말라는 것은 사실 우리 인간이 참된 하나님의 형상이므로 우리가 다른 형상을 섬기면 우리는 그 우상의 형상으로 변질되는 것을 의미한다.

따라서 성 어거스틴은 인간과 죄의 가능성에 대해 전체적으로 이렇게 정리했다. 창조에서 타락까지는 소위 *posse peccare*라고 하는데 이것은 인간은 죄를 지을 수도 있고 짓지 않을 수도 있는 상태라는 의미다. 생명나무와 선악과 둘 중에 하나를 선택할 수 있는 존재였다. 하지만 타락에서 구속까지는 *non posse non peccare*, 이것은 죄의 능력에 사로잡혀 죄를 짓지 않을 수 없으며, 스스로 구원할 수 없는 상태라는 뜻이다. 이는 마치 바다에 빠진 사람이 자기 스스로 그 바다에서 벗어날 수 없고 누군가가 와서 구조해 주어야 한다는 것이다.

셋째로 구원받은 이후부터 완성까지는 *posse non peccare*, 죄를 이길 수 있는 상태를 의미한다. 요한일서 5장 18절에 의하면 하나님의 자녀에게는 성령 하나님께서 함께 하시므로 죄의 세력을 이길 수 있으며 따라서 같은 죄를 계속해서 짓지 않고 결국 극복한다고 말한다. 마지막으로 완성 이후에는 *non posse peccare*, 이것은 죄를 지을 수 없는 완전한 상태에 이른다는 의미다. 다음에는 이 타락의 문제를 근본적으로 해결할 수 있는 구속(redemption)에 대해 알아보겠다.

3. 구속

성경은 예수 그리스도의 죽음과 부활을 통해 타락의 문제가 해결되었다고 말한다. 즉 구속은 이미 성취되었다는 것이다. 나아가 구속의 세 가지 면을 볼 수 있다. 먼저 이러한 구속이 역사 속에서 점진적으로 드러나고 있다는 것이다. 둘째로 세상 모든 악의 문제는 예수 그리스도를 통해 해결되었고 따라서 구속은 회복적이라는 것이다. 나아가 인간의 타락이 우주적이면서 피조계에 치명적인 영향을 미쳤기 때문에 예수 그리스도의 구속 역시 우주적이며 종합적이라는 점이다.

구속의 역사를 전체적으로 살펴보면 제일 먼저 나오는 약속은 하나님께서 아담과 하와가 타락한 직후에 창세기 3장 15절에서 장차 메시아를 보내 주시겠다는 약속이다. 이것을 소위 최초의 복음(*Proto Evangelium*)이라고 한다(Robertson, 1980). 이어 노아 시대에는 홍수 심판 이후 노아와 그의 가족 그리고 그와 함께 한 모든 생물과 약속을 맺으시면서(창 9:9-17) 더 이상 세상을 물로 심판하지 않고 메시아를 통한 구원을 약속하시고 증거로 무지개를 보여 주신다. 여기서 주목할 것은 사람과 함께 모든 생물도 포함했다는 것이다.

나아가 이 축복은 모든 민족에게 보편적으로 적용된다는 약속을 하나님께서 아브라함과 맺으신다. 그를 부르시면서 앞으로 그의 자손이 번성하고 축복의 땅을 받을 것이며 그를 통해 만민이 복을 받을 것을 약속하신다(창 12:1-3). 이는 구원이 한 민족에게 국한되지 않음을 보여 주는 것이다.

또한 하나님께서는 모세를 통해 이스라엘 백성과 계약을 맺으시는데 그것이 출애굽기 20장에 나오는 십계명이다. 이 계명은 구원의 조건이 아니라 이미 구원받은 백성이 거룩한 삶을 살기 위한 원칙으로 주어진 것이다.

그 후 하나님께서는 다윗 왕과도 약속을 맺어 그의 집과 나라가 영원히 이어갈 것이며 그의 왕위가 영원히 서 있을 것이라고 말씀한다(삼하 7:16). 하지만 실제적으로 다윗 왕국은 나중에 바벨론에서 멸망당한다. 그렇다면 이 약속이 폐지되었을까? 아니다. 이 약속은 궁극적으로 그의 자손 예수 그리스도를 통해 하나님의 나라가 실제적으로 이 땅에 임하며 그 나라가 영원할 것을 약속하신 것이다.

성경은 예수 그리스도께서 이 모든 약속을 성취하였다고 말한다. 최후의 성만찬을 하실 때 주님은 식사 후에 잔을 들어 축사하시면서 이 잔은 우리와 세우는 새 언약으로 그 보혈을 통해 우리가 죄에서 구속함을 입는 상징임을 말씀한다(고전 11:25). 따라서 성경에 계시된 하나님의 모든 약속은 결국 우리의 구속을 위한 것이며 그 중심에 예수 그리스도께서 서 계심을 알 수 있다. 예수님은 모든 언약을 성취하셨기에 신·구약성경이 만나는 초점이 되며 구속사의 주인공이 되신다.

그렇다면 예수 그리스도의 구속 사역이 어떻게 하나님의 나라를 이 땅에 임하게 했을까? 하나님의 나라는 예수께서 죄 때문에 부패한 이 세상을 십자가의 희생으로 화평을 이루어 회복시키는 것과 같다고 성경은 말한다. 따라서 구원을 얻는다는 것은 결국 하나님 나라의 시민이 되어 하나님을 삶의 모든 영역에서 주인 되심을 인정하는 것이다. 따라서 하나님의 나라는 어느 일정한 공간을 말하는 것이 아니라 그분의 다스리심이 있는 모든 영역을 포함한다. 이런 의미에서 하나님의 나라, 언약 그리고 예수 그리스도의 구속은 서로 긴밀한 연관이 있다.

이 하나님의 나라를 잘 보여 주는 것은 마태복음 13장에 나타난 다섯 가지 비유이다. 먼저 '씨 뿌리는 비유'는 하나님의 나라가 어떻게 시작되는지 보여 준다. '씨'는 하나님의 '말씀'으로 그 말씀이 뿌려질 때 우리의 마음 상태가 어떠한가에 따라 그 결과가 달라진다. 우리 마음이 길가와 같이 굳어 있거나 돌밭이나 가시밭처럼 여러 걱정과 염려가 있으면 좋은 열매를 맺지 못하지만 좋은 밭이면 삼십 배, 육십 배, 백 배의 열매를 거두게 된다. 또한 두 번째 '가라지' 비유는 하나님 나라에는 언제나 '방해 세력'이 있다는 것이다. 하지만 이러한 방해가 있을지라도 결코 낙심해서는 안 된다.

세 번째 비유인 '겨자씨' 비유와 '누룩' 비유는 아무리 방해가 있어도 하나님의 나라는 신비롭게 성장하고 '확장'됨을 가르쳐 준다. 마치 태아가 열 달 동안 어머니 배 속에서 자라듯 그리고 태어난 이후에도 매일매일 조금씩 성장하듯 비록 천국은 처음 시작할 때는 미약한 것처럼 보여도 마침내 크게 자라게 되므로 끝까지 포기하지 말아야 한다는 것이다. 여기서 겨자씨는 매우 작은 씨앗이지만 큰 나무가 되는 것처럼 양적 성장을, 누룩은 빵을 부풀게 하므로 질적인 성장을 의미한다. 아기가 육체적으로 자라면서 정신적으로도 성장하는 것과 같다.

네 번째 '감춰진 보화'와 '진주' 비유는 이 하나님 나라가 얼마나 '가치' 있는가를 깨우쳐 준다. 전자는 밭을 갈다가 우연히 땅속에 있는 보화를 발견한 것처럼 의도하지 않았지만 하나님 나라의 진리와 가치를 깨닫는 경우이지만, 후자는 진주 장사가 가장 비싼 진주를 의도적으로 찾고 또 찾다가 마침내 발견한 것처럼 천국의 진리를 찾던 구도자가 마침내 발견한 경우를 말한다. 어떤 경우이든 하나님의 나라는 우리의 모든 소유를 팔아서 살지라도 전혀 아깝지 않을 만큼 가장 귀한 보화라는 사실을 가르쳐 준다.

마지막으로 '그물' 비유나 '추수' 비유는 하나님 나라의 최종적 '완성' 및 최후의 심판을 보여 준다. 고기를 잡고 돌아온 어부는 그물로 잡은 고기 중 좋은 생선은 모으지만 나쁜 물고기는 버린다. 추수 때가 되면 농부는 알곡은 모아 곳간에 들이지만, 쭉정이는 불에 사를 것이다. 이와 같이 하나님의 뜻대로 산 그분의 백성은 영원한 축복의 나라에 들어가지만 그렇지 못한 악인은 결국 최후의 심판을 받게 된다는 뜻이다. 따라서 이 다섯 가지의 그림을 모두 모으면 하나님 나라의 전체적인 모습이 드러나게 된다.

그렇다면 예수 그리스도의 사역과 하나님의 나라는 무슨 관계가 있을까? 예수께서는 3년 동안 천국에 관해 선포하시고 가르쳤을 뿐만 아니라 그것이 현재적으로 임하여 타락한 세상이 회복되는 모습을 여러 방법으로 보여 주신다. 가령 악한 귀신을 쫓아내신 것은 하나님 나라에는 귀신이 있을 수 없음을 증명하는 것이다. 병든 자를 고치며, 죽은 자를 살린 것은 천국에는 병이나 죽음이 있을 수 없기 때문이다. 배고픈 군중을 먹이신 것은 하나님 나라에는 굶주림이 없는 풍요함이 있음을 보여 준다. 갈릴리 호수의 풍랑도 잠잠케 하시고 심지어 그 위로 걸어오신 것은 천국에는 세상의 혼돈과 모든 문제가 다 평정됨을 보여 준다. 그러므로 예수님의 사역은 하나님의 나라가 실제 현재적으로 임한 것을 증명하는 것이다.

하지만 동시에 성경은 하나님 나라의 현재성과 동시에 미래성도 보여 준다. 하나님의 나라가 이미(already) 우리 가운데 있지만 아직 완전히 완성되지는 않았다는(but not yet) 것이다. 예수 그리스도께서 다시 오실 그때 하나님의 나라는 완성된다는 것이다. 이것은 마치 어머니 배 속에 있는 아기와 같다. 아기는 분명히 있다. 하지만 아직 태어나지는 않았다. 현재성과 미래성이 공존하는 것이다. 이처럼 천국은 지금 실재하기도 하지만 장차 완성될 것이다.

그렇다면 예수 그리스도께서 하신 사역과 성령의 역할은 무엇이 다를까? 이 점을 이해하는 것은 매우 중요하다. 먼저 예수께서 십자가에 죽으신 후 사흘 만에 부활, 승천하심으로 구속을 '성취(accomplishment)'하셨다. 십자가에서 "다 이루었다."고 말씀하신 것은 바로 이것을 의미하는 것이다. 즉 구약의 모든 언약과 예언을 단번에 성취하였기에 다른 제사나 희생이 더 이상 필요하지 않다는 뜻이다.

그렇다면 성령은 왜 오셨을까? 성경은 예수께서 성취하신 구속의 역사를 개개인에게 '적용(application)'하시기 위해 내려오셨다고 말한다. 가령 말씀을 듣고 하나님의 부르심(calling)을 깨닫게 되는 것은 성령의 역사이다. 그 후 말씀과 성령의 역사로 우리는 거듭나게 되며(regeneration) 예수를 주와 그리스도로 믿고 죄를 회개하게 된다(faith/repentance). 그러면 성령께서 우리를 죄 없는 의인으로 간주해 주시고(justification) 나아가 하나님의 자녀로 인정해 주신다(adoption). 이제 하나님의 자녀가 된 그리스도인들을 성령께서는 계속해서 거룩하게 하시고(sanctification) 훈련시킨다(perseverance). 그리하여 마지막에 영광스러운 모습으로 변화되게 하심으로(glorification) 우리의 구원을 완성하신다(Murray, 1987).

동시에 성령 하나님은 그리스도인이 함께 모인 교회의 주인이시다. 성령의 오심으로 예루살렘 최초의 교회가 탄생한다. 그리고 이 성령의 인도하심을 따라 교회는 복음의 증인이 되었고, 무서운 박해도 이겨 냈으며, 그리스도의 한 몸으로 서로 지체가 되어 돌아보며 섬기게 된다. 나아가 교회는 세례를 받은 성도가 한 믿음과 소망 그리고 사랑의 공동체가 된다. 또한 교회는 모든 인종과 민족, 문화와 언어를 초월한 하나님 나라의 공동체가 된다. 마지막으로 성령의 인도하심에 순종하여 계속해서 하나되어 세상의 빛이 됨으로 하나님의 나라가 확장되는 데 사용된다.

결론적으로 하나님 나라와 그리스도인의 삶을 이렇게 정리할 수 있다. 먼저 아래 선은 이 세대의 선이다. 이 선은 창조에서 시작되었으나 타락을 거쳐 결국 예수님의 재림으로 끝나는 현재의 피조계를 의미한다. 그 위에 있는 선은 하나님 나라의 선이며 새 하늘과 새 땅이다. 이 선은 예수님의 초림에서 시작되어 재림 이후에도 영원토록 계속된다. 현재는 이 두 선이 공존한다. 그리고 이 두 선은 도저히 화합할 수 없는 대립관계(antithesis)이다.

구약 시대는 창조로부터 예수님의 초림 직전이며, 신약 시대는 예수님의 초림과 재림 사이의 기간이다. 물론 구약 시대에도 하나님의 나라가 전혀 없었던 것은 아니지만 그것은 그림자요 예표였다. 하나님 나라의 실체는 예수께서 이 땅에 오신 이후인데 이 예수님의 초림을 D-day, 재림을 V-day라고 말하기도 한다. 이것은 2차 세계대전 시 노르망디 상륙작전에 비유한 것인데 D(Decisive) day는 작전 개시일, V(Victorious) day는 최종 승리한 날을 뜻한다. 예수님의 초림으로 사탄은 결정적 타격을 받았고 우주적인 구속은 성취되었다. 그러나 아직도 사탄의 세력이 남아 꿈틀거리며 많은 사람을 유혹한다. 하지만 남은 세력은 예수님의 재림 때 완전히 사라질 것이다.

나아가 하나님 나라는 예수님의 초림과 성령의 강림에 의해 본격적으로 시작되었고 그리스도의 재림에 의해 완성될 때까지 지금도 은밀하게 성장하고 있다. 계속해서 복음의 씨앗이 뿌려지고 있으며 많은 방해가 있다 할지라도 성령의 능력에 의해 겨자씨와 누룩처럼 신비롭게 자라간다. 이것은 개인적으로도 그렇고 교회적으로도 그러하다. 성령의 역사에 의해 의롭게 된 그리스도인은 성화의 과정을 거쳐 영화롭게 된다. 교회도 어려움이 있지만 결국 더 온전해지고 아름다운 그리스도의 신부로 단장하여 마침내 영원히 거룩한 성 새 예루살렘에서 영광스러운 축복의 삶을 누릴 것이다.

그렇다면 그리스도인의 생활양식은 어떠해야 하는가? 다섯 가지로 나눠볼 수 있다.

먼저 삶의 궁극적인 목표는 무엇을 하든지 나 자신의 유익이 아니라 오직 하나님의 영광을 위해 사는 것이다. 둘째, 삶의 원동력은 내 힘이나 지혜가 아니라 오직 하나님의 은혜이다. 셋째, 삶의 궁극적인 동기는 다른 무엇보다 오직 믿음 그리고 감사하는 마음이다. 넷째, 삶의 컨텍스트는 항상 내가 하나님 앞에서 살아감을 잊지 말아야 한다. 마지막으로 삶의 기준은 인간의 지식이 아니라 오직 하나님의 말씀이다. 다시 말해 하나님의 나라 백성답게 사는 것은 이 세상의 가치관과는 분명 다름을 알 수 있다.

지금까지 다룬 구속의 내용을 다음과 같이 결론지을 수 있겠다. 즉 인간의 범죄는 우주적인 타락을 낳게 되었고, 아름다운 하나님의 형상인 인간에게도 뒤틀리는 현상이 나타나기 시작했다. 하지만 예수 그리스도께서 이 모든 문제를 근본적으로 회복하셨다. 그렇다면 이 하나님 나라가 최종적으로 완성된 모습은 어떤지 이어서 살펴보겠다.

4. 완성

이제는 그리스도인의 궁극적 소망인, 만물의 최종적 완성이 구체적으로 어떠한 것인지 성경의 제일 마지막 책인 요한계시록 21장

1-4절을 중심으로 생각해 보고자 한다. 이 내용은 크게 네 가지로 나누어 볼 수 있다. 첫째는 새 하늘과 새 땅이고, 둘째는 거룩한 성 새 예루살렘이며, 셋째는 하나님이 우리와 친히 함께 하심이고 마지막으로는 영원한 축복을 누리는 것이다. 이제 이 주제를 하나씩 다루어 보겠다.

먼저 1절을 보면 사도 요한이 "새 하늘과 새 땅"을 보았다고 말한다. 이 새 하늘과 새 땅은 하나님께서 현재 우리가 경험하는 세계와는 질적으로 전혀 다른 새로운 질서의 세계인 하나님의 나라를 완성하신다는 것이다. 그래서 '새롭다'는 헬라어도 단지 시간적으로 새로움을 가리키는 '네오스(neos)'가 아니라 완전한 질적 변화를 가리키는 '카이노스(kainos)'라는 단어를 쓰고 있다. 따라서 이것은 우주적으로 완전히 새로워진 세상, 더 이상 죄나 악이 없는 새로운 세계를 의미한다.

나아가 이 새 하늘과 새 땅에는 바다가 없다고 말씀한다. 이것은 상징적인 표현으로서 출애굽기 15장 10절과 시편 46편 3절을 볼 때 바다는 무질서와 혼동의 상징으로 묘사되고 있다. 또한 요한계시록 13장 1절을 보면 바다에서 적그리스도의 상징인 한 짐승이 나온다고 말씀한다. 하지만 예수께서 이 세상에 계실 때 갈릴라 바다를 잔잔하게 하신 적이 있다. 나아가 완전한 새 하늘과 새 땅에는 아예 바다가 없다. 따라서 그곳은 더 이상 어두움이나 무질서나 혼돈이 없는 오직 주께서 다스리시는 평화와 광명의 나라임을 알 수 있다.

2절에 보면 먼저 이 새 예루살렘은 거룩한 도시다. 가장 거룩하신 하나님으로부터 내려오기에 세속적인 것이 전혀 없는 성결한 도성이며 따라서 이 땅에서 하나님의 거룩한 말씀대로 살았던 성도만 들어갈 수 있는 곳이다. 이 도성이 얼마나 거룩한 곳인지를 단적으로 보여 주는 사실이 있다. 그것은 요한계시록 21장 16절에 새 예루살렘 성을 측량해 보니 가로, 세로, 높이가 모두 일만 이천 스타디온으로 정육면체다. 왜 그럴까? 먼저 생각할 것은 이 새 예루살렘이 인간에 의해 만들어진 도시가 아니라 하나님께서 직접 설계하신 도시라는 점이다.

그런데 구약성경에 보면 하나님께서 이렇게 직접 디자인하신 건축물이 두 개 나온다. 그것은 바로 모세에게 계시하셨던 성막과 이 성막을 본 떠 만든 솔로몬의 성전이다. 그런데 이 성막과 성전에 정육면체가 한 군데 있다. 그것은 바로 지성소로서 가로 세로 높이가 같다. 성막은 각 10규빗이고 성전은 각 20규빗이다. 이 사실은 무엇을 의미하는가? 이는 새 예루살렘이 지성소가 완성된 모습으로서 지극히 거룩하신 하나님께서 계시고 오직 거룩한 주의 백성만이 들어갈 수 있음을 분명히 보여 주는 것이다.

나아가 이 거룩한 성 새 예루살렘은 얼마나 아름다운지 신부가 남편을 위하여 단장한 것과 같다고 한다. 이러한 결혼의 이미지가 주는 궁극적인 의미는 무엇인가? 그것은 장차 하나님의 백성과 주님께서 함께 누릴 '가장 친밀한 사랑의 교제(the most intimate loving fellowship)'를 뜻한다고 말할 수 있다. 우리가 지금 맛보며 누리는 주님과의 깊은 교제와 사랑의 관계가 새 예루살렘에서 온전히 완성된다는 의미다. 물론 그렇기 위해 주님의 백성은 계속해서 순결한 삶을 이 땅에서 살아야 하는 것이 전제된다.

3절에 보면 하나님의 집이 사람 가운데 있어 하나님이 친히 그들과 함께 계실 것이며, 그들은 하나님의 백성이 될 것이라고 한다. 이것은 한마디로 '하나님께서 우리와 함께 하시는 임마누엘'의 완성이라고 말할 수 있다. 성경을 보면 구약시대에 하나님께서는 여러 가지 모형으로 자기 백성과 함께 하심을 보여 주셨다. 창세기 1장 26-27절에 인간이 하나님의 형상으로 지음 받은 사실 자체가 이미 하나님의 임재를 의미한다. 이것은 마치 뛰어난 예술 작품 속에 그 작품을 만든 예술가의 혼이 들어 있는 것과 비슷하다.

족장 시대를 보면 하나님께서 늘 그들과 함께 하신다고 하는 약속을 반복하심을 볼 수 있다. 아브라함을 부르시고 언약을 맺으실 때에도 하나님께서는 늘 그와 함께 하신다고 말씀하셨다. 이삭도 마찬가지였다(창 26:24). 야곱 또한 하나님의 임재를 체험했다(창 28:15). 요셉도 비록 이집트에 종으로 팔려가고 여주인의 모함으로 감옥에 갇히는 어려움을 당했으나 하나님께서 그와 함께 하셔서 마침내 이집트의 총리가 되어 가족뿐만 아니라 많은 민족을 구원하는 위대한 인물로 쓰임 받게 됨을 알 수 있다(창 39장). 이렇게 모든 족장과 함께 하신 하나님께서는 그들을 통해 궁극적으로 축복을 받게 될 모든 하나님의 백성과 함께 하실 것을 의미한다고 볼 수 있다.

출애굽기 3장 2절을 보면 이스라엘 백성이 이집트에서 노예로 고난 당할 때 하나님께서 모세를 부르시면서 그와 함께 하시겠다고 약속하신다. 그들이 이집트에서 나온 이후 모세가 하나님께서 지시하신 대로 성막을 만들자 그들과 함께 하시는 상징으로 구름이 성막을 덮었고 주의 영광이 가득 찼다고 출애굽기 40장 34절은 말한다. 히브리어로 이것을 '쉐키나(Shekinah)'라고 한다. 나아가 하나님께서는 그들과 함께 하실 뿐만 아니라 친히 인도하셨다. 출애굽기 40장 36-38절을 보면 이스라엘 자손이 길을 갈 때 낮에는 구름이 위에 있었고 밤에는 구름 가운데 불이 있어서 앞길을 밝혀 주었다.

이것은 솔로몬이 성전을 건축했을 때 다시 나타난다. 열왕기상 8장 10절과 역대하 7장 1-3절에 보면 예루살렘에 성전을 완공하자 하나님의 임재와 영광의 상징인 구름이 그 성전에 가득 찼다. 이후에도 많은 선지자가 이와 동일한 비전을 보았다. 나아가 이사야 선지자는 이사야 4장 5-6절에서 예루살렘 전체에 하나님의 임재와 영광의 구름이 덮일 것을 예언했으며 에스겔 선지자 또한 에스겔서 37장 27-28절에 동일한 예언을 하면서 48장 35절에는 이 성읍을 "여호와 삼마"라고 부르는데 이는 '주님께서 거기 계신다.'는 뜻이다. 스가랴 선지자도 스가랴 2장 10-11절에 같은 비전을 보았다.

신약시대에는 하나님께서 직접 인간으로 오셔서 우리와 함께 하셨다. 마태복음 1장 23절에 예수님의 이름이 "임마누엘"인데 '하나님이 우리와 함께 하신다'는 뜻이다. 요한복음 1장 14절을 보면 말씀이 육신이 되어 우리 가운데 사셨고 우리는 그 영광을 보았는데 그것은 아버지께서 주신 외아들의 영광이었고, 그분은 은혜와 진리가 충만했다고 한다. 여기서 '사셨다'는 단어는 구약성경에 나오는

'쉐키나(שכינה)'의 헬라어 동사형 'eskenosen'이다. 이는 예수님의 탄생 이야말로 하나님께서 우리 가운데 친히 장막을 치신 사건이요, 따라서 임마누엘의 영광과 은혜와 진리가 가득했다는 의미인 것이다.

예수님께서 사역 기간 중에 다시 이 영광을 보여 주신다. 그것은 바로 변화산에서다. 주님께서 영광스러운 모습으로 변화되신 후 영광의 구름이 그를 덮었는데 이것은 바로 하나님의 임재의 영광이며 장차 십자가의 고난을 앞에 두고 제자들에게 하나님 나라의 궁극적인 영광을 미리 보여 줌으로써 그들을 격려하고 소망을 주기 위한 것이다. 성도도 이 새 예루살렘에 들어갈 때 부활하신 예수님처럼 가장 거룩하고 영화로운 모습으로 변화될 것이다. 그리고 영원히 주님과 함께 지내게 될 것이라고 성경은 말한다(살전 4:17).

나아가 예수님께서 부활 승천하신 후 약속하신 대로 오순절 날 성령께서 임하심으로 다시금 하나님께서 모든 성도의 심령 속에 함께 하게 되었다. 이전에는 육체로 우리와 함께 하신 하나님께서 시공간의 제한을 받으셨지만 이제는 성령으로 우리와 함께 하시므로 언제 어디서나 하나님의 임재를 느낄 수 있다. 그러므로 사도 바울은 고린도전서 3장 16절과 6장 19절에 "이제부터는 우리의 몸이 거룩한 성전"이라고 말한다. 여기서도 성령이 우리 안에 계신다는 헬라어도 요한복음 1장 14절에 나오는 단어와 동일함을 볼 수 있다.

요한계시록 7장 15절을 보면 이제 하나님께서 친히 장막을 치셔서 자기 백성과 함께 하신다고 말한다. 그 결과 성경 전체를 통한 언약이 완성된다. 하나님이 자기 백성과 영원히 함께 하심으로 그들의 하나님이 되시고 그들은 하나님의 백성이 된다. 요한계시록 21장 11-21절에 이 새 예루살렘은 하나님의 영광에 싸여 그 빛은 매우 귀한 보석 같고 성벽은 벽옥으로 쌓았으며 도성은 맑은 수정 같은 순금으로 되어 있고 주춧돌은 각색 보석으로 꾸며져 있다고 말한다. 또한 열두 문은 진주로 되어 있고 도시의 넓은 거리는 맑은 수정 같은 순금이었다고 말한다. 즉 천국 축복이 완성됨을 뜻한다.

하나님께서 친히 그 성에 함께 하시기 때문에 새 예루살렘 안에는 다른 성전이 필요 없다. 또한 해나 달도 필요 없다. 왜냐하면 하나님의 영광이 그 성을 밝혀 주며 어린 양이 친히 등불이 되시기 때문이다. 나아가 요한계시록 21장 22-26절에 보면 이곳에는 구원받은 민족이 주님의 빛 가운데 다닐 것이며, 땅의 왕이 그들의 영광을 가지고 들어올 것이고 각 나라 사람은 각각 영광과 명예를 그곳으로 들여올 것이라고 말씀한다. 이는 그들이 행한 모든 수고가 헛되지 않고 하나님의 인정을 받을 것임을 암시한다.

새 하늘과 새 땅이 임하고 가장 거룩한 도시 새 예루살렘이 하늘에서 내려와 하나님께서 친히 자기 백성과 함께 하시면 그 결과는 무엇인가? 요한계시록 21장 4절이 설명한다.

> 그들의 눈에서 모든 눈물을 닦아 주실 것이니, 다시는 죽음이 없고, 슬픔도 울부짖음도 고통도 없을 것이다. 이전 것들이 다 사라져 버렸기 때문이다.

즉 성도가 누릴 영원한 축복을 이 세상의 고난과 비교하여 슬픔이나 고통 그리고 사망이 없는 영원한 생명의 나라로 묘사한다. 이 축복을 히브리어로 샬롬(shalom)이라 말할 수 있다. 우리가 누릴 이 샬롬은 가장 완전한 축복을 의미한다.

3. 이신론(Deism)

서론

이신론(理神論, deism)은 자연신론(自然神論, natural theology)이라고
도 하며 17세기 유럽에서 등장한 세계관이다. 이 이신론은 18세기
계몽주의(啓蒙主義, Enlightenment) 시대에 매우 유행하였고 지금도 상
당한 영향을 미치고 있다. 그 이름은 라틴어 'deus(신)'에서 유래하였
으며 기본적으로 신은 이 세상을 창조했지만 더 이상 직접 간섭하지
는 않는다고 본다. 즉 우주를 하나의 시계로 보면서 시계공이 시계
를 만들었지만 그 다음부터 이 시계는 저절로 움직인다는 것이다.
다시 말해 신적 존재를 만물의 제1원인(The First Cause)으로 보며 우
주가 매우 정교하게 설계된 것은 인정하나, 신적 계시나 기적과 같
은 개입은 거부한다. 신의 초월성(超越性, transcendence)은 인정하지만
내재성(內在性, immanence)은 부인하며 자연 세계에 대한 과학적이고
이성적인 관찰만으로 창조주의 존재나 우주의 원리를 충분히 설명
할 수 있다고 주장한다.

이 이신론의 등장 배경을 보면 17세기 유럽에서 자연과학의 급속한 발전으로 힘을 얻기 시작했으며 그 결과 18세기 계몽주의 시대에 가장 강력한 세계관이 되었다. 인간의 이성과 이를 이용한 과학기술에 대한 낙관적인 신뢰가 증가하면서 이 세계관은 당시 영국, 프랑스, 독일 및 미국의 지성인들에게 인기가 높았다. 특히 이 세계관의 영향을 받은 사람들 중에는 프랑스 혁명 및 미국 독립운동지도자가 상당수 있다. 이들은 한 분 하나님은 믿었지만 삼위일체, 성경의 무오성 및 초자연적 기적에 대한 정통적 가르침에 대해서는 등을 돌렸다. 따라서 이신론은 당시 협소한 교리주의(敎理主義, dogmatism)와 회의주의(懷疑主義, scepticism) 사이에 위치하면서 무신론은 배격했지만 전통적 유신론자로부터는 무신론자라고 비판받기도 했다. 심지어 이신론자 중에는 반기독교인 내지 비기독교인도 있었다. 나아가 19세기 이후 20세기까지도 많은 신학자가 이 세계관을 염두에 두고 자신들의 사상을 전개했다.

또한 1993년 4월 10일에 미국 버지니아 샬롯츠빌(Charlottesville)에서 밥 존슨(Bob Johnson)은 세계이신론연합(World Union of Deists: www.deism.com)이라는 단체를 조직하여 전 세계 네트워크를 구축하고 여러 책도 출판하면서(Johnson, 2009, 2013, 2014) 지금도 적지 않은 영향력을 행사하고 있다. 그 홈페이지에서 "하나님께서는 우리에게 종교가 아니라 이성을 주셨다(God Gave Us Reason, Not Religion.)."고 주장하면서 모든 계시종교를 배척한다. 이 단체의 로고를 보면 1달러 미국 지폐에 나타난 그림처럼 피라미드 위에 빛이 나면서 "하나님

안에서 우리는 서로 신뢰한다(In God We Trust)."는 말 대신에 "자연의 신 안에서 우리는 서로 신뢰한다(In Nature's God We Trust)."고 적혀 있고, 그 아래에는 이신론을 "시대의 새로운 사이클(A New Cycle Of The Ages)"이라고 소개하고 있다.[4] 나아가 역사상 다양한 이신론자를 소개하는 동시에 다른 세계관을 가지고 있다가 이신론자로 전향한 사람도 언급하면서 자신들의 주장이 옳음을 강조한다.

하지만 이 세계관은 적지 않은 문제점이 있다. 특히 기독교 세계관으로 이신론을 다룬 학자 중에 대표적으로 프란시스 쉐퍼(Francis Schaeffer, 1812-1984)와 제임스 사이어(James Sire)가 있으며 한국어로 된 대표적 논문으로는 한인철의 "자연 종교의 빛에서 본 기독교: 이신론을 중심으로"가 있으며(한인철, 2005:197-255), 저서로는 이태하의 『근대 영국 철학에서 종교의 문제: 이신론과 자연 종교』가 있다(이태하, 2018). 쉐퍼는 그의 책 『그러면 우리는 어떻게 살 것인가?』(How Should We Then Live?)에서 이신론이 계몽주의와 밀접한 관계가 있음을 언급하면서 계몽주의의 유토피아적인 이상을 "이성, 자연, 행복, 진보 및 자유(reason, nature, happiness, progress, and liberty)"로 요약하고 이 계몽주의는 르네상스에서 등장한 인본주의와 연결되어 있

---

4 이 로고를 자세히 보면 소위 프리메이슨(freemason) 또는 일루미나티(Illuminatenorden)와 연관된 것으로 주장하는 1달러 지폐의 모습과 약간 다른 점이 있다. 1달러 뒷면 그림 왼쪽에는 피라미드 위에 눈이 있으나 이신론에는 없다. 하지만 많은 프리메이슨 신봉자들이 지고자(至高者, Supreme Being)를 인정하므로 이신론과 유사하다고 볼 수 있다. 일루미나티를 설립한 독일의 바이스하웁트(Johann Adam Weishaupt, 1748-1830)도 프리메이슨이었으며, 계몽주의의 영향으로 당시 가톨릭교회를 비판하고 인간의 이성과 도덕성을 강조했다는 면에서 이신론자였다.

음을 예리하게 지적하고 있다(Schaeffer, 2005:121). 사이어는 이신론을 기독교 유신론에서 신의 초월성만 남겨 둔 채 내재성을 부인한 세계관으로 다루고 있지만 구체적인 대안을 제시하지는 않는다(Sire, 2009:47-65). 한인철은 그의 논문에서 "니케아 회의 이후 정통 기독교의 근본 신념에 정면으로 도전한 첫 시도(한인철, 2005:200)"라는 시각에서 이신론을 다루고 있으나 그가 다루는 정통 기독교는 창조 시 '하나님의 형상'으로 지음 받은 선한 인간이나 이방인에게도 나타나는 인간의 이성, 도덕성 '보편 은총' 및 '일반 계시'를 부인하는 것으로 보이며 나아가 이신론에 대해 다소 호의적인 태도를 가지고 있다. 이태하는 영국의 이신론에 대해 깊게 다루고 있으나 구체적으로 기독교 세계관적인 대안을 제시하지는 않고 있다.

따라서 이 장에서는 기독교 세계관으로 이신론을 보다 깊이 고찰하되, 먼저 이 세계관의 내용이 구체적으로 어떤지 분석할 것이다. 그리고 그 대표적 사상가를 언급하고 이 세계관이 많은 사람에게 매력적으로 보이게 된 장점이 무엇인지 생각하며 동시에 이 사상이 자체적으로 드러내는 내적 모순이나 단점은 무엇인지 살펴보겠다. 그 후 이 단점에 대해 기독교 세계관은 어떤 대안을 제시할 수 있는지 언급한 후 결론을 맺도록 하겠다.

이신론에 대한 기독교 세계관적 고찰

1. 이신론의 내용

이신론의 구체적인 내용은 학자마다 다소 다를 수 있지만 전체적으로 공통되는 내용을 살펴보겠다.

첫째, 진정으로 참된 최고의 실재는 제1원인으로 부를 수 있는 초월적 신이 우주를 창조하셨으나 스스로 운행하도록 버려 두셨다. 따라서 창조주는 내재하지도 않으시고, 완전한 인격도 아니시며, 인간사의 주권자도 아니시고 섭리자도 아니라고 주장한다(Sire, 김헌수 역, 2007:68). 즉 이신론자는 기독교 유신론에서 말하던 주권적 섭리자이시며 인격적인 삼위일체 하나님의 여러 특성을 삭감시켜 단지 초월적 세력 혹은 에너지, 제1운동자(The First Mover) 또는 과거 원인의 끝없는 복귀의 종착점 등으로 생각하며 내재적 신관은 인정하지 않으며, 신을 "영원하고 우주적인 창조의 힘으로 자연 전체에 발견되는 법칙과 디자인의 원천"으로 본다(Sire, 김헌수 역, 2007:69).

둘째, 세계의 본질에 대해 이신론은 우주는 폐쇄체계(closed system) 안에서 인과율(causality)의 일치제, 즉 인과관계로 연결된 세계로 창조되었기 때문에 결정론적 성격을 지니며, 따라서 어떤 기적도 일어날 수 없다고 본다(Sire, 김헌수 역, 2007:69). 이신론이 말하는 우주는 두 가지 의미에서 폐쇄적이다. 첫째 신의 간섭에 대하여 폐쇄적이다. 그분은 단지 세상을 창조하셨을 뿐, 관심을 가지고 있지 않다고 보기 때문이다. 둘째로 사람의 간섭 혹은 재조정에 대하여도 폐쇄적이다. 우주는 시계처럼 잠겨 있기 때문에 그 부품에 불과한 사람은 그 인과율의 사슬에서 헤어날 수 없다고 본다.

셋째, 인간에 대해 이신론자는 이성적 존재임을 강조하며 이 이성을 자연과 함께 가장 중요하게 생각한다. 하지만 이신론은 본질적으로 '기계적 세계관(mechanistic worldview)'을 가지고 있으므로 인간도 인격체이나 우주라는 기계의 한 부품으로 본다(Sire, 김헌수 역, 2007:69). 즉 인간은 우주를 초월할 수 없기에 다른 더 나은 존재가 될 수 없으며 지성, 도덕성, 사회성 및 창조성은 있으나 하나님의 형상이라는 점은 인정하지 않는다. 따라서 인간의 창조는 인정하지만, 타락이나 구속의 필요성은 없으며 이는 매우 낙관적이고 긍정적인 인간관으로 인간의 죄성에 대해서는 간과한다고 볼 수 있다.

넷째, 이신론자는 인간의 이성 및 자연 법칙을 근거로 신을 알 수 있다고 본다. 디자인은 디자이너를 전제하므로 이신론은 계시종교가 아닌 자연 종교임을 강조한다(www.deism.com). 우주는 창조주께서 지으신 그대로 있고 사람은 세상을 이해할 수 있는 지적 능력이 있으므로 우주를 연구하면 창조주에 대해서 알 수 있다는 것이다. 이신론자는 하나님이 자연을 통해 자신을 계시하신다는 것에 대해 유신론자와 동의하지만 다른 계시는 고려하지 않으며, 따라서 인간의 이성이나 과학의 능력에 거의 절대적인 신뢰를 가지고 있다.

다섯째, 무엇이 옳고 그른지 어떻게 알 수 있는가에 대해 이신론은 윤리는 일반 계시에 국한되며 우주는 정상이기 때문에 무엇이 옳고 그른가를 보여 준다고 본다(Sire, 김헌수 역, 2007:74). 즉 이 세계는 신이 원하는 것 또는 신이 어떤 분인가 하는 것에 대한 반영이므로, 포프(Alexander Pope, 1688-1744)가 말한 것처럼 "존재하는 모든 것은 옳다(what is, is right.)."고 생각한다(Pope, 1733:289-294). 하지만 이것은 현실에 대해 지나치게 낙관적 태도이다. 이 세상에는 전쟁, 범죄 등 옳지 않은 것도 많이 있기 때문이다. 나아가 이는 선악의 개념 부재로 인한 윤리 파괴로 직결될 수 있다.

마지막으로 인간의 역사는 어떤 의미를 가지는가에 대해 이신론은 인간과 역사는 우주라는 커다란 시계가 작동하기 위해 존재하는 작은 부품에 불과하므로 그 자체로 어떤 의미를 가지지 못한다고 본다. 따라서 인간이 역사를 능동적으로 개척해 나가는 것이 아니라 단지 신이 태초에 우주를 창조하실 때 의도하신 방향대로 수동적으로 끌려가게 된다는 것이다. 이러한 관점은 인간의 역할에 대해 매우 소극적이며 자칫 체념적 운명론에 빠질 위험이 있다고 볼 수 있다.

2. 대표적인 이신론자

영국에서 '이신론자(deist)'라는 용어는 로버트 버튼(Robert Burton, 1577-1640)의 책, 『멜랑콜리 분석』(The Anatomy of Melancholy, 1621)에서 처음 나타난다(Burton, 1621:III iv, II i.). 하지만 영국 이신론의 아버지로 불리는 사람은 허버트 경(Lord Herbert of Cherbury, 1583-1648)으로

그의 책, 『진리』(De Veritate, 1624)는 이신론에 관한 최초의 저작이라고 할 수 있다. 그는 당시 동시대 프랑스 철학자였던 데카르트(René Descartes, 1596–1650)처럼 지식의 기초에 대해 탐구하다가 『진리』에서 그의 인식론을 전개하였는데 경험 및 경험에 대한 추론에 의해 획득한 진리와 선천적 진리 및 계시된 진리를 구분했다. 선천적 진리는 우리의 정신에 새겨져 있으며 그 증거로는 이 진리가 보편적으로 인정된다는 것이다. 그는 이렇게 인정된 진리를 "일반적 개념(notitiae communes)"이라고 불렀다(Herbert, Carré 역, 1937:126, 133, 192). 종교에 관해 그는 다음과 같은 다섯 가지의 일반 개념이 있다고 주장했다. 첫째, 한 신적인 존재에 대한 믿음(a belief in the existence of the Deity), 둘째, 그분을 경배해야 할 의무(the obligation to reverence such a power), 셋째, 예배를 실제적인 도덕성과 동일하게 봄(the identification of worship with practical morality), 넷째, 죄에 대해 회개하고 버려야 할 의무(the obligation to repent of sin and to abandon it) 그리고 마지막으로 현세와 내세에서의 신성한 보상(divine recompense in this world and the next)이다(Herbert, Carré 역, 1937:289ff).

이후부터 영국에서 이신론이 큰 힘을 얻었는데 그중에서도 존 로크(John Locke, 1632–1704)의 두 저작인 『인간의 이해에 관한 에세이』(Essay Concerning Human Understanding, 1689)와 『합리적인 기독교』(The Reasonableness of Christianity, 1695)는 영국 이신론의 역사에 새로운 전기를 마련했다. 허버트 경의 인식론은 '일반적 개념', 즉 선천적인 이념(innate ideas)에 기초하고 있었으나 로크가 이에 대해 비판하면서 경험과 자연에 기초한 논증을 제시하기 시작하자 허버트 경의 이론은 설득력을 잃게 되었다. 로크의 영향을 받은 존 톨란드(John Toland, 1670–1722)는 『신비적이지 않은 기독교』(Christianity not Mysterious)라는 책을 통해 이성이야말로 "모든 확신의 기초(Foundation of all Certitude)"라고 주장했다(Toland, 1696:6). 나아가 매튜 틴데일(Matthew Tindal, 1657–1733)의 책 『창조만큼 오래된 기독교』(Christianity as Old as the Creation, 1730)는 '이신론의 성경'으로 불린다. 그는 진정한 종교란 신과 사물의 성질에서부터 기원하여 영원하고 보편적이며 단순하고 완전해야 하며 신과 인간에 대한 단순하고도 보편적인 의무로 구성될 수 있다고 주장하면서 진정한 기독교는 완전히 "이성적인 서비스(reasonable service)"여야 하며 이성이 가장 중요하고 성경 및 모든 종교적 교리도 이에 복종해야 한다고 보았다(Tindal, 1730:6). 틴달의 이러한 주장은 지식을 경험 및 인간의 이성에 기초한 것으로 보는 이신론적 인식론을 확립했다. 나아가 당대 최고의 과학자였던 아이작 뉴턴(Isaac Newton, 1643–1627) 또한 이신론적 세계관을 주장하면서 성경에 나타난 기적이나 삼위일체 교리 등을 부인했다(Westfall, 1980:315–321).

그 후 이신론은 프랑스, 독일 및 북미 대륙으로 확산되었는데 특히 프랑스의 이신론은 영국보다 반기독교적 요소가 더 활성화되었다. 그 대표적인 사상가는 볼테르(Voltaire, 1694–1778)라고 할 수 있고, 기타 막시밀리앵 드 로베스피에르(Maximilien de Robespierre, 1758–1794)와 장 자크 루소(Jean Jacques Rousseau, 1712–1778)를 들 수 있다. 볼테르는 그의 저작들인 『철학 서한』(*Lettres philosophiques sur les Anglais*, 1733), 『관용론』(*Traité sur la Tolerance*, 1763) 및 『철학 사전』(*Dictionaire Philosophique*, 1764) 등을 통해 자신의 이론을 전개하였다. 그는 만일 신이 존재하지 않는다면 신을 발명하는 것이 필요하겠지만(*Si Dieu n'existait pas, il faudrait l'inventer*, Voltaire, 1799:402-405) 가톨릭 종교는 이성에 맞지 않는, 가장 우스꽝스럽고, 터무니없으며, 피를 많이 흘린 종교라고 비판했다(Voltaire, 1869:184). 나아가 그는 모든 인간이 공통적인 자연 종교를 공유하며 이 세상에 어떤 하나의 종교도 신 또는 도덕에 관한 진리를 독점할 수 없고 인간의 도덕적인 행동도 기독교적 계시나 사제의 중보가 아니라 모든 인간의 양심과 이성에 기초한 자연 도덕이라고 강조했다(Voltaire, 1753).[5] 로베스피에르는 프랑스 혁명을 주도했던 정치가요 사상가로 당시 가톨릭교회를 비판하면서 이신론에 기초하여 프랑스를 개혁하려고 시도했다. 1794년 5월 6일에 그는 국민의회를 소집하여 신의 존재 및 인간 영혼의 불멸성을 인정하면서 7일에 "초월적 존재 숭배(*Culte de l'Être suprême*)"를 국가 공식 종교로 확립하고자 했다. 또한 루소도 교육에 관한 책, 『에밀』(*Émile ou De l'éducation*)에서 이신론적 관점에 서서 당시의 가톨릭 전통과 기득권을 부정하고 기존의 제도와 질서를 타파해야 한다고 주장하였다(Rousseau, 2009).

---

[5] 한국어로 된 보다 자세한 연구는 이상민(2018), "볼테르의 이신론과 기독교 비판에 대한 연구: 철학 콩트와 반교권주의 저작을 중심으로(박사학위 논문, 서울대학교) 참조.

독일에서 대표적인 이신론자들로는 고트홀트 레싱(Gotthold Less-
ing, 1729-1781), 임마누엘 칸트(Immanuel Kant, 1724-1804) 및 헤르만
라이마루스(Hermann Reimarus, 1694-1768)를 들 수 있다. 레싱은 독일
계몽주의의 대표적 극작가로 가장 유명한 연극『현자 나탄』(*Nathan der
Weise*, 1779)에서 유대교, 이슬람 및 기독교를 비교하면서 어느 한 종
교가 가장 올바른 것이 아니며 종교는 각 개인의 이성적 능력에 달
려 있다고 주장했다(Lessing, 1779). 나아가『인류의 교육』(*Die Erziehung
des Menschengeschlechts*, 1780)이라는 책에서 그는 인간의 이성은 신적 계시
없이도 발전할 수 있다고 강조했다(Lessing, 1780). 칸트도 그의 저서
『순수 이성의 한계 내에서의 종교』(*Die Religion innerhalb der Grenzen der bloßen
Vernunft*, 1793)에서 도덕 내지 이성의 입장에서 기독교를 비판하고 순
화하여 참된 도덕적 이성 종교로 이해하려 하였다(Kant, 1793). 이러
한 사상은 결국 라이마루스를 통해 인간의 이성이 계시보다 우위에
있음을 강조하여 기독교의 초자연적인 요소는 모두 배제되고 소위
성경에 대한 고등비평 및 역사적 예수에 대해 연구하는 자유주의적
신학을 낳게 되었다.

미국의 대표적인 이신론자로는 토마스 제퍼슨(Thomas Jefferson,
1743-1826), 벤자민 프랭클린(Benjamin Franklin, 1706-1790), 토마스 페
인(Thomas Paine, 1737-1809) 및 엘리후 팔머(Elihu Palmer, 1764-1806) 등
을 들 수 있다. 제퍼슨은 '제퍼슨 바이블(Jefferson Bible)'이라고 불리는
그의 책,『나사렛 예수의 삶과 도덕』(*The Life and Morals of Jesus of Nazareth*)
에서 복음서에 나타난 모든 초자연적이고 교리적인 언급을 제거했

으며 예수 그리스도의 도덕적 교훈만 받아들였다(Jefferson, 2011). 프랭클린도 젊을 때 계몽주의의 영향을 받아 이성과 자연만으로 신적 진리를 알 수 있다고 확신했으며, 따라서 그의 자서전에서 자신이 철저한 이신론자임을 밝혔다(Franklin, 1849:97). 나아가 페인은 그의 책, 『이성의 시대』(*The Age of Reason*)에서 당시의 종교는 타락하여 왜곡되었으며 순수한 종교는 단순하고 이성적이라고 주장하면서, 순수한 종교가 타락한 것은 사제들이 개인적이고 집단적인 이익을 위해 종교를 조작하였기 때문이라고 비판하며 이신론을 미국에 전파하였다(Paine, 2014:Part 2, 129).[6] 나아가 팔머는 미국 이신론의 성경이라고 불리는 책, 『자연의 원리들』(*Principles of Nature*)을 출판했다(Palmer, 2018).

19세기에 들어와 이신론은 그 영향력이 다소 감소되었으나 앞서본 바와 같이 최근에 다시 강조되고 있다. 어떤 이신론자는 예수 그리스도를 믿지만 그렇지 않은 사람들도 있다. 하지만 대부분의 이신론자들이 예수의 도덕적 교훈은 긍정적으로 받아들인다. 나아가 이신론은 그들만의 확정된 교리는 없으며 사탄이나 지옥도 존재하지 않고 이것은 단지 인간의 이성이 극복할 수 있는 악의 상징으로 본다. 이신론자는 자신을 "자유롭게 생각하는 사람들(freethinkers)"이라고 간주하며(www.allaboutphilosophy.org/deism.htm) 따라서 이들에게는 어떤 목회자나 사제 또는 랍비가 필요 없다. 각 개인은 단지 자

---

6 밥 존슨은 바로 페인의 이 책을 읽고 이신론자가 되었다고 고백하고 있다. www.amazon.com/Bob-Johnson/e/B009H79QJ8/ref=dp_byline_cont_book_1 참고.

신의 상식에 따라 생각하며 인간 존재의 조건에 대해 명상할 수 있는 능력을 가지고 있다고 본다.

3. 이신론의 장점

그렇다면 이신론이 가지고 있는 장점은 어떤 것이 있는지 살펴보겠다.

먼저 이신론은 이전에 과소평가되었던 이성의 역할을 강조한다. 중세 교회가 신적 권위와 의식을 중시하였고 종교개혁을 거친 개신교회는 오직 믿음을 중시하자 이신론자는 맹목적인 믿음이나 기적은 미신을 초래할 것이라고 주장하였고, 신이 세상을 완전하게 창조하였기에 존재하는 모든 것은 옳으며 나아가 이성은 신이 주신 최고의 선물이라고 강조하면서 합리적인 이성만이 신을 이해할 수 있는 수단이라고 본다. 그 결과 예수 그리스도에 대해서도 신성보다 인성을, 교리보다는 도덕적인 삶을 더 강조하였다. 나아가 삶의 변화가 없다면 교리는 아무 소용이 없으며 행위와 믿음의 조화를 강조하였다. 즉 창조는 신앙의 영역이나 그 외의 모든 영역은 이성에 달려 있으며 따라서 비합리적인 것은 거부되거나 비판되었다. 이 점은 그동안 교회가 국가를 비롯한 모든 삶의 영역보다 위에 있고 신학이 학문의 여왕이며 다른 학문은 신학의 시녀로 취급받았고 교황은 태양이며 황제는 달과 같은 시대가 마감되면서 그동안 저평가된 이성과 과학을 강조한 것으로 볼 수 있다.

둘째, 이신론은 개인의 자유의지를 강조한다. 앞서 언급한 바와 같이 이신론적 세계관이 등장한 상황을 보면 중세 시대 서양 사람들은 교회의 신적 권위에 굴복하였으나 르네상스 및 종교개혁 이후 근대 사회가 열리면서 수직적인 위계사회가 수평적인 시민사회로 전환되었다. 그러자 개개인은 평등하며, 따라서 존중되어야 하고 인간은 자신의 이성을 사용하여 자유와 주체성을 회복해야 함을 강조하기 시작한 것이다. 따라서 각 개인은 신의 계시나 섭리가 아닌 자신의 이성적 판단과 합리성에 근거하여 살아가야 한다고 주장한다. 그 결과 인간의 자유의지와 주체적 독립성을 강조하였고 자신의 삶에 책임지는 의식을 통해 전제적인 봉건주의 사회체제를 종식하고 민주주의적인 근대 시민사회를 낳는 데 공헌하였다.

셋째, 다른 종교와 사상 및 문화에 대한 관용이 생겨나기 시작했다. 당시 유럽은 신구교 간의 전쟁이 심각했고 이슬람 등 이교도와의 전쟁도 끊이지 않았다. 나아가 교회의 가르침에 복종하지 않는 사람을 종교재판에 넘겨 이단으로 규정하면서 처형하는 등 많은 문제가 있었다. 동시에 신대륙의 발견 및 동양에 대한 새로운 정보가 들어오면서 다양한 종교와 문화에 대해 어떻게 대처할 것인가가 매우 중요한 이슈였다. 그때 이 이신론은 관용을 강조하기 시작했는데 그중에도 특히 볼테르는 관용정신 없이는 인류의 발전도 문명의 진보도 있을 수 없다고 주장하면서 광신주의, 종교적 편견, 독단적 형이상학 등을 비판하고 종교적 불관용의 희생자를 변호하였다 (Voltaire, 1763).

마지막으로 이 세계관은 윤리의식을 강조하였다. 가령 이신론의 아버지라 불리는 허버트 경은 앞서 언급한 바와 같이 신의 존재를 인정하면서 사후에는 상벌이 있음을 알기 때문에 죄를 뉘우치고 회개해야 하며 또한 신이 인간에게 요구하는 것은 선행이므로 모든 사람들은 선행을 해야 한다고 강조했다. 이것은 분명 누구에게나 보편타당한 윤리 의식이라고 볼 수 있다. 물론 이 점은 반드시 이신론의 장점이라고만 말할 수는 없다. 왜냐하면 올바른 기독교 세계관도 이와 같은 입장을 가지고 있기 때문이다. 따라서 이신론이 합리적 도덕성과 건전한 윤리관을 가지고 있으며 인간이 이성적으로 분명한 책임 의식을 가지고 도덕적 삶을 살아야 한다고 주장하는 점은 장점으로 인정해야 할 것이다.

이처럼 이신론은 그동안 저평가되었던 인간의 이성을 강조하면서 그 지위를 회복시켰으며 이와 함께 인간의 자유의지를 보장하고 다른 종교와 사상 및 문화에 대해서도 관용하면서 마지막으로 건전한 윤리의식을 주장한 부분은 이신론의 긍정적인 요소라고 말할 수 있으며 그렇기 때문에 18세기 서구의 시대정신(*Zeitgeist*)으로 큰 영향을 미쳤고 지금도 적지 않은 영향력을 발휘하고 있다고 말할 수 있다.

4. 이신론의 단점

그렇다면 이신론이 가진 단점은 무엇인지 고찰해 보겠다.

첫째, 이 세계관이 그동안 억압된 인간의 이성을 회복한 것은 좋지만 이것을 지나치게 강조하다보니 계시보다 이성을 더 중요시하게 되었다. 인간은 이성만으로도 도덕과 자연 법칙을 발견할 수 있다고 주장하여 이성을 초월하는 계시나 기적은 결국 부정하게 된다. 따라서 신에 대한 지식을 추구하는 과정에서도 인간의 이성만을 허용했다. 하지만 이것이 과연 가능할지 의문이다. 왜냐하면 인간의 이성은 분명히 한계가 있는데 이 유한한 이성이 무한한 신에 대해 완전히 바로 알 수는 없기 때문이다. 나아가 이신론은 인간의 원죄를 부정하면서 선행의 기준도 이성에만 의존한다. 이로 인해 윤리적인 기준이 모호해졌다. 왜냐하면 이성 자체도 완전하지 않으며 인간의 이해관계에 따라 각기 주장이 다를 수 있기 때문이다.

그동안 지나치게 신앙에만 치우쳤던 것을 비판하면서 이성의 중요성을 회복한 것은 긍정적이지만 신앙을 완전히 배격하는 것 또한 다른 극단적 입장이다. 사실 우리의 삶에 이성만으로는 이해할 수 없는 영역도 분명히 존재한다. 따라서 특별 계시나 신의 역사를 합리적이지 않다는 이유로 부정하면서 신의 무한한 능력을 유한한 인간의 이성으로 규정하는 것 자체가 하나의 논리적 모순이라고 볼 수 있다. 나아가 더 중요한 것은 실존적 인간의 모습은 사실 언제나 합리적이지 않다는 점이다. 인간은 이성적이라고 하지만 때로는 매우 비합리적이며 욕망에 따라 비윤리적인 행동을 저지르는 경우도 허다하다. 권력 가진 자들의 재정 스캔들이나 성적 타락을 우리는 너무나 자주 본다. 나아가 이러한 내용이 드러나도 솔직히 자신의 잘못을 뉘우치고 책임지는 사람은 별로 없으며 대부분 변명하거나 책임을 전가하는 모습을 볼 수 있다. 이신론은 이처럼 인간의 본성에 대해 너무 나이브한 낙관론이라고 말할 수 있다. 또한 이기적인 인간들이 모인 집단의 경우에는 개인적 이기주의보다 더욱 강력한 집단 이기주의로 인해 과거의 잘못을 부인하거나 심지어 자신의 이익을 위해 전쟁을 불사하는 것도 볼 수 있다. 특히 지난 1, 2차 세계대전은 인간이 개인적으로 그리고 집단적으로 얼마나 비합리적인 존재가 될 수 있는지를 분명히 보여 준 역사적 사건이라고 할 수 있을 것이다. 따라서 2차 세계대전 이후 이신론을 포함하여 인간의 이성에 대한 지나친 낙관주의적 확신과 신뢰가 지배하던 모더니즘, 즉 근대주의적 이상은 산산이 부서졌고 그 결과 포스트모더니즘이 등장한 것이다.

둘째, 이신론은 신의 초월성은 인정하고 내재성을 배제하지만 이것 역시 합리적으로 증명하기가 쉽지 않다. 신이 창조를 마친 뒤에는 모든 활동을 멈춘 것을 전제하므로 기적 등을 부정하고 따라서 신은 우주와 지속적인 관계를 맺지 않는다고 보므로 그분에게 예배드려야 할 이유가 없어졌다. 하지만 지금 이 세상에 있는 수많은 교회가 신의 임재와 섭리를 일상 가운데 체험하고 있는 수많은 신도의 존재를 이신론자들이 무조건 부정하는 것은 설득력이 약하다고 말할 수 있다. 나아가 더 중요한 것은 '창조' 그 자체가 놀라운 기적이기 때문이다. 노만 가이슬러(Norman Geisler)는 이런 의미에서 무에서 유를 만든 창조주를 인정한다면 물로 포도주를 만든 기적을 이해하는 것은 사실 그리 어렵지 않을 것이라고 주장한다(Geisler, 1980:276-27). 나아가 우주의 창조주를 인정한다면 그분이 피조계에 간섭할 수 없다고 주장하는 것이 더 비합리적일 수 있다. 리차드 딤(Richard Deem)이 말한 것처럼 전능한 창조주는 원할 경우 얼마든지 피조계의 법칙을 중단시킬 수도 있을 것이다. 자신이 더 이상 참여할 수 없는 우주를 반드시 창조할 필요가 있을까?(Deem, www.godandscience.org/apologetics/deism.html)

셋째, 이신론은 우주가 인과율에 따르는 기계라고 봄으로써 결국 이 세상은 그 체계에 닫혀 더 이상 발전할 수 없다. 나아가 인간도 이런 기계에 종속된 부품이라고 해석한다면 궁극적으로는 이신론자들이 강력히 변호하고자 하는 인류의 가치와 존엄성 그리고 자유의지도 사실상 설 자리가 없다. 왜냐하면 모든 것이 결정된 폐쇄 체계 속에서 인과율에 의해 움직이므로 이러한 세계관에는 인간의 자유의지가 불가능하기 때문이다. 이신론자는 자연 법칙을 연구하여 과학을 발전시키면 인간은 더욱 자유로워질 것으로 생각했으나 오히려 결과적으로는 그 법칙에 의해 인간이 구현하고자 했던 자유는 더욱 제한받게 되는 자기모순에 빠진 것이다. 도예베르트는 이 것을 자연(nature)-자유(freedom)라는 근대의 종교적 근본 동인(religious ground motive)으로 설명하면서 바로 이 점이 내적이며 변증법적인 배율(inner dialectical antinomy)로 근대 인본주의적 서양 사상의 치명적인 단점이라고 예리하게 지적한다(Dooyeweerd, 1968:50).

마지막으로 이신론은 상황윤리에 빠질 가능성이 있으며 '존재하는 것은 옳다.'는 매우 나이브하고 낙관적인 세계관은 이 세상에 존재하는 악의 문제를 설명할 수 없다. 이를 주장한 포프 또한 인간의 교만은 강하게 비판하는 자기 모순을 범했다. 교만이 존재한다면 이것 또한 옳아야 하는데 이것을 비판하는 것은 이신론의 내적 모순임을 사이어는 날카롭게 비판한다(Sire, 김헌수 역, 2007:75-76). 이신론이 주장하는 도덕법, 즉 모든 인간이 보편적으로 동의하는 도덕법이 존재한다고 하더라도 이것이 모든 상황에 모든 사람에게 동일하게 적용되지 않을 수도 있다. 왜냐하면 인간은 각기 상황에 따라 자신의 생각이나 행동을 합리화하려는 경향이 있기 때문이다. 이신론자는 이런 점에도 상당히 이상주의적이라고 할 수 있고 따라서 인간의 윤리도 상황에 따라 다르게 해석되고 적용될 수 있음을 간과하였다고 말할 수 있다. 결국 이러한 세계관은 상대주의적 윤리관으로 빠질 위험이 있다.

5. 이신론의 단점에 대한 기독교 세계관의 대안

그렇다면 이러한 이신론의 단점에 대해 기독교 세계관은 어떤 대안을 제시할 수 있을까?

먼저 인간의 이성에 대한 과대평가로 인해 나타난 문제에 대해서는 결국 이성도 상대적이며 한계가 있음을 인정하고 이성이 아닌 다른 절대적인 기준이 우리에게 필요함을 받아들여야 할 것이다. 물론 이신론이 등장하게 된 배경을 본다면 이성이 지나치게 억압된 면

이 없지 않다. 중세 가톨릭교회의 권력이 지나치게 커서 다른 모든 학문을 신학의 시녀로 만들었고 교황이 황제 위에 군림하면서 절대적인 영향력을 행사하였기 때문에 계시나 종교라는 이름으로 상식적인 과학적 지식도 억압한 것이 사실이다. 이에 대한 반작용으로 일어난 것이 이신론이므로 이 세계관은 이성을 뛰어넘는 모든 것을 거부하게 되었고 사실 당시에는 과학이 놀라운 발전을 이루었기에 인간과 이성 그리고 과학기술의 능력으로 유토피아를 건설할 수 있다는 낙관적인 생각이 지배적이었다. 또한 이 세상에는 인간의 이성으로 누구나 받아들일 수 있는 공통적인 지식이 적지 않으며 지금도 과학기술은 이 세상을 놀랍게 변화시키고 있다.

하지만 문제는 인간이 개인적으로 또는 집단적으로 항상 이성적이지 않으며 때로는 매우 비이성적으로 생각하고 행동하기도 한다는 것이다. 특히 최근의 과학철학은 이성에 대한 비판이 상당한 설득력을 가지고 있음을 지적하고 있으며 포스트모더니즘 또한 근대의 합리적 이성이 권력 구조와 밀접하게 관련되어 있음을 드러내고 있다. 즉 중세 교회가 가졌던 위치를 근대에는 이성이 차지했다는 것이다. 이처럼 인간은 본질적으로 한계적 존재임을 인정한다면 우리에게는 이성적 기준을 초월하는 절대 기준이 필요함을 인정해야 할 것이다. 기독교 세계관은 이 부분에 대해 일반계시와 특별계시로 나눔으로 적절한 조화를 찾으려고 노력한다. 일반계시는 자연이나 이성을 통해 모든 사람에게 나타나는 보편적인 사실이지만 특별계시는 예수 그리스도 및 성경을 통해 알 수 있는 구원, 십계명 등과 같은 하나님의 계획과 도덕적 기준을 말한다. 일반 계시적 차원에서는 이성의 유용함을 충분히 인정하되 동시에 성경과 같은 특별 계시를 인정할 때 이성의 한계를 넘어설 수 있을 것이다.

둘째, 신의 내재성에 대해서는 우선 여러 세계관을 볼 때 신의 초월성만 인정하는 세계관이 있고 내재성만 인정하는 세계관이 있는가 하면 둘 다 인정하는 세계관이 있다. 먼저 신의 초월성만 인정하는 세계관을 보면 이신론 이외에도 이슬람 신관을 들 수 있는데 알라신도 초월성은 강조되지만 무슬림과 함께 하는 내재성은 찾아보기가 어렵다. 반면에 신의 내재성만 강조하는 세계관은 힌두교 및 뉴에이지(New Age)와 같은 범신론으로 인간은 소우주인 아트만(Atman)으로서 대우주인 브라만(Brahman)과의 합일을 추구한다. 또한 샤머니즘(Shamanism) 같은 자연을 신격화하는 세계관도 이와 유사하다. 하지만 양자 중 하나만 인정할 경우 균형을 잃어버리게 된다. 가령 신의 초월성만 인정하고 내재성을 부인하는 경우에 대해 내재성을 알 수 있는 여러 가지 증거를 생각해 볼 수 있다. 기독교 세계관의 경우 예수 그리스도의 성육신 사건 및 십자가와 부활은 역사적 사실이며 신의 내재성을 증거하는 가장 강력한 예가 된다. 나아가 이신론이 주장하듯 이 세상이 시계처럼 항상 모든 것이 정확하게 움직이는 것은 아니며 갑작스러운 천재지변이 일어나는 경우도 있는데 이것은 설명하기가 어렵고, 이 세상의 여러 불가사의한 유적이나 현상 또한 과학이나 이성만으로 이해하기는 불가능하다. 따라서 신의 초월성만 인정할 경우 설명하기 어려운 요소가 있다는 것이다. 또한 인간은 이성적 존재인 동시에 영적인 존재이기도 하다. 인간은 육체와 영혼을 동시에 가진 존재이므로 자연과학 및 이성으로 이해할 수 있는 부분이 있는가 하면 영적으로만 이해가 가능한 현상도 적지 않다. 이 세상에는 이성적으로 이해 가능한 영역이 있지만 동시에 영적으로 이해해야 하는 역설적 진리도 분명히 있다. 가령 사랑의 동기로 가난하고 병든 사람을 위해 자신의 모든 것을 헌신하는 분의 삶은 합리적인 설명보다는 합리성을 뛰어넘는 무엇인가가 있음을 우리는 알고 있다. 이와 관련하여 일상생활 가운데서도 신의 내재성을 체험하고 있는 수많은 사람의 증거도 있는데 이것도 존중해야 할 것이다. 따라서 신의 초월성과 내재성을 동시에 이해하고 인정하는 것이 더 균형 잡힌 세계관이 될 수 있다는 점을 이신론자는 생각해 볼 필요가 있다. 기독교 세계관은 이사야 57장 15절에 나와 있는 바와 같이 창조주께서는 지금도 창조된 세계를 다스리는 동시에 겸손하고 통회하는 자기 백성과 함께 한다는 점을 강조한다.

셋째, 이신론이 이성과 과학을 과신하여 오히려 인간의 자유의지를 상실하게 된 점에 대한 대안으로는 인간의 인격성에 대한 깊은 이해가 전제되어야 한다. 즉 인간은 선과 악 사이에 스스로 선택할 수 있는 자유를 가진 존재인 동시에 그 선택에 대해 책임을 져야 하는 응답하는 존재(*Homo Respondens*)이다(최용준, 2020). 이것은 기독교 세계관에서 제시하는 하나님의 형상(*Imago Dei*)으로서의 인간관이 가장 잘 설명해 준다고 볼 수 있다. 인간이 하나님의 형상으로 지음 받았다는 세계관은 다른 세계관에서 찾아볼 수 없는 매우 독특한 관점이다. 즉 인간은 창조주의 동역자로서, 창조된 이 세상에 대해 책임의식을 가진 청지기(responsible steward)로서 세상의 모든 것을 잘 보존하면서 다스려 발전시키며, 그 결과에 대해 책임을 져야 할 인격적인 존재로 지음 받았다는 것이다. 이것을 이해할 때 인간의 자유의지도 진정한 의미에서 보장받을 수 있을 것이다. 즉 인간은 창조주와의 관계에서 다른 동식물이나 무생물과는 달리 순종할 수도 있고 불순종할 수도 있는 존재로 지음을 받았다는 것이다. 따라서 우리는 모든 일에 스스로 판단하여 우리 삶의 방향을 결정할 수 있다.

개인적으로도 성인이 되면 자신의 하는 모든 언행에 대해 책임져야 한다. 집단적으로도 그 집단이 하는 모든 일에 대해 책임져야 한다. 영어에서 책임이라는 단어는 'responsibility'인데 이것을 문자적으로 해석한다면 '응답할 수 있는 능력(response+ability)'이 될 것이다.[7] 여기서 응답은 긍정적일 수도 있고 부정적일 수도 있다. 따라서 지성, 감성 및 의지를 가진 인간은 자신의 모든 언행 자체가 하나의 응답이며 그러한 능력을 가진 존재이므로 자유의지가 백 퍼센트 인정된다고 볼 수 있다. 만일 우리가 한 범죄에 대해 그 원인을 가령

---

[7] 참고로 하나님의 말씀을 독일어로는 Wort이며 네덜란드어는 woord이다. 이 말씀에 대한 응답을 영어로는 response라고 할 수 있으나 독일어로는 Antwort이며 네덜란드어는 antwoord이다. 나아가 이 응답을 동사로 만들면 영어로는 respond이지만 독일어로는 verantworten이고 네덜란드어로는 verantwoorden이다. 마지막으로 책임이라는 단어가 독일어로는 Verantwortlichkeit이며 네덜란드어도 verantwoordelijkheid이다. 여기서 필자가 강조하고자 하는 것은 독일어나 네덜란드에는 인간의 책임성이란 결국 하나님의 말씀에 대한 인간의 응답이라는 점이다.

사회구조악과 같은 다른 것에 돌려 버린다면 우리는 그 범죄자에 대해 책임을 물어 처벌할 수 없을 것이며 그렇게 될 경우 우리가 속한 사회는 극도의 혼란에 빠질 것이 분명하다. 따라서 이신론이 가진 한계를 극복하기 위해서는 인간의 자유 의지와 책임성을 보장할 수 있는 세계관을 대안으로 제시해야 한다.

마지막으로 이신론이 상황윤리에 빠질 가능성을 언급했지만 무엇보다 '존재하는 것은 모두 옳다.'는 매우 나이브하고 낙관적인 세계관은 이 세상에 존재하는 악의 문제를 설명할 수 없다. 가령 제 1, 2차 세계대전을 옳다고 말할 수 있는 사람은 그 누구도 없을 것이다. 따라서 이신론적 세계관은 이 세상에 존재하는 악의 문제에 대해 올바르게 이해하기 어렵다. 물론 이신론이 제시하는 도덕법이 잘 지켜진다면 문제가 없겠지만 현실적으로는 전혀 그렇지 않다. 따라서 선과 악을 구별할 수 있는 절대적 기준이 필요하다. 가령 기독교적 세계관은 십계명에서 이를 분명히 제시하고 있다. 이러한 절대적인 도덕 기준이 없다면 이 세상은 결국 혼란에 빠질 수밖에 없으며 이런 기준이 없이는 정의 또한 존재할 수 없을 것이다. 이러한 도덕적 절대 기준은 상대적이고 제한적인 인간에게서 나오는 것이 아니라 절대적인 기준을 제시하는 신적 명령(divine command)을 통해서만 가능하다.

실제로 역사를 보면 이신론이 강한 영향을 미친 18세기 이후 20세기 초반에 인류는 양차 세계대전과 경제 대공황 등을 겪으면서 인간의 합리성과 과학기술에 대해 철저하게 절망했다. 이성적인 인간이 얼마나 잔인할 수 있는지, 인간이 만든 경제제도가 얼마나 쉽게 우리를 위기로 몰고 갈 수 있는지를 두 사건은 분명하게 보여 주었기 때문이다. 따라서 2차 세계대전 이후에 전 세계인은 세계관적 진공상태에 처해 있었으며 앞으로 어떻게 해야 할지 대안을 찾기 위해 노력했다. 그 결과 나타난 것이 실존주의였고 그 후 포스트모더니즘을 볼 수 있는데 전자는 여전히 인간의 합리성을 신뢰했으나 후자는 그것마저 포기한 것이다.[8] 따라서 이신론은 17세기에서 시작해 지금까지도 큰 영향을 미치고 있는 세계관이지만 그 단점에 대해 적절한 대안을 제시하지 못했기에 한계가 있음을 지적하지 않을 수 없다. 따라서 기독교 세계관적 대안으로 제시한 점에 대해 진지하게 생각해 볼 필요가 있다.

결론

이 장은 이신론에 대한 기독교 세계관적 고찰이다. 먼저 이신론이 어떤 세계관이며 어떻게 발생하게 되었는지 그리고 그 기본적인 내용과 주된 주창자를 살펴본 후, 이 세계관의 장단점을 비판적으로 분석해 보았고 단점에 대한 대안을 기독교 세계관으로 제시해 보았다. 이 세계관은 중세 시대의 교회 중심적인 봉건 사회에 대한 반발로 인간의 이성과 도덕, 개인의 자유 의지, 다른 종교와 문화에

---

8 이 주제에 대해서는 이후 포스트모더니즘에서 다룰 것이다.

대한 관용 및 윤리의식을 강조했다. 양차 세계대전 이후 인간의 합리성에 대해 근본적인 회의가 제기되었고 신의 초월성에 대한 증거들이 있으며 자칫 인류의 가치와 존엄성 그리고 자유의지를 상실할 위험성과 상황윤리에 빠질 가능성도 있지만 이신론자는 지금도 세계이신론연합이라는 단체 등을 통해 활발히 활동하고 있다.

하지만 기독교 세계관은 이 세계관의 단점에 대해 인간의 이성도 상대적이고 한계가 있음을 지적하고 이성이 아닌 다른 절대적인 기준이 우리에게 필요함을 제안한다. 창조주의 초월성 및 내재성을 균형 있게 강조하고 인간의 자유의지와 책임성을 보장할 수 있는 인격적 관점을 제시하면서 도덕적 절대 기준은 상대적이고 제한적인 인간에게서 나오는 것이 아니라 절대적인 기준을 제시하는 신적 명령을 통해서만 가능함을 대안으로 설득력 있게 제시한다고 말할 수 있다.

4. 자연주의(Naturalism)

서론

자연주의(自然主義, naturalism)는 자연과학의 발전에 영향을 받아 나타난 세계관으로 실제의 사물과 현상을 자연 세계의 범위 안에 있다고 보고, 초자연적인 존재나 영적인 법칙을 신뢰할 수 없는 가설이라고 간주하면서 오직 자연 법칙만 이 세상에 작용한다고 주장한다. 따라서 신의 존재 자체를 부인하며 실재에 대한 과학적이고 경험적인 이해를 바탕으로 하는 포괄적인 세계관으로 신앙에 기초한 종교나 비경험적 세계관에 대해 실증적이고 합리적이며 충분한 대안을 제시한다고 주장한다(naturalism.org).

자연주의 세계관이 등장한 배경은 이보다 앞서 등장한 이신론(理神論, deism)과 유사하지만 좀 더 거슬러 올라가면 고대 그리스(Greece)의 이오니아학파(Ionian School)에 의해 시작되었다고 볼 수 있다. 이들은 지각적인 정보를 바탕으로, 만물의 근원인 '아르케(ἀρχή)'를 여러 가지로 고찰한 자연철학의 효시로 대표적인 철학자로는 밀레

토스(Miletos)학파의 창시자인 탈레스(Thales, 주전 약 624-546)와 그의 제자 아낙시만드로스(Anaximandros, 주전 약 610-546), 아낙시메네스(Anaximenes, 주전 약 586-526) 그리고 에베소(Ephesus) 출신의 헤라클레이토스(Heraclitus, 주전 약 535-475), 아낙사고라스(Anaxagoras, 주전 약 510-428), 아폴로니아(Apolonia)의 디오게네스(Diogenes, 주전 412 또는 404-323) 등이 있다. 이들은 자연에 있는 정교한 법칙을 관찰하면서 수학적인 우주가 전부라고 확신하게 되었으며 인간은 합리성, 목적성 및 언어를 사용하는 사회성과 문화성 등을 가진 매우 독특한 존재이지만 인간 또한 이 자연법칙에 매여 있으므로 과학적 방법을 사용하면 인간의 행동도 설명가능하다고 믿었다.

이 중에서도 탈레스는 만물의 기원이 물이라고 주장하였고 관찰 및 수학적 계산을 바탕으로 개기 일식을 최초로 예언하기도 했으며 우주란 결국 초자연적 원인이 아닌 물질 및 비인격적인 원리에 의해 구성되어 있다고 보았다. 나아가 데모크리토스(Democritus, 주전 약 460-370)는 우주 만물이 원자(atoms)로 이루어져 있다고 주장했는데 이 또한 철저한 물질주의적 세계관이라고 할 수 있다. 그 뒤를 이어 에피쿠로스(Epicurus, 주전 341-270)는 개인이나 사회의 고통을 최소화하고 쾌락을 극대화하는 것이 행동의 기준이라고 주장했는데 이것은 바로 자연주의에 기초한 윤리관이다. 로마의 철학자 루크레티우스(Lucretius, 주전 약 99-55)도 "사물의 본성에 관하여(De rerum natura)"라는 철학적 서사시를 통해 우주는 인간이 이해하기 어려울 정도로 정교한 인과율로 질서지워진 하나의 그물망이라고 주장하면서 자연주의적 우주관을 제시했다(naturalism.org/worldview—naturalism/ history—of—naturalism). 이신론이 신의 초월성은 인정하되 내재성을 부인한 것에 비해 자연주의는 한걸음 더 나아가 신의 초월성조차도 거부하며 실증적 과학만을 신뢰한다.

오늘날에도 자연주의자들은 인터넷 웹사이트를 통해 영향력을 미치고 있는데 그중 대표적인 것으로 www.naturalism.org가 있다. 이 사이트는 미국의 매사추세츠(Massachusetts)에 있는 브란데이스 대학교(Brandeis University)의 헬러사회정책연구소(Heller School for Social Policy)에서 연구원으로 일하고 있는 톰 클라크(Tom Clark)가 운영하고 있음을 알 수 있는데 그는 여기서 "자연으로 충분하다(Nature is enough)."라고 주장한다. 그 외에도 자연주의를 표방하는 웹사이트로는 www.the—brights.net 및 web.archive.org/web/20050406210913/http://www.naturalism.org/center_for_natural-ism.htm이 있다.

자연주의를 기독교 세계관으로 깊이 다룬 학자는 사이어(Sire, 2009)이며 그 외에는 거의 없다. 따라서 이 장에서는 기독교 세계관으로 자연주의를 보다 깊이 고찰하되 먼저 이 세계관의 내용이 구체적으로 어떤지 분석한 후 그 대표적 사상가를 언급하고 이 세계관이 많은 사람에게 매력적으로 보이게 된 장점이 무엇인지 생각해 봄과 동시에 이 사상이 자체적으로 드러내는 내적 모순이나 단점은 무엇인지 살펴보겠다. 그 후 이 단점에 대해 기독교 세계관은 어떤 대안을 제시할 수 있는지 언급한 후 결론을 맺도록 하겠다.

자연주의에 대한 기독교 세계관적 고찰

1. 자연주의의 내용

자연주의의 내용을 구체적으로 살펴보면 첫째, 진정으로 참된 최고의 실재는 무엇인가에 대해 자연주의는 '물질'이라고 주장한다. 이 물질은 영원히 존재하며 자연 세계에 존재하는 것의 전부이고 따라서 신은 존재하지 않는다고 본다. 즉 자연주의보다 앞서 등장했으며 신의 내재성(內在性, immanence)을 부인했던 이신론에 남아 있던 초월적 신관마저 없어지고 무신론 및 물질주의가 본격적으로 등장한 것이다. 이런 의미에서 사이어는 자연주의를 "유한한 우주의 침묵"이라고 표현하고 있다(Sire, 김헌수 역, 2007:83). 다시 말해 진정한 실재는 과학 및 기타 상호주체적 연구(intersubjective inquiry)에 의해 묘사된 단일하고 자연적인 세계뿐이다(naturalism.org/philosophy/world-view-naturalism-in-depth/systematizing-naturalism).

둘째, 외부의 실재, 즉 우리를 둘러싼 세계의 본질은 무엇인가에 대해 자연주의는 "세계는 시공간의 연속성 안에 있는 부분으로 구성되어 있으며 이것은 물리학에 의해 가장 잘 설명된다."고 본다(http://naturalism.org/worldview-naturalism/tenets-of-naturalism). 따라서 우주는 폐쇄 체계(closed system) 안에서 인과율(causality)의 일치체로 상호 연결되어 있다고 주장한다. 우주는 기계처럼 일정한 법칙에 의해 운행되며 만물은 이 기계의 부품에 불과하므로 인과율의 사슬에서 헤어날 수 없다. 이 부분은 이신론과 유사하지만 다른 점은 이신론에서 인정하던 창조주의 존재마저도 자연주의는 부인한다는 사실이다.

셋째, 자연주의는 인간에 대해 영혼의 존재를 부인하면서 인간은 하나의 복잡한 기계에 불과하며 우주의 한 부품이고 인격은 화학적, 물리적 상호관계로 이해할 수 있으며, 진화된 결과물이지만 진화의 목적은 없는 자연적 존재라고 본다. 나아가 인간은 사망하면 그것으로 인격과 개체성은 소멸된다고 봄으로 사후 세계에 대해서 전혀 받아들이지 않는다. 그럼에도 자연주의자들은 인간이 이 우주 및 다른 사람들과 연결되어 있으므로 편안하게 느끼며 서로 연민을 느끼는 동시에 환경을 보다 더 잘 통제할 수 있다고 주장한다(www.naturalism.org/worldview–naturalism).

넷째, 인간이 지식을 가질 수 있는 근거는 오직 자연의 빛이라고도 부르는 이성뿐이라고 본다. 실재를 알 수 있는 방법은 가능한 경험적 증거를 참고하면서 다른 주관적이고 문화적인 편견으로부터 벗어나는 것이라고 말한다(naturalism.org/philosophy/worldview–naturalism –in–depth/systematizing–naturalism). 이 자연주의는 신을 부인하므로 결국 인본주의(Humanism)로 귀결되는데 인본주의자 선언(*Humanist Manifesto*) II는 다음과 같이 천명한다.

전인격이란 사회적, 문화적 상황 안에서 활동하는 생물학적 유기체의 작용이다. 육체의 죽음 후에도 생명이 계속된다는 것에 대한 신뢰할 만한 증거는 없다(Kurtz, 1973:17).

다섯째, 자연주의는 자연 및 인간의 역사 모두 인과율에 의해 연결된 사건의 직선적인 연속이지만 이 역사에 전체적 목적은 없다고 본다. 자연의 역사는 빅뱅 또는 갑작스러운 출현에 의한 우주의 기원과 함께 시작되었고 매우 오랜 기간이 지나 현재의 상태에 이르렀다고 본다. 하지만 그 과정에 대해 정확히 알 수는 없고 단지 분명한 것은 이 과정이 창조주에 의해 시작된 것이 아니라 스스로 생성된 것이라는 것이다. 이런 의미에서 도킨스(Richard Dawkins)는 자연의 선택은 '눈먼 시계공'과 같다고 주장한다(Dawkins, 1986:21).

여섯째, 윤리에 관해서는 가치, 의식 및 자기 결정력에 의한 윤리도 인간과 함께 시작되었다고 본다(Sire, 2000:102). 인본주의자 선언 II도 이 자연주의 윤리관에 대해 다음과 같이 밝힌다.

> 윤리는 자율적이며 상황적인 것으로서 신학적 혹은 사상적 재가를 필요로 하지 않는다. 윤리는 인간의 필요와 관심에서부터 발생한다... 삶의 의미는 우리의 미래를 창조하고 발전시켜 나가는 데 있다(Kurtz, 1973:17).

클라크는 인간이 스스로 존재한 것이 아니라 인과율의 결과물이므로 자유의지가 없고 따라서 어떤 행동에 대해 책임을 물을 수 없고 다만 이해와 연민이 인간 상호 간 윤리의 핵심으로 본다(naturalism.org/worldview—naturalism).

2. 대표적인 자연주의자

대표적인 자연주의 사상가로는 프랑스의 콩도르세 후작(Nicolas de Caritat, marquis de Condorcet, 1743–1794), 라메트리(Julien Offray de La Mettrie, 1709–1751) 및 돌바크 남작(Paul Henri Thiry d'Holbach, 1723–1789)이 있으며 영국에는 찰스 다윈(Charles Darwin, 1809–1882), 미국에는 존 듀이(John Dewey, 1859–1952) 및 칼 세이건(Carl Sagan, 1934–1996) 그리고 독일에는 칼 마르크스(Karl Marx, 1818–1883)와 프리드리히 엥겔스(Friedrich Engels, 1820–1895) 등을 들 수 있다.

17–18세기에 서구에서는 기독교 유신론에서 이신론을 거쳐 자연주의로 넘어간 사람이 많았는데 이는 자연과학의 발달로 신의 내재성은 물론 초월성까지도 인정할 필요를 거의 느끼지 못했기 때문이다. 18세기에 들어와 독일의 철학자 임마누엘 칸트를 비롯한 여러 학자가 이성을 계시보다 더 중요시한 계몽주의가 유럽을 휩쓸면서 이 세계관은 더욱 힘을 얻게 되었다. 그중 프랑스에서는 소위 백과사전학파를 들 수 있는데 가령 콩도르세는 『인간정신 진보의 역사적 개관 초고(草稿)』(Esquisse d'un tableau historique des progrès de l'esprit humain)를 저술하여 역사적 발전에 관해 인류의 무한한 진보를 믿었던 낙관주의자였다(Condorcet, 2016). 라메트리는 외과의사로서 신의 존재는 실제적 가치가 거의 없다고 주장하면서 인간도 완전히 물질적인 기계

로 보았고 1747년에 출판한 『인간 기계론』(L'Homme Machine)은 철저한 기계론적 세계관으로 프랑스 유물론의 대표적인 저작이 되었다(La Mettrie, 2015).

이 책에서 그는 영혼의 유물론적 해석을 더욱 발전시켰는데 우선 인간의 영혼에 관한 철학자들의 학설을 유물론과 유심론으로 크게 나눈 뒤, 영혼은 본질적으로 육체의 여러 기관에 의존하는 것이며 인간의 내부에서 생각하는 부분에 불과함을 증명하려고 했다. 그 방법으로 그는 경험과 관찰에만 의존해야 한다고 주장하며 주로 생리학의 도움을 얻은 풍부한 자료를 정리하여 논증하면서 인간과 동물 사이에 근본적인 차이는 없으며 다만 뇌조직의 우월에 의하여 인간은 동물보다 낫고 따라서 인간은 가장 우수한 뇌수를 지닌 동물이라고 주장했다. 돌바크도 영국의 홉스(Thomas Hobbes, 1588-1679)와 스코틀랜드(Scotland)의 흄(David Hume, 1711-1776)을 본받아 그의 저서 『자연의 체계』(Le Système de la nature)에서 신적 존재를 부인하고 우주란 자연의 인과율에 의한 물질의 운동에 불과하다고 주장했다(d'Holbach, 2016).

영국에서는 다윈이 1859년에 진화론의 바이블이라고 할 수 있는 『종의 기원』(The Origin of Species)을 출판했는데 이 책은 자연과학, 특히 생물학에 관한 내용이지만 신적 창조를 가르쳐 온 교회의 권위에 큰 타격을 주었다. 이 진화론은 나중에 허버트 스펜서(Herbert Spencer, 1820-1903) 등에 의해 사회진화론(Social Darwinism)으로 발전하였는데 그는 인간의 인식도 적응이라는 진화적 과정에 의해 발전되며 사회 또한 적자생존 및 자연 도태라는 법칙에 의해 진화된다고 주장하였다. 이러한 세계관은 독일에서 2차 세계대전을 일으킨 아돌프 히틀러(Adolf Hitler, 1889~1945)의 독일 인종 우월주의 및 유대인을 열등인종으로 규정하여 홀로코스트(holocaust)를 자행한 나치즘(Nationalsozialismus: 국가사회주의)으로 이어졌다.

미국에서도 1933년에 발표된 첫 번째 인본주의자 선언(A Humanist Manifesto)에 서명한 34명 중 한 명이었던 듀이는 "실용주의적 자연주의(pragmatic naturalism)"를 주창하면서 모든 초자연적인 것을 부인하게 되었고 나아가 천체 물리학자로 과학을 대중화한 세이건은 1980년 그의 텔레비전 다큐멘터리 시리즈 "코스모스(*Cosmos: A Personal Voyage*)"에서 우주를 거의 신의 위치에 두어 경외감을 느끼는 대상으로 여겼으며 그의 책 『코스모스』(*Cosmos*)에서도 "우주는 존재하는 모든 것이자 존재했던 모든 것이며 앞으로 존재할 모든 것이다."라고 주장했다(Sagan, 1980:4).

독일의 마르크스와 엥겔스도 물질주의적 자연주의에 기초하여 헤겔의 변증법을 역사적으로 적용한 사적 유물론(historical materialism)을 주장하였고 그 결과 전 세계적으로 공산주의 운동이 일어났다. 나아가 현대의 세속적 인본주의(secular humanism)도 사실상 이 자연주의적 세계관에 기초해 있다고 볼 수 있다.

3. 자연주의의 장점

자연주의 세계관은 앞서 살펴본 바와 같이 고대부터 있었으나 18세기에 본격적으로 시작해 현재까지 상당히 지속력이 있다. 그렇다면 이 세계관은 어떤 매력적인 장점이 있는지 크게 세 가지로 살펴보겠다.

첫째, 무엇보다 자연주의는 과학의 중요성을 충분히 인식하고 있으며 대부분의 과학적 연구에 틀을 제공한다. 생물학, 지리학, 천문학, 인류학, 고고학 그리고 심지어 심리학에 이르기까지 자연주의는 이러한 과학의 기초적인 세계관을 형성하고 있다. 가령, 심리학을 연구할 경우, 인간의 심리학 및 정신의 기원은 우연에 의해 자연적으로 생성되었다고 본다. 천문학의 경우에도 지구는 우연히 자연현상에 의해 형성되었다고 전제한다. 심지어 인문학도 자연주의를 배경으로 인간의 가치를 주장하고 있다. 이처럼 자연주의는 모든 것이 과학적 연구라는 기본적인 틀에 의해 설명될 수 있다고 주장한다. 실제로 17세기 이후 근대 과학이 눈부시게 발전하여 이러한 주장을 뒷받침하고 있다. 따라서 자연과학의 획기적인 발전은 많은 사람으로 하여금 자연주의적 세계관이 옳다고 믿게 만들고 있다.

둘째, 자연주의는 매우 정직하고 객관적인 것처럼 보인다. 왜냐하면 과학적 탐구에 따른 사실만 받아들이고 경험에 기초한 것들만 수용하기 때문이다. 나아가 과학적 자연주의는 인간 이성의 중요성을 인정하므로 합리성이 결정적인 진리의 권위가 된다. 이것은 사실상 자연주의보다 먼저 등장한 이신론적 세계관과 크게 다르지 않다. 중세 가톨릭교회가 강조하던 신적 계시나 교회 및 교황의 권위를 배격하고 인간 중심의 합리적인 사고와 경험을 더 중시한 것이다. 이는 중세 시대에 교황의 절대적 권위에 의해 상대적으로 위축되었던 이성의 지위를 회복하였고 그 결과 자연주의는 과학기술을 급속도로 발전시키면서 18세기 계몽주의를 비롯한 근대주의(modernism)를 낳은 가장 중요한 동인(motive) 중 하나가 되었다. 여기서 말하는 근대주의는 인간의 이성을 통한 과학적 합리성과 자본주의를 통한 경제적 발전 그리고 과학기술의 발전을 통해 인간 스스로 낙원(utopia)을 건설할 수 있다고 하는 낙관적 세계관을 의미한다.

셋째, 자연주의는 매우 일관성이 있어 보인다. 이 세계관은 인간의 존재와 행위가 모두 이 세계와 연결되어 있으며 또한 환경에 의해 조건 지워진다고 보며 따라서 인과율에 의해 철저히 지배된다고 본다. 자연주의자들은 이러한 전제가 그동안 많은 학자가 연구한 결과라고 주장하며 따라서 결코 신이나 영혼 그리고 사후 세계 등을 무조건적으로 전제하지 않는다. 이러한 부분도 자연과학적 방법에 의해 검증되어야 한다고 보기 때문이다. 이런 점에서 자연주의는 나중에 나타난 실증주의(實證主義, positivism)와 연결된다고 말할 수 있다. 실증주의는 프랑스의 오귀스트 콩트(Auguste Comte, 1798-1857)를 중심으로 한 사회과학적 세계관으로 자연과학적 방법론을 사회과학에도 적용하여 사회학을 발전시키려 한 사상을 의미한다.

마지막으로 자연주의는 궁극적으로 이 세상을 올바로 통제할 수 있다고 본다. 인과율의 일치체로 세상을 보기에 인간은 미래를 예측하고 통제할 수 있는 능력을 증가시킬 수 있다고 클라크는 주장한다(naturalism.org/worldview-naturalism). 즉 인간은 보다 건전한 방향으로 사회를 변화시킬 수 있는 조건을 창조할 능력에 집중할 수 있다고 본다. 또한 앞서 언급한 연민의 윤리가 자연과학적 지식에 기반을 두어 실용적인 효율성을 가질 수 있다는 것이다.

이처럼 자연주의는 이신론처럼 신적 계시에 비해 그동안 과소평가된 인간의 이성을 강조하면서 자연과학의 실질적인 발전을 낳았고, 실재에 대해 매우 객관적인 세계관임을 강조하였다. 그리하여 그와 연결된 다른 세계관, 즉 인본주의, 계몽주의, 진화론, 사회진화론, 물질주의 또는 마르크스주의, 실증주의 및 근대주의 등으로 확산되었으며 이는 인간 및 사회의 진보에 대해 매우 낙관적이고 긍정적인 확신을 가지고 보다 나은 미래를 창조할 수 있다고 생각한 근대주의(modernism)라는 거대 담론을 형성했다. 따라서 이 세계관은 나름대로 일관성과 설득력을 가지고 지금도 다양한 활동을 통해 많은 사람에게 적지 않은 영향력을 미치고 있다.

4. 자연주의의 단점

그렇다면 이 자연주의 세계관에 단점은 전혀 없을까? 그렇지 않다. 20세기에 들어서면서 이 세계관의 단점이 드러나기 시작했다. 그것은 무엇인지 크게 여섯 가지로 살펴보겠다.

먼저 자연주의는 가치의 문제에 대해 시원한 답을 할 수 없다. 자연주의는 인간으로 하여금 인간 존재를 귀중하게 여길 만한 충분한 근거를 제시했다고 보기 어렵다. 왜냐하면 인간은 사실상 우연에 의해 던져진 존재로 보았기 때문이다. 이처럼 불분명한 기원에 의해 존재하는 인간에게 어떤 가치를 말할 수 있는지 자연주의자들은 분명한 답을 주지 못한다. 물론 인본주의 선언이 인간의 존엄성을 말하고는 있지만 이에 대해 궁극적인 근거가 무엇인지 밝히기는 쉽지 않다. 왜냐하면 물질주의에 근거한 세계관이 정신적 가치나 영적 현상을 받아들이는 것은 거의 불가능하기 때문이다. 따라서 자연주의자들은 영적 문제에 대해서는 침묵할 수밖에 없다. 그들은 물질만 영원히 존재하며 그것이 전부라고 주장하기 때문이다. 나아가 초자연적이거나 영적인 세계는 존재하지 않으며 자연의 법칙 및 힘만이 이 세상에서 작용한다고 말한다. 하지만 지금까지 역사상 자연의 법칙을 넘어서는 불가사의한 현상들도 적지 않았고 인간 또한 육체적인 경험뿐만 아니라 영적인 체험을 하는 것이 사실이다. 이러한 부분에 대해 자연주의도 나름대로 설명하려고 노력하지만 설득력 있게 충분히 설명한다고 보기는 어렵다.

둘째, 자연주의는 따라서 윤리적으로 문제가 있다. 자연주의자들은 인간을 복잡한 기계에 불과하다고 보며 인격도 화학적, 물리적 속성의 상호작용이라고 주장한다. 그렇다면 인간에게 어떤 선택의 자유가 있는가? 만일 우리가 어떤 선택도 할 수 없고 모든 행동이 물리적, 화학적 요소에 의한 것이라면 인간에게 과연 자유의지가 있다고 말할 수 있을까? 만약 인간에게 자유의지가 없다면 우리는 더 이상 인간에 대해 윤리적 책임을 물을 수 없을 것이다. 어떤 사람이 다른 사람의 물건을 훔치거나 살인을 범해도 그것을 기계적인 인과율로 설명한다면 처벌이 불가능해질 것이기 때문이다. 나아가 자연주의 윤리관은 한 마디로 '존재하는 것은 옳다(What is, is right)'라고 표현된다. 하지만 어떻게 존재(is, Sein)에서 당위(ought, Sollen)를 도출할 수 있는지 근거가 없다. 왜냐하면 자연주의자들에게는 윤리의 준거점이 없고 나아가 그것을 만들려고 하지도 않기 때문이다. 가령 실제 상황에서 인간은 어느 정도 약간은 거짓말을 한다. 그렇다면 이 사실에 근거해 인간은 거짓말을 해야 한다고 말할 수 있는가? 자연주의자들도 그 점에는 동의하기 어려울 것이다. 이것을 영국의 철학자 무어(George Edward Moore, 1873-1958)는 '자연주의적 오류(naturalistic fallacy)'라고 예리하게 지적했다(Moore, 2016).

셋째, 자연주의는 인간의 이성과 과학에 대해 매우 낙관적이다. 자연주의자들은 우리 시대의 다양한 문제를 해결하기 위해서 과학적 원리를 인간의 이성으로 더 잘 이해해야 한다고 말한다. 다시 말하면 이것은 자연주의가 이성과 과학을 거의 절대적인 구원자의 위치에 두는 것과 다르지 않다. 하지만 지난 1, 2차 세계대전을 보면 그들이 합리적이라고 믿던 인간이 과학기술을 통해 거의 전 세계를 파괴해 버렸기 때문에 이 부분을 설명하기는 어려울 것이다. 다시 말해 자연주의는 인간에 대해 너무 나이브하고 긍정적으로만 보고 있다고 말할 수 있다. 나아가 이신론과 마찬가지로 자연주의 또한 우주가 인과율에 따르는 기계라고 봄으로써 결국 이 세상은 그 체계에 닫혀 발전하기 어렵고 인간도 이런 기계에 종속된 부품이라고 해석하여 궁극적으로는 그들이 강력히 변호하고자 하는 인류의 가치와 존엄성 그리고 자유의지도 사실상 설 자리가 없다. 왜냐하면 모든 것이 결정된 폐쇄 체계 속에서 인과율에 의해 움직이므로 이러한 세계관에는 인간의 자유의지가 불가능하고 자연 법칙을 연구하여 과학을 발전시키면 오히려 인간의 자유는 더욱 제한받게 되는 모순에 빠지는 것이다.

넷째, 자연주의는 따라서 인간과 다른 생물 간의 근본적인 차이가 없는 모순을 안고 있다. 겉으로 보면 어떤 동물은 인간과 매우 유사한 신체 구조를 가지고 있지만 인간은 분명히 다른 식물이나 동물이 가지고 있지 않은 다양한 특성을 가지고 있다. 하지만 자연주의자들은 가령 인간과 원숭이 간의 특별한 기능적 차이가 물질이 아니라면 과연 어디에서 기원하는지 설명하기가 어렵다. 더구나 자연주의는 진화론과 연결되어 있기에 이것은 더더욱 쉽지 않은 문제인 것이다. 이러한 자연주의는 결국 세속화된 인본주의라는 세계관을 낳았고 이 세속적 인본주의의 궁극적인 실패는 결국 그것이 실현할 수 없는 것을 약속하고 있는데, 사람으로 하여금 세상의 행복을 추구하게 하면서 환상을 갖게 만든다는 것이다. 하지만 이 자연주의적 세계관은 결국 세상은 아무런 의미가 없다고 하는 비관적인 허무주의(nihilism)를 낳게 된다. 프리드리히 니체(Friedrich Wilhelm Nietzsche, 1844-1900)가 그 대표적인 사람이라고 할 수 있다.

다섯째, 이 자연주의는 인식론적으로도 단점이 있다. 가령 미국의 기독철학자인 플랜팅가(Alvin Plantinga)는 진화론과 자연주의를 동시에 수용하는 것은 인식론적으로 자기모순에 빠짐을 예리하게 지적했다. 다시 말해 만약 진화론과 자연주의 둘 다 맞다면 신뢰할 만한 것인지 능력을 가질 확률은 매우 낮기 때문이라는 것이다(Plantinga, 1993:216-238). 그는 진화적 자연주의는 깊고도 심각한 회의주의를 낳을 것으로 보았으며 인지 또는 신념을 생산하는 기능은 신뢰할 수 없으므로 잘못된 신념보다 더 나은 신념을 낳을 것이라고 믿을 수 없는 결론에 도달한다고 주장했다. 철학적 자연주의 및 자연주의적 진화론에서 우리의 지성이 신뢰할 만하다고 하는 확률은 낮거나 헤아릴 수 없으며, 따라서 자연주의적 진화가 옳을 확률도 낮고 자연주의와 진화를 동시에 옳다고 주장하는 것은 내적으로 일관성이 없다는 것이다.

마지막으로 자연주의는 마르크스를 통해 물질주의와 공산주의적 세계관을 낳았다. 마르크스주의는 19세기 후반 이후 역사적으로 가장 중요한 형태의 자연주의라고 할 수 있다. 마르크스는 독일 트리어(Trier) 출신이지만 나중에 영국 런던에서 공산주의 세계관을 전 세계적으로 퍼뜨린 사상가요 운동가였다. 한때 전 세계의 3분의 1이 공산화될 정도로 그의 영향력은 막강했으나 독일이 통일된 이후 동구권이 무너지고 소련이 붕괴되면서 현재 이데올로기로서의 공산주의는 쇠퇴했지만, 그의 사상은 아직도 많은 사람에게 영향력을 행사하고 있다. 하지만 그의 사상은 치명적 단점을 안고 있다. 무엇보다 그의 역사관을 보면 이상사회는 공산주의가 실현된 곳이지만 그렇게 되기 위해 혁명을 일으켜야 하는데 그때 너무나 많은 희생이 불가피하다는 것이다. 실제로 러시아에서 레닌(Vladimir Lenin, 1870–1924)이 볼셰비키 혁명(十月革命, 러시아어: Великая Октябрьская социалистическая революция)을 일으켰을 때 2차 세계대전보다 더 많은 약 2천만 명이 희생되었다고 한다. 이것은 어떤 이유로도 정당화되기 어렵다. 나아가 모든 것을 물질로 설명함으로 정신적 가치가 훼손된다고 말할 수 있다.

5. 자연주의의 단점에 대한 기독교 세계관적 대안

앞서 살펴본 바와 같이 자연주의는 초자연적이거나 영적인 부분을 인정하지 않으며 따라서 정신적 가치의 문제에 대해서 충분한 설명을 할 수 없다. 만일 자연주의가 진리라면 이 세상은 물질로만 되어 있고 정신적이고 비물질적인 부분은 전혀 없을 것이다. 하지만 우리의 삶에는 물질을 초월하는 정신적 현상이 많이 있고 인간 또한 보다 숭고한 가치를 위해 물질적 가치를 포기하는 경우도 많은 것이 사실이다. 인간이 물리적, 화학적 요소로만 구성되어 있다면 과연 인간의 가치를 어떻게 평가할 수 있을지 의문이다.

이에 대해 정반대의 입장에 있는 세계관을 두 개 정도 생각해 볼 수 있다. 하나는 최근에 각광을 받는 뉴에이지 세계관이다. 뉴에이지는 이 세상의 모든 것은 영적이고 하나이며, 이 하나는 곧 신이라고 본다. 모든 것을 신적으로 보는 이 세계관은 우주의 본질을 물질로 보았던 자연주의적 세계관과는 정반대로 만물의 영적인 면을 절대화한다고 말할 수 있다. 따라서 이것을 비자연주의(non-naturalism)라고도 부른다. 그러나 이 세계관은 반대로 영적인 면을 지나치게 강조한 나머지 물질적인 면을 과소평가하는 단점이 있다. 아울러 인간도 신으로 보는 점은 분명 인간의 한계를 넘어서는 지나친 주장이라고 말할 수 있다.

하지만 또 하나의 대안은 기독교 세계관이라고 말할 수 있다. 이 세계관은 인간이 하나님의 형상으로 지음 받아 진정한 자유의지를 가지고 있으며 육체와 함께 정신 및 영적인 부분도 동시에 있음을 인정한다. 나아가 인간은 다른 모든 피조물보다 뛰어난 만물의 영장으로 창조주를 대신하여 이 세계를 잘 다스리며 발전시켜 나가야 할 청지기적 책임을 가진 존재로 본다. 또한 한 영혼이 천하보다 더 귀한 존재라고 말할 정도로 인간이 가진 가치와 존엄성을 강조한다고 볼 수 있다.

만약 자연주의가 말하듯 인간이 하나의 복잡한 기계에 불과하다면 한 사회 내의 부품인 인간이 아프거나 장애가 발생할 경우 지체 없이 다른 인간으로 대체할 수 있을 것이다. 하지만 현실적으로 부모의 입장에서 사랑하는 자녀가 비록 장애가 있고 아플지라도 결코 다른 사람과 바꾸려 하지 않을 것이다. 이러한 인격적인 사랑은 물질로 설명할 수 없는 숭고한 가치를 가진다는 면에서 기독교 세계관은 대안이 될 수 있다.

둘째, 자연주의는 윤리적으로 심각한 문제가 있다는 점을 앞서 지적했다. 자연주의자들이 인간을 복잡한 기계에 불과하다고 본다면 인간에게 어떤 자유의지도 인정할 수 없게 된다. 그렇다면 우리는 더 이상 인간에 대해 윤리적, 법적 책임을 물을 수 없을 것이다. 이는 결국 윤리적 상대주의로 귀결된다. 그 결과 사회질서는 무너지고 큰 혼란에 빠질 것이다. 그러므로 이를 방지하기 위해서라도 인간의 자유의지와 책임성은 반드시 인정되어야 할 것이다.

칸트도 계몽주의를 주장했으나 인간이 자연법칙의 지배를 받는다고 본 자연주의적 인간관은 비판하면서 모든 인간의 평등한 존엄성을 강조했다. 그는 인간에게는 '도덕법칙'이 있으며 인간은 절대적인 가치를 지닌 인격체로서, 다른 목적을 위한 수단이 아니라, 그 '자체가 목적'이며 그에 합당한 존엄한 대우를 받아야 한다고 주장했다. 나아가 인간이 이성적으로 신의 존재를 증명하는 것은 불가능하지만 인간의 도덕성을 담보할 수 있는 필수조건으로 신의 존재는 전제되어야 한다고 주장했다. 그도 인간은 자유의지를 가진 책임적 존재이며 따라서 윤리적 삶이 가능하기 위해 심판주가 필요하다는 점을 인정했다(Kant, 2003). 따라서 칸트는 계몽주의 철학자로서 인간의 도덕성과 책임윤리를 가장 강조한 대표적인 학자라고 볼 수 있다.

기독교 세계관은 이 점에 대해 더 분명한 대안이 될 수 있다. 왜냐하면 이 세계관은 하나님의 형상으로 창조된 인간의 인격성을 충분히 인정하기 때문에 자유의지와 함께 책임성을 강조한다. 인간의 존재 및 삶 자체가 이 세상을 올바르게 다스리면서 발전시켜야 한다는 문화명령(Cultural Mandate) 또는 창조명령(Creation Mandate)에 대한 하나의 응답(response)이며 그 응답에 대해 인간은 책임(responsibility)져야 한다. 따라서 인간은 본질적으로 '응답적 존재'라고 말할 수 있을 것이다(최용준, 2020). 이러한 응답은 창조주에 대한 면도 있지만 인간 상호 간의 윤리적인 차원에도 적용된다.

나아가 자연주의 윤리관의 오류, 즉 "존재하는 것은 옳다(What is, is right.)."라는 부분에 대해서도 대안을 생각할 수 있다. 존재(is, *Sein*)에서 당위(ought, *Sollen*)를 무조건적으로 도출할 수 있는 근거는 없다. 왜냐하면 자연주의자에게는 윤리의 준거점이 있을 수 없기 때문이다. 반면에 윤리의 절대적 기준이 있는 기독교 세계관은 십계명을 그 근거로 제시할 수 있다. 이 기준은 인간에 의해 만들어진 것이 아니라 신적 명령(divine command)이며 신약 시대에 와서 예수 그리스도에 의해서도 더욱 그 의미가 깊어진 것을 볼 수 있다. 즉 하나님 사랑과 이웃 사랑이라는 기준이다.

셋째, 자연주의는 이성과 과학에 대해 지나치게 낙관적이며 특별히 과학에 대해서는 거의 절대적인 구원자의 위치에 두는 것을 지적했다. 물론 18-19세기에 자연과학과 이에 바탕을 둔 기술이 괄목할 만한 발전을 거둔 것도 사실이다. 따라서 이것을 과학주의(scientism) 및 기술주의(technicism)라고 부르기도 한다. 하지만 20세기에 들어와 1, 2차 세계대전을 통해 전 세계가 잿더미가 되고 수많은 사상자를 낳게 된 엄청난 비극을 겪으면서 인류는 합리적 인간관 및 낙관적인 과학기술주의를 더 이상 신뢰할 수 없게 되었다. 결국 이 부분에 대한 대안은 인간의 양면성, 즉 긍정적이고 낙관적인 면과 부정적이며 비관적인 면을 동시에 지적해야 할 필요성을 제기한다.

다시 말해 인간은 이성적 능력으로 과학기술을 발전시킬 수 있는 존재인 동시에 개인적으로 매우 이기적이며 나아가 집단 이기주의는 개인적인 이기주의보다 훨씬 더 강하기 때문에 때로는 무서운 전쟁도 불사하는 비극을 초래하는 존재라는 것이다. 동양에서는 인간의 본성에 대해 맹자의 성선설과 순자의 성악설로 크게 나눈다. 하지만 이것을 기독교 세계관적으로 표현한다면 인간은 하나님의 형상인 동시에 전적으로 타락한 죄인이라는 말이다. 어느 한 쪽으로 치우칠 것이 아니라 양자의 균형을 갖출 때 우리는 보다 현실적인 대안을 모색할 수 있을 것이다.

나아가 이 문제를 근본적으로 해결하기 위해 우리가 가져야 할 진정한 해결책은 무엇일까? 자연주의적 세계관은 허무주의를 거쳐 실존주의에서 그 해답을 찾으려고 시도했다. 하지만 이 실존주의도 단점이 있었고 이 실존주의의 단점을 극복하기 위해 지금은 포스트모더니즘이 등장했다. 이와 반면에 기독교 세계관은 예수 그리스도를 통한 구속과 하나님 나라의 완성이라는 분명한 관점을 가지고 있는데 이것이 진정한 대안이 될 수 있다고 본다. 왜냐하면 이것은 자연주의가 가진 내적인 모순, 즉 과학기술을 발전시키면 인간이 이 세상을 더욱 올바로 통제할 수 있을 것이라고 확신했고 그렇게 되면 인간은 더욱 완전한 자유를 누릴 것이라는 이상을 가지고 있었지만 현실은 반대로 과학을 발전시키면 오히려 인간의 자유는 제한받게 되는 자기모순적인 문제를 극복할 수 있기 때문이다. 왜냐하면 구속받은 인간이 과학기술을 올바른 방향으로 발전시켜 나가면서 이것을 통해 이웃을 섬기며 약자의 고통을 경감하게 된다면 그것은 결국 모든 사람에게 유익하게 될 것이기 때문이다.

넷째, 자연주의는 인간이 다른 동물, 가령 원숭이와 다른 본질적 차이를 설명하기가 쉽지 않다는 점을 지적했다. 이것은 바로 자연주의적 세계관이 직접 관찰할 수 있고 과학적으로 검증 가능한 것에만 초점을 맞추기 때문이다. 즉 초월적이거나 정신적, 영적 차원에 대한 이해가 없기 때문에 가시적 세계 이외에 대해서는 전혀 무지한 것이다. 반면에 가령 '지적 설계(intelligent design)' 같은 이론은 동일한 현실을 과학적으로 설명하면서도 한 걸음 더 나아가 이러한 정교한 우주와 함께 이 우주를 설계한 분에 대한 여지도 남겨 놓을 수 있는 관점을 제공한다.

이러한 대안은 사실상 인간이 이성만으로는 모든 것을 알 수 없음을 겸손히 인정하는 것이며 이성의 한계를 인지할 때 그 이상의 차원에 대한 세계관도 열리게 된다는 의미다. 가령 기독교 세계관은 자연주의가 설명하지 못하는 만물의 기원에 대해 '창조'라는 분명한 관점을 제시한다. 나아가 인간은 '하나님의 형상'이며 '만물의 영장'으로 이 세상을 다스리는 권세와 능력을 가진 존재라고 이해한다. 이러한 관점에서 보면 인간은 동물과는 다른 분명하고도 본질적인 차이가 있음을 말할 수 있다. 즉 인간은 동물과 달리 영적 존재라고 할 수 있다. 정신적인 세계, 즉 가치와 영적인 삶을 무시한다면 인간의 삶은 사실상 의미를 찾기가 쉽지 않다. 인간이 하나의 기계와 같고 우주라는 커다란 기계의 부품에 불과하다면 인간의 존엄성, 인간의 권리, 인간의 자유의지는 불가능하기 때문이다. 그러한 인간은 결국 아무런 가치도 없는 불행한 존재가 되고 말 것이다. 하지만 우리는 이러한 결론을 결코 받아들일 수 없을 것인데 왜냐하면 인간은 근본적으로 의미를 추구하는 존재이기 때문이다.

다섯째, 자연주의의 인식론적 단점에 대해서도 기독교 세계관은 보다 나은 대안이 될 수 있을 것이다. 철학적 자연주의 및 자연주의적 진화론 둘 다 맞다면 인간이 신뢰할 만한 인지 능력을 가질 확률은 매우 낮아 심각한 회의주의를 낳을 수밖에 없으며 인지 또는 신념을 생산하는 기능도 신뢰할 수 없으므로 잘못된 신념보다 더 나은 신념을 낳을 것이라고 믿을 수 없다. 하지만 기독교 세계관은 인간의 지성도 하나님의 형상에 근거하므로 이 지성 및 인지 능력을 신뢰할 수 있으며 따라서 내적으로 일관성이 있다고 말할 수 있기 때문이다.

마지막으로 자연주의는 공산주의를 낳았으며 이 사상은 이상사회를 실현하기 위해 혁명을 일으켜야 하며 그때 너무 많은 희생이 따른다는 치명적인 단점을 안고 있음을 지적했다. 하지만 기독교 세계관은 한 영혼을 천하보다 더 귀하게 여기므로 어떤 폭력도 용납하지 않는 동시에 정신적, 영적 가치를 물질적인 가치보다 더 중요하게 생각한다는 점에서 분명한 대안이 된다고 말할 수 있다. 이처럼 자연주의 세계관은 18-20세기에 한동안 큰 영향을 미친 세계관이지만 그 단점에 대해 적절한 대안을 제시하지 못했기에 한계가 있음을 지적하지 않을 수 없다. 따라서 기독교 세계관적 대안을 진지하게 생각해 볼 필요가 있을 것이다.

결론

지금까지 자연주의라는 세계관에 대해 기독교 세계관적으로 고찰해 보았다. 먼저 이 세계관이 어떻게 일어나게 되었는지 고대부터 현대까지 살펴보았으며 그 기본적인 내용을 설명한 후 주된 주창자를 프랑스, 영국, 독일 및 미국 순으로 열거했다.

나아가 이 세계관의 장점으로는 과학의 중요성을 충분히 인식하고 있으며 대부분의 과학적 연구에 틀을 제공하고 매우 정직하고 객관적인 것처럼 보이며 따라서 일관성이 있어 보이고 궁극적으로 이 세상을 올바로 통제할 수 있다고 본다.

하지만 이 세계관의 단점은 먼저 가치의 문제에 대해 시원한 답을 할 수 없고 따라서 '자연주의적 오류(naturalistic fallacy)'라는 윤리적으로 문제가 있으며 나아가 인간의 이성과 과학에 대해 지나치게 낙관적이고 인간과 다른 생물 간의 근본적인 차이가 없는 모순을 안고 있고 플랜팅가가 지적한 것처럼 인식론적으로도 단점이 있으며 마지막으로 자연주의는 마르크스를 통해 물질주의적 공산주의 세계관을 낳아 수많은 희생자가 발생했음을 비판적으로 분석해 보았다.

이런 단점에 대한 기독교 세계관적 대안으로는 인간이 하나님의 형상으로 지음 받아 진정한 자유의지를 가지고 있으며 육체와 함께 정신 및 영적인 부분도 동시에 있음을 인정하고 인간을 복잡한 기계에 불과하다고 본다면 인간에게 어떤 자유의지도 인정할 수 없게 되어 윤리적, 법적 책임을 물을 수 없지만 인간의 인격성을 충분히 인정하기 때문에 인간의 책임성을 강조한다. 나아가 자연주의 윤리관의 오류에 대해 기독교 세계관은 십계명을 근거로 윤리의 절대적 기준을 제시할 수 있다. 또한 자연주의가 인간의 이성과 과학에 대해 지나치게 낙관적이며 특별히 과학에 대해서는 거의 절대적인 구원자의 위치에 두는 것에 대해 인간은 이성적 능력으로 과학기술을 발전시킬 수 있는 존재인 동시에 개인적으로는 매우 이기적이며 나아가 집단 이기주의는 개인적인 이기주의보다 훨씬 더 강하기 때문에 때로는 무서운 전쟁도 불사하는 비극을 초래하는 존재라는 사실도 지적하면서 이 문제를 근본적으로 해결하기 위해 예수 그리스도를 통한 구속과 하나님 나라의 완성이라는 분명한 관점을 제시한다.

자연주의는 인간이 다른 동물, 가령 원숭이와 다른 본질적 차이를 설명하기가 쉽지 않은데 기독교 세계관은 만물의 기원에 대해 '창조'라는 분명한 관점을 제시하며 인간은 '하나님의 형상'이며 '만물의 영장'으로 이 세상을 다스리는 권세와 능력을 가진 존재라고 이해한다. 이러한 관점에서 보면 인간은 동물과는 다른 분명하고도 본질적인 차이가 있음을 말할 수 있다. 또한 자연주의의 인식론적 단점에 대해서도 기독교 세계관은 인간의 지성도 하나님의 형상에

근거하므로 이 지성 및 인지 능력을 신뢰할 수 있으며 따라서 내적
으로 일관성이 있다고 말할 수 있다.

마지막으로 자연주의는 마르크스를 통해 물질주의와 공산주의적
세계관을 낳았으며 이 사상은 혁명을 일으켜야 하고 그때 너무나 많
은 희생이 불가피하지만 기독교 세계관은 한 영혼을 천하보다 더 귀
하게 여기므로 어떤 폭력도 용납하지 않는 동시에 정신적, 영적 가
치를 물질적인 가치보다 더 중요하게 생각한다는 점에서 분명한 대
안이 된다고 말할 수 있다.

하지만 지금도 이 자연주의 세계관은 무신론, 세속적 인본주의,
마르크스주의 및 물질주의와 연결되어 계속해서 적지 않은 영향력
을 발휘하고 있다. 따라서 기독학자들은 이들의 주장을 더욱 예의
주시하면서 비판적 분석 및 적절한 대안 제시를 통해 계속하여 올바
르게 대응해야 할 것이다.

5. 허무주의(Nihilism)

서론

허무주의(虛無主義, Nihilism)는 신의 존재를 부인할 뿐만 아니라 삶의 의미와 목적도 부정하는 세계관이다. 모든 가치는 근거가 없으며 아무것도 알 수 없고 소통할 수도 없다고 믿는다(www.iep.utm.edu/nihilism). 'Nihil'이라는 단어는 라틴어로 '무(無, nothing)'를 의미하며 기존의 가치체계와 이에 근거를 둔 모든 권위를 부인하고 음산한 '허무'의 심연을 직시하며 살려고 하는 세계관으로 본질적으로 무신론이며 따라서 인본주의적인 세계관이다.

이 세계관은 예술에도 나타나는데 가령 뒤샹(Henri Duchamp, 1887-1968)의 "샘(*Fountain*)"이라는 작품과 베켓(Samuel Beckett, 1906-1989)의 "호흡(*Breath*)"이라는 연극에서 볼 수 있다. 뒤샹의 작품은 남자 소변기를 뒤집어 놓고 '샘'이라고 한 것인데 이를 예술적 표현의 자유라고 말할 수는 있으나 실제로 그 물건을 샘으로 사용할 사람은 없을 것이다. 베켓의 연극에는 어떠한 배우도 나타나지 않고 다만

40초 정도의 숨 쉬는 소리만 들린다. 왜냐하면 베켓은 삶이란 단지 이러한 숨소리 외에 아무것도 아니라고 보았기 때문이다.

허무주의 등장의 배경은 우주와 인생의 진상을 무(無)에서 보려는 동양사상에서도 찾아볼 수 있는데, 가령 노장(老莊)의 무위자연(無爲 自然) 사상이나 불교의 제행무상(諸行無常) 사상을 말할 수 있다. 하지만 서양에서 하나의 독립된 세계관으로 등장한 허무주의는 19세기 중엽 이후로부터 현대에 걸친 서구 사회의 특유한 사상이라고 말할 수 있다. 곧 신의 초월성만 인정하고 내재성을 부인하면서 인간의 이성을 강조한 이신론(理神論, Deism)과 나아가 신의 초월성마저 부인하고 물질주의적이고 기계론적 세계관을 주장한 자연주의(自然主義, Naturalism)에 기초한 서구 근대 시민 사회의 가치체계가 붕괴하고 그 후에 올 미래의 가치에 대해 낙관적으로 전망할 수 없는 역사의 위기적 전환기에서 자연주의의 필연적 결과로 나타난 것이다.

자연주의가 허무주의로 넘어갈 수밖에 없었던 첫 번째 이유는 자연주의가 인간에게 의미 있는 행동을 할 수 있는 근거를 마련해 주지 않았기 때문이다. 자연주의는 타고난 자기 의식적인 특성 위에서 자유롭게 선택할 수 있는 자기 결정력을 지닌 존재의 가능성을 부인한다. 인간은 단지 하나의 기계이며 자기의식과 자기 결정력이 있는 인격이 아니기에 결국 허무한 존재가 되고 마는 것이다. 이것을 실존적 허무주의(existential nihilism)라고 말할 수 있다.

자연주의가 허무주의를 낳게 된 두 번째 이유는 자연주의가 가진 실존적 허무주의는 인식론적 허무주의(epistemological nihilism)를 낳기 때문이다. 즉 이 세상이 우연에 의해 존재한다면 우리의 인식도 어떤 것이 참이고 거짓인지 판단할 수 없고 나아가 우주의 존재와 실재도 의문시할 수 있다는 것이다. 결국 자연주의는 형이상학적 또는 존재론적 허무주의(metaphysical or ontological nihilism)를 낳게 된다.

자연주의가 허무주의를 낳을 수밖에 없었던 세 번째 이유는 진정한 도덕적 판단의 근거를 상실했기 때문이다. 자연주의자들에게 세계는 단지 거기에 존재하는 것이다. 따라서 윤리의 기준 또한 이 존재에 근거할 수밖에 없다. 하지만 존재에서 당위를 도출하는 것은 모순에 빠질 수밖에 없다. 왜냐하면 존재는 매우 상대적이며 따라서 윤리 또한 상대적인 상황윤리가 되기 때문이다. 가령 '전쟁'이 존재한다고 해서 이 전쟁이 옳다고 말할 수는 없다. 그러므로 허무주의는 아무런 도덕적 가치가 없으며 궁극적인 심판자가 없다. 이것은 윤리적 허무주의(ethical nihilism) 또는 무규범성(anomie)이라고 말할 수 있다.

오늘날에도 허무주의자는 인터넷을 통해 영향을 미치고 있는데 abissonichilista. altervista.org 및 nihil.org가 있다. 이 세계관을 기독교 세계관으로 깊이 다룬 학자는 사이어(James Sire)인데(Sire, 2009) 그 외에 이 주제를 깊이 다룬 학자나 문헌은 별로 없다. 따라서 이 장에서는 성경적 세계관으로 이 사상을 분석하되 먼저 이 세계관의 내용을 구체적으로 고찰한 후 대표적 사상가를 언급하고 이 세계관의 장단점을 각각 살펴보겠다. 그 후 이 세계관의 단점에 대해 기독교 세계관적 대안은 무엇인지 제시한 후 결론을 맺겠다.

허무주의에 대한 기독교 세계관적 고찰

1. 허무주의 세계관의 기본 내용

허무주의의 기본 내용을 살펴보면 첫째 참된 최고의 실재는 '무 (nihil)'라고 주장한다. 모든 것은 우연이며 따라서 무의미하며 모든 형이상학과 신학을 부정한다. 이러한 형이상학적 허무주의는 인간 에게 어떤 의미 있는 행동을 할 수 있는 근거를 마련해 주지 못하고 자유로운 선택을 할 수 있는 가능성을 부인하기 때문에 결국 인간은 기계일 뿐임을 알 수 있다. 이런 의미에서 대표적인 허무주의 철학 자였던 니체(Friedrich Nietzsche, 1844-1900)는 "신은 죽었다."라고 선언 하면서(Nietzsche, 2017) 무신론 및 인본주의적 세계관을 강조했으며 이런 점에서 사이어는 허무주의를 '영점(零點, zero point)'이라고 표현 한다(Sire, 2007:123).

둘째, 우리를 둘러싼 세계의 본질에 대해서도 허무주의는 '무'라 고 주장한다. 자연주의와 같이 우주는 폐쇄체계 안에서 인과율의 일치체라고 보면서도 그 의미는 아무것도 없다는 것이다. 자연주의 는 인간의 인식과 지식도 물질 작용의 결과로 보며 의식 또한 고도 로 잘 조정된 물질의 복잡한 상호관계에서 나온다고 본다. 인간의 지식이 참임을 확신하려면 그 인간은 그 지식 밖으로 나가 보거나 외부의 어떤 존재가 그에게 정보를 제공해야 할 것이다. 하지만 그 외부에는 아무것도 없기에 인식론적으로도 허무주의가 된다.

셋째, 인간은 무엇인가에 대해서도 허무주의는 인간은 아무런 의미가 없는 존재라고 본다. 인간의 삶뿐만 아니라 나아가 죽음도 아무런 의미가 없다. 폐쇄된 우주에서 모든 것이 인과율에 의해 결정된다면 인간에게 자유는 불가능하며 인간은 우주의 한 부품일 뿐이며 인간의 의식 또한 마찬가지다. 인간의 생명은 창조주가 에덴동산에서 불어넣은 것이 아니라 베케트의 숨소리에 불과할 것이다. 실제로 니체는 10년간 정신병으로 고생하다 생을 마쳤고 허무주의적 세계관을 가졌던 미국의 소설가 헤밍웨이(Ernest Miller Hemingway, 1899-1961)도 스스로 생명을 포기한 것을 볼 수 있다.

넷째, 인간이 지식을 가질 수 있는 근거에 대해 이성도 아무런 가치가 없다. 어떤 사람이 비인격적인 힘의 결과로 우연히 존재한다면 그가 무엇을 안다고 하는 것이 참인지 거짓인지 구별할 수 없게 되기 때문이다. 따라서 인식 자체도 부정되고 불가능하게 된다. 가령 다윈의 주장처럼 인간의 뇌가 고등한 원숭이로부터 진화되었다면 인간의 기원에 대한 이 이론을 받아들여야 한다고 확신할 수도 없을 것이다(Sire, 2007:123).

다섯째, 윤리 또한 허무주의에서는 아무런 의미가 없다. 자연주의는 인간을 상대적 윤리 안에 가두었지만 그 안에서 무엇이 가치 있는지 알기 위해서는 어떤 판단의 기준이 필요하다. 그러나 자연주의에서는 어떤 기준도, 표준도 존재하지 않기에 결국 윤리적 허무주의로 빠지고 마는 것이다. 따라서 사이어는 허무주의를 하나의 철학으로 보기보다는 하나의 감정이라고 표현하면서(Sire, 2007:147)

카프카(Franz Kafka, 1883-1924)의 작품 "보초(*The Watchman*)"에서 사람이 지나가도 전혀 경계하지 않고 침묵하는 경비병을 인용한다(Kafka, 1961:81).

여섯째, 인간의 역사에 대해서도 허무주의는 어떠한 의미도 부여하지 못한다. 역사는 아무런 목적성이나 방향성이 없기 때문이다. 우주의 기원, 인간의 인식 그리고 윤리적 삶의 어떤 의미도 알 수 없는 인간은 역사가 어떻게 시작되었고 진행되고 있으며 궁극적으로 어디를 향해 가는지에 대해 아무런 말도 할 수 없는 것이다.

2. 대표적인 허무주의자

'니힐리즘(nihilism)'이라는 단어는 독일의 철학자 야코비(Friedrich Heinrich Jacobi, 1743-1819)가 합리주의, 특히 칸트의 비판철학을 설명하기 위해 처음 사용하였는데 철학을 비판주의로 보는 모든 합리주의적 사상은 결국 허무주의로 귀결된다고 주장하면서 따라서 이를 피하기 위해 야코비는 어떤 종류이든지 신앙과 계시에 의해 대체되어야 한다고 강조했다(Jacobi, 2019:216-223). 하지만 그 후 독일의 대표적인 관념철학자인 헤겔(Georg Wilhelm Friedrich Hegel, 1770-1831)의 절대정신(絕對精神, Der absolute Geist) 철학에 반발하여 쇼펜하우어(Arthur Schopenhauer, 1788-1860)의 염세주의(pessimism)적이며 무신론적 철학이 등장하였고 그는 니체에게 큰 영향을 주었다. 나아가 철저한 유물론자였던 포이에르바흐(Ludwig Feuerbach, 1804-1872)의 무신론은 어떤 권위도 인정하지 않는 무정부주의적 세계관을 낳았다 (Feuerbach, 2014).

러시아의 작가 투르게네프(Ивáн С. Тургéнев, 1818-1883)는 『아버지와 아들』에서 주인공 바자로프가 철저한 과학적 실증주의 입장에서 일체의 기성 질서나 가치의 권위를 부정하므로 그를 '니힐리스트'라고 명명한 이후부터 이 허무주의라는 용어가 일반화되었다(투르게네프, 이항재 역, 2012). 나아가 표도르 도스토예프스키(Фёдор Михáйлович Достоéвский, 1821-1881)는 『악령』에서 무신론자가 되어 허무주의에 영혼을 빼앗긴 젊은 지식인이 체제 전복을 위해 아무런 죄의식도 없이 무차별적 폭력과 선동에 몰두하다가 자멸하는 모습을 보여 준다(도스토예프스키, 김연경 역, 2009).

허무주의를 명확한 세계관으로 정립한 사람은 독일의 철학자 니체였다. 그는 힘 있는 자가 힘 없는 자를 지배하고 고귀한 자가 비소(卑小)한 자를 지배하는 것이 본래의 가치 체계라는 권력의지설(權力意志說, Der Wille zur Macht)의 입장에서 니힐리즘을 분석하면서 '수동적(受動的) 허무주의(Der passive Nihilismus)'와 '능동적(能動的) 허무주의(Der aktive Nihilismus)'로 나누었다. 전자는 허무한 현실을 회피하고 향락주의나 이기주의 등 퇴폐적 삶으로 공허감을 채워 보려는 관점이다. 이에 반해 후자는 소모적인 현실 도피의 삶을 거부하고 허무의 뿌리 한가운데로 적극 개입함으로써 허무의 현실을 초극하려는 것이다. 모든 현존하는 가치나 질서가 가진 절대적 권위를 파괴해 갈 때 거기에 새로운 가치를 자유로이 창조할 수 있는 가능성이 싹튼다고 본다. 우상(偶像)의 가면을 벗기는 하나의 도구로 무(無)를 내세움으로써 무를 적극적인 창조 원리로 전환시켜 나가는 이 '능동적 허무주의'야 말로 현대를 살아가는 당연한 생활 방식이라고 니체는 강조했다(Nietzsche, 2012). 나아가 니체가 "신은 죽었다."라고 주장한 것은 인간이 만들어 낸 최고 가치, 종교 혹은 이상주의 등의 신앙이 상실된 상태로 허무주의의 본격적인 도래를 가리키는 표현이며 근대적 가치와 도덕 및 신앙을 뛰어넘는 인간을 니체는 '초인(超人, Übermensch)'이라고 불렀다(Nietzsche, 2019:7).

최근에도 이 세계관에 관한 연구는 계속되고 있는데 가령 미국의 브렛 스티븐스(Brett Stevens)는 허무주의에 관한 책을 출판했고(Stevens, 2016), 웹사이트(nihil.org)를 운영하면서 나름대로 새로운 생각을 제시하려고 시도하고 있으며 네덜란드의 놀런 헤르츠(Nolen Gertz)도 허무주의와 기술과의 관계에 관해 연구하고 있다(Gertz, 2019).

3. 허무주의의 장점

하지만 허무주의 세계관이 나름대로 가진 장점도 생각해 볼 수 있는데 크게 세 가지로 살펴보되 특히 니체가 말한 적극적이고 능동적인 허무주의를 중심으로 고찰해 보겠다.

첫째, 적극적인 허무주의는 과거의 권위주의를 파괴하고 나름대로 새로운 자기 창조의 가능성을 열어 준다고 일단 말할 수 있다. 다시 말해 기존에 존재하는 것은 무의미하게 생각하면서 이를 무시하지만 거기에 머무르지 않고 새로운 가치를 창조할 가능성을 나름 대로 진지하게 시도해 보는 것이다. 나아가 이 세계관은 장차 무엇이 닥칠지라도 상관하지 않고 현재의 활동에 초점을 맞춘다. 니체는 이것을 '운명애(運命愛, *Amor fati*)'라고 불렀다(Nietzsche, 2016:159). 그는 이 능동적 허무주의를 통해 소모적인 현실 도피의 삶을 거부하고 허무의 뿌리 한가운데로 적극 개입함으로써 오히려 허무한 현실을 초극하려 했다. 그는 모든 현존하는 가치나 질서가 가진 절대 권위를 파괴해 갈 때에만 새로운 가치를 자유로이 창조할 수 있는 가능성이 새롭게 싹튼다고 주장하면서 우상(偶像)의 가면을 벗기는 하나의 도구로 무(無)를 내세움으로써 무를 단순한 생의 소모원리(消耗原理)가 아니라 보다 적극적인 창조의 원리로 간주했다. 이러한 자세는 삶에 새로운 의미를 부여하고 생을 스스로 개척해 나갈 수 있도록 도와준다고 니체는 주장하였다. 이것은 결국 "당신은 이것을 해야 한다."라는 전통적 가치를 "내가 이것을 원한다."고 하는 새로운 자유적 가치로 변혁시킴을 의미한다. 이는 그 후에 주체성을 강조한 실존주의(實存主義, Existentialism) 세계관을 낳게 되는 매우 능동적이고 적극적인 삶의 자세라고 말할 수 있다.

둘째, 능동적인 허무주의는 기존의 철학이나 세계관을 모두 부정한다. 왜냐하면 당시의 기존 사상은 이 현실을 넘어 불변하는 세계만 가치가 있고 이 현실 세계는 허무하므로 경험할 수 없는 세계가 더 중요하다고 가르쳤기 때문이다. 하지만 적극적인 허무주의는 이러한 구식 패러다임에서 벗어나 현실에서 새로운 의미를 찾고 창조할 수 있으며 따라서 우리는 현실 세상에 더 집중해야 한다고 강조한다. 이런 점에서 이 능동적 허무주의는 우리가 보통 생각하듯이 현실을 부정하고 체념하는 소극적이고 비관적인 자세가 아니라 오히려 현실에 대해 긍정적이면서도 적극 대처하려고 하는 매우 진지한 자세를 강조한다고 말할 수 있다. 니체는 그만큼 나름대로 치열한 고민을 하면서 앞서 나타났던 자연주의적 세계관이 가졌던 단점을 극복하기 위해 몸부림쳤다고 말할 수 있다. 다시 말해 이는 현실 도피적인 무관심주의나 찰나적인 향락주의보다는 훨씬 더 진지하고 성실한 세계관 및 생활 태도라고 볼 수 있으며 따라서 이러한 부분은 허무주의의 장점으로 평가할 수 있다.

셋째, 능동적인 허무주의는 이후에 나타난 다른 세계관에 영향을 미쳤다. 먼저 무정부주의(anarchism)같은 세계관에도 영향을 주었는데 무정부주의자들은 인간이 원래 선한 존재였으나 정부의 권위가 불평등을 낳았다고 주장하면서 이 문제를 해결하기 위해 모든 체제를 파괴하고 개인의 절대적 자유가 보호되어야 함을 강조한다. 여기서 주목할 점은 니체의 사상이 본래 국가 지향적 관점을 개인적 관점으로 바꾸었다는 것이며 이는 후에 나타난 실존주의와도 연결된다. 나아가 이 적극적 허무주의는 포스트모더니즘에도 영향을 주었다. 모더니즘이란 합리적이며 남성 중심적이고 백인 우월적이며 과학기술을 강조하는 세계관이었으나 포스트모더니즘은 개인의 감정, 유색인종, 여성 및 소수에 대해 더 관심을 가지며 과학기술의 폐단도 비판하였다. 이처럼 허무주의는 앞서 풍미했던 자연주의의 논리적 귀결인 동시에 이 세계관을 철저히 비판하면서 이를 극복하려했기에 실존주의 및 포스트모더니즘을 낳게 되는 산파 역할을 했다고 할 수 있다.

4. 허무주의의 단점

그렇다면 허무주의적 세계관이 가진 단점은 무엇인가? 다섯 가지로 살펴보겠다.

먼저 사이어가 잘 지적하듯이 무의미에서는 전혀 아무것도 나올수 없거나 아니면 반대로 무엇이든지 나올 수도 있다. 만일 우주가 무의미하고 인간에게 지적인 능력이 없으며 부도덕이 존재하지 않는다면 우리에게는 어떤 행동도 나오지 않을 수도 있고 반대로 어떤 행동도 가능할 것이다. 조금이나마 적합한 것이 전혀 없기에 어떤 행동을 해도 무방한 것이다. 가령 자살도 하나의 행동이며 이에 대해 가치판단을 할 수 없을 것이다(Sire, 김헌수 역, 2007:152).

둘째, 어떤 허무주의자가 생각하고 그 자신의 생각을 신뢰한다면 이것은 일관성이 없게 된다. 왜냐하면 생각 자체가 가치 없고 지식에 이르게 할 수 없음을 이미 인정했기 때문이다. 따라서 허무주의자가 어떤 한 가지라도 긍정한다면 그것 자체가 이미 자기모순이다. 우주에는 의미가 전혀 없다고 주장한다면 단 한 가지의 어떤 긍정도 불가능하다. 다시 말해 허무주의가 옳다고 주장하는 것 자체도 사실상 불가능한 것이다(Sire, 김헌수 역, 2007:154). 이 세상에 어떤 존재나 의미도 인정하지 못한다면 인간의 생각도 마찬가지이고 따라서 이러한 주장 자체도 무의미하기 때문이다. 따라서 허무주의는 사실상 상자 안에 갇혀 순환논리에서 벗어나지 못한다고 말할 수 있다. 그 상자를 벗어나 갈 수 있는 곳은 아무 데도 없다. 허무주의자는 그저 존재할 뿐이고 생각할 수는 있지만 그것이 아무런 의미는 없기 때문이다. 따라서 실제 상황에서 허무주의자가 일관성 있는 허무주의적 행동을 한다면 정신병원에 입원할 수밖에 없을 것이다. 하지만 이 정도로 철저히 일관성을 가진 허무주의자는 그렇게 많지 않다(Sire, 김헌수 역, 2007:154). 다시 말해 폴 헤가르티(Paul Hegarty)가 말한 것처럼 모든 것은 무의미하다고 주장하는 그 주장 자체도 하나의 의미를 가진 주장이라는 점에서 허무주의는 역설적 논리에 빠지고 만다(Sire, 김헌수 역, 2007:154).

셋째, 제한된 형태의 실천적 허무주의도 잠시는 가능할 수 있으나 결국 한계에 봉착하고 만다. 가령 신을 부정하기 위해서는 그 신이 어떤 종류의 신이든지 간에 부정할 신이 전제되어야 한다. 부정할 것이 실제로 아무것도 없다면 무엇을 부정한다고 말할 수도 없고 말할 필요도 없을 것이기 때문이다. 따라서 신을 부정한다고 말하는 것 자체가 무의미하게 된다. 아무것도 없는데 무엇을 부정한다는 말 자체가 논리적 모순이므로 허무주의는 결국 자가당착적 냉소주의로 귀결되고 말 것이다(Sire, 김헌수 역, 2007:153).

넷째, 허무주의는 예술에도 종말을 고한다. 많은 현대 예술은 허무주의를 사상적 주제로 삼고 있다. 가령 베케트의 『게임의 종말』

(*Endgame*, Beckett, 2009), 카프카의 『심판』(*Der Prozess*, Kafka, 2006) 등이 있다. 그런데 이 작품 자체가 무의미하다면 이 작품에 대해 어떤 예술성도 인정할 수 없게 된다. 하지만 모든 예술품은 어떤 구성을 가지고 있고 그 구성은 일정한 의미를 내포하고 있다. 가령 베케트의 '숨소리'조차도 나름대로의 구성과 의미를 표현하고 있다. 즉 이 작품이 인간은 무의미하다는 사실을 나타내는 역설적 시도를 하더라도 그 자체가 사실은 의미가 있으므로 비허무주의적이라는 것이다(Sire, 김헌수 역, 2007:155-6).

마지막으로 허무주의는 심각한 심리적 문제를 유발시킨다. 사람은 본래 의미를 추구하는 존재로 지음 받았기 때문에 허무주의적 세계관을 일관성 있게 살아 내는 것은 불가능하다. 허무주의를 외쳤던 니체가 10년간 정신병원에 있다가 생을 마감한 것이 그것을 웅변적으로 보여 준다. 사실 우리의 삶에는 허무하게 보이는 일상적인 부분도 있지만 매우 의미 있게 경험되는 순간도 적지 않다. 따라서 허무주의는 그것이 비록 능동적인 허무주의라고 하더라고 궁극적으로 의미 있는 삶을 추구하는 본능을 가진 인간에게 도움이 되기보다는 절망을 주기가 더 쉽다(Sire, 김헌수 역, 2007:156-7). 우리는 이러한 세계관을 동양적 세계관인 도교의 노자 및 장자의 사상 그리고 불교에서도 어느 정도 볼 수 있다는 점을 서두에서 언급했지만 결국 가장 심각한 문제는 허무주의자의 비극적인 종말이다. 만약 우리의 삶이 허무하다면 우리는 더 이상 세상을 살아가야 할 이유도 없으며 살면서도 심리적으로도 매우 많은 문제를 경험하게 될 것이다. 따라서 니체 외에도 헤밍웨이 및 카프카 같은 허무주의자는 결국 자살 등 불행한 종말을 맞이했다.

허무주의 문학 작품에 대해서도 문제를 제기할 수 있다. 허무주의자들에 의해 쓰인 작품 중 앞서 언급한 여러 작품 외에도 가령 베켓의 『고도를 기다리며』(*Waiting for Godot*, Beckett, 2011)를 말할 수 있다. 그러나 삶의 허무성을 강조하는 허무주의에 기초한 문학 작품에 대해 우리는 어떤 의미를 부여할 수 있을까? 문학 작품을 창조하기 위해서는 가치를 창조하고 의미가 담겨 있어야 할 것이다. 따라서 허무라는 무가치를 강조하는 작품 자체의 의미를 말하는 것 자체가 자기모순이다.

5. 허무주의의 단점에 대한 기독교 세계관적 대안

허무주의의 이러한 단점에 대해 기독교 세계관은 어떤 대안을 제시할 수 있는가?

먼저 무의미에서는 전혀 아무것도 나올 수 없거나 아니면 반대로 무엇이든지 나올 수도 있다는 부분에 대해 생각해 보겠다. 만일 허무주의를 받아들인다면 우리에게는 삶의 기준과 가치가 없어지므로 결국 혼돈(chaos)으로 빠지고 그러한 사회는 파멸되고 말 가능성이 더 높다. 따라서 이러한 허무주의에 대해 우리는 최소한 인간 사회의 존재를 위해서 어느 정도 일관성 있는 삶의 필요성을 전제해야 할 것이다.

실제 우리의 일상생활을 보면 크고 작은 선택과 결정으로 가득차 있고 거기에는 분명히 가치판단이 존재한다. 이것이 없다면 삶 자체가 불가능하기 때문이다. 우리의 삶이 전혀 아무런 의미가 없다면 살아야 할 이유가 없게 되고 우리 모두는 니체나 헤밍웨이와 같은 종말을 맞이할 수밖에 없을 것이다. 하지만 이런 종말이 과연 진정한 대안이라고 모든 사람을 설득할 수 있을지, 대부분의 건전한 상식을 가진 사람은 이러한 대안을 받아들이지 않을 것이다.

그 명백한 증거는 지금 이 세상에 허무주의를 주창하는 사람은 소수의 몇몇 사람을 제외하면 거의 없다는 것이다. 능동적인 허무주의에는 다소 긍정적 요소를 언급할 수 있겠지만 사실상 허무주의는 자연주의가 실존주의로 넘어가는 하나의 중간 단계였고 잠시 나타났던 세계관이지 지속적일 수 없었음을 기억할 필요가 있다. 허무주의를 실천하는 것 자체도 무의미하기 때문에 설득력이 없기 때문이다. 그러므로 허무주의의 가장 분명한 대안은 허무주의를 포기하는 것이라고 말할 수 있다.

둘째, 허무주의자가 자신의 생각을 신뢰한다는 것 자체가 일관성이 없음을 지적했다. 왜냐하면 생각 자체가 가치 없고 참된 지식에 이르게 할 수 없음을 이미 우리가 인정했기 때문이다. 따라서 어떤 허무주의자가 한 가지라도 긍정한다면 그 자체가 이미 자기모순이 된다. 우주에는 의미가 전혀 없다고 주장한다면 어떤 긍정도 불가능하다. 즉 허무주의가 옳다고 주장하는 것 자체도 사실상 자기모순이므로 불가능한 것이다. 따라서 자기모순을 내재하고 있는 허무주의에 대한 가장 설득력 있는 대안은 허무주의를 포기할 뿐만 아니라 자기모순이 없는 다른 세계관을 제시하는 것이다.

따라서 이 허무주의를 극복하지 않으면 안 된다는 의식에서 실존주의가 등장했고 이 실존주의가 발전하여 포스트모더니즘이 되었다. 하지만 이 두 세계관도 여러 단점이 있으며 따라서 이와 다른 세계관을 대안으로 제시할 수도 있다. 그것은 이 세상이 매우 정교한 디자이너에 의해 의도적으로 설계되었고 그 안에는 의미와 가치도 발견된다는 기독교 세계관이다. 이러한 객관적인 삶의 기준이 있음을 받아들인다면 허무주의는 충분히 극복될 수 있을 것이다.

허무주의의 세 번째 단점으로 제한된 형태의 실천적 허무주의도 잠시는 가능할 수 있으나 결국 한계에 봉착하고 마는 것을 지적했다. 아무것도 없는데 무엇을 부정한다는 말 자체가 논리적 모순이므로 허무주의는 결국 자가당착적이고 냉소주의로 귀결되고 말 것임을 보았다. 하지만 반대로 이 세상을 자세히 보면 매우 정교한 질서가 있음을 알 수 있는데 이러한 질서가 우연이 아니라 전능한 인격자에 의해 만들어졌다는 세계관을 한번 생각해 본다면 삶의 의미는 전혀 달라질 수 있을 것이다.

가령 기독교 세계관은 이 세상은 매우 아름다운 창조주의 작품이며 따라서 그분의 분명한 목적과 의도가 있음을 말하고 있다. 비록 우리의 삶이 타락으로 변질되고 허무함에 굴복하는 부분이 없지 않으나 그리스도의 구속에 의해 다시금 회복될 수 있다고 말한다. 구약성경의 지혜서인 전도서 1장에도 보면 허무주의적 세계관이 나온다. 하지만 이것은 허무주의가 옳다고 주장하는 것이 아니라 창조주를 인정하지 않으면 이 세상 모든 것은 반복적이고 순환적이며 아무 의미가 없이 헛되다는 점을 강조하는 것이다. 따라서 전도서의 결론을 보면 우리가 인격적인 창조주를 인정한다면 이 세상은 매우 아름답고 조화로운 세상이며 우리는 이 세계를 더욱 발전시켜야 할 책임이 있는 청지기이고 따라서 현재의 삶 속에 그분의 뜻을 기억하고 지켜야 하며 나아가 우리의 삶의 마지막에는 이 모든 일에 대해 심판도 받게 된다고 말하고 있다. 물론 창조주를 인정하지 않더라도 우리 안에 있는 양심만으로 어느 정도 도덕이나 윤리적 가치를 공유할 수 있을 것이다. 나아가 한 사회나 국가에서는 그 구성원이 합의한 법규에 의해 그것을 위반한 사람들에 대해서는 처벌을 해야할 것이다. 이것이 인간 공동체의 유지와 발전을 위한 최소한의 전제 조건임을 지적할 수 있다.

넷째, 허무주의는 예술에도 종말을 고함을 보았다. 많은 현대 예술, 즉 문학, 회화, 연극 및 영화 등은 허무주의를 사상적 주제로 삼고 있다. 가령 뒤샹의 "샘"이라는 작품을 보면서 그의 창조적 생각에 대해 어느 정도 이해할 수는 있으나 소변기를 실제로 샘물로 사용할 사람은 없을 것이다. 그러므로 예술성을 인정하더라도 실용성을 말할 수는 없다. 사실 모든 예술품은 나름대로의 어떤 구성과 의미를 내포하고 있으며 그것은 하나의 메시지를 준다. 문제는 그 메시지가 과연 우리의 삶 속에 긍정적인 기여를 하는가 하는 것이다. 가령 베케트의 "숨소리" 또는 『쿼드』(*Quad*, Beckett, 1997)라는 희곡조

차도 나름대로의 구성과 의미를 표현하고 있다고 말할 수 있다. 즉 이 작품이 인간의 무의미성을 나타내고 있다. 하지만 우리가 이 작품을 감상할 때 우리의 깊은 마음에는 '그래서 어떻게 하란 말인 가?(So what)'라는 질문이 나올 수밖에 없을 것이다. 이 작품은 모든 삶은 허무하다는 것을 주장하므로 우리의 삶을 포기하게 만들고 종 말을 재촉할 뿐 보다 긍정적이고 능동적이며 창조적인 삶으로 인도 하지 못함을 누구든지 쉽게 알 수 있다.

반대로 대안으로 제시하고 싶은 하나의 예는 네덜란드에서 활동 하고 있는 "요스티(Josti) 밴드 오케스트라"다. 이들은 200명으로 구 성되어 있는데 모두 장애인이다. 이 단체는 약 50년 전에 한 목회자 가 몇몇 장애인들과 함께 악기 클럽을 만들면서 시작되었다. 모든 사람은 하나님의 형상이라는 기독교 세계관에 기초하여 이 취미 클 럽을 운영하였는데 점점 참가자가 늘어나 지금은 너무나 유명한 오 케스트라가 된 것이다. 각자 다양한 장애가 있지만 이에 대해 비판 하거나 허무주의에 빠지는 대신 그들에게 남아 있는 가능성에 집중 하여 자신에게 맞는 악기를 찾아 함께 연주하면서 이들은 많은 사람 에게 깊은 감동과 희망을 주고 있다. 이들이 연습하는 동영상을 보 면(www.jostiband.nl/concerten/repetities) 심지어 많은 분이 악보조차 읽 을 수 없지만 각 음에 색깔을 붙여 연주하며 여러 도우미가 함께 섬 긴다. 이 단체의 슬로건은 "각 사람은 특별하다(Iedereen is bijzonder)."이 다. 비록 장애가 있을지라도 그들이 가진 독특한 점을 살리면서 만 들어 내는 아름다운 하모니는 허무주의를 넘어 장애인의 삶도 얼마나 아름다울 수 있는지를 분명히 보여 준다. 허무주의를 주장했던 사람들의 생애 마지막 모습은 한결같이 불행했음을 우리는 보았다. 하지만 요스티 오케스트라 단원의 연주하는 얼굴에는 기쁨과 행복한 웃음이 가득 찬 것을 볼 수 있다. 특히 매년 연말에는 네덜란드의 왕가 및 정부 고위 인사들이 참석한 가운데 송년 음악회를 하는데 전국에 생중계되며 연주가 끝난 후 왕이 직접 꽃을 들고 와서 축하해 주는 장면은 보는 모든 이들의 마음에 말로 표현할 수 없는 감명을 선사한다.

마지막으로 허무주의는 심각한 심리적 문제를 유발시킨다는 것을 지적했다. 사람은 본래 허무주의를 가지고 살아갈 수 없게 만들어졌다. 왜냐하면 인간은 의미를 추구하는 존재로 지음 받았기 때문이다. 네덜란드의 요스티 오케스트라와 비슷한 사례로 독일의 빌레펠트(Bielefeld)에 있는 "벧엘(www.bethel.de)"을 들 수 있다. 이 단체는 약 150년 전인 1867년에 간질병 환자를 돌보는 복지시설로 한 내륙 선교단체(Inneren Mission)에 의해 설립되었다. 당시에 정신적으로 또는 육체적으로 장애가 있는 환자들은 사회의 주변으로 밀려나 불행한 삶을 살았지만 프리드리히 시몬(Friedrich Simon)이 이들을 돌보기 시작했고 그 후 프리드리히 폰 보델슈빙(Friedrich von Bodelschwingh, 1831-1910)은 이 벧엘을 유럽에서 가장 큰 사회복지 시설 중 하나로 발전시켰다. 그 후 지금까지 수많은 장애인이 이곳을 통해 허무주의나 비관주의에 빠지지 않고 오히려 긍정적인 자세로 재활에 집중하면서 자신이 할 수 있는 일을 찾아 나름대로 보람 있고 가치 있는 삶을 살고 있음을 볼 수 있다. 또한 2차 세계대전 중 히틀러는 이 장애인을 쓸데없는 존재로 간주하면서 가스실에 넣어 죽이려고 했으나 이곳에 있던 많은 분이 생명의 위험을 무릅쓰고 이 장애인을 숨겨 주어 살아남을 수 있었다고 한다.

그러므로 우리가 허무주의를 극복할 수 있는 대안은 얼마든지 있고 실례도 많이 있다. 결국 허무주의란 이신론이 초월적인 신 존재만 인정하고 내재적인 신을 포기한 후 자연주의가 등장하여 이 초월적인 신도 포기하면서 초래된 세계관이라고 할 수 있다. "신은 죽었다."고 니체는 말했지만 그 결과 삶의 의미도 사라지고 만 것이다. 하지만 기독교 세계관은 이에 대해 분명한 대안이 될 수 있다.

결론

이 장에서는 허무주의 세계관에 대해 기독교 세계관적으로 고찰해 보았다. 이를 위해 허무주의가 어떻게 일어났으며 그 구체적인 내용은 무엇이고 대표적인 사상가는 누구이며 이 세계관의 장단점은 어떤 것이 있는지 살펴본 후 단점에 대한 기독교 세계관적 대안을 고찰해 보았다.

이 세계관은 이신론과 자연주의가 낳은 당연한 결과물로서 삶의 모든 의미와 가치를 부정하면서도 니체 같은 경우 나름대로 인본주의적인 관점에서 긍정적이고 적극적인 의미를 부여하기 위해 몸부림쳤다. 이 세계관에 대해 나름대로의 장점을 몇 가지 생각할 수 있지만 본질적으로 여러 단점을 가질 수밖에 없으며 그것은 허무주의적 사상가의 불행하고 비참한 종말이 분명히 보여 준다. 하지만 현대 사회에도 이 세계관은 적지 않은 사람에게 영향을 미치고 있으며 그들로 하여금 삶의 의미를 상실하게 하여 극단적인 선택을 하는 경우도 있다.

이런 세계관에 대해 대안이 될 수 있는 다른 세계관이 있을 수 있으나 기독교 세계관은 보다 분명한 이론적이고 실제적인 대안을 제시하면서 삶은 분명히 의미와 가치가 있음을 설득력 있게 보여 준다. 하지만 더 중요한 것은 그리스도인이 이러한 성경적 세계관을 실천적인 삶으로 진정성을 보여 주어야 할 것이다.

6. 실존주의(Existentialism)

서론

실존주의(實存主義, existentialism)는 인간의 실존성을 강조하며 개인의 자유, 인격적 책임 및 주관성을 중요시하는 세계관으로 19세기 중엽 덴마크의 철학자 쇠렌 키에르케고르(Søren Kierkegaard, 1813-1855)가 처음 주장하였다. 이 세계관은 허무주의의 모순을 극복하기 위해 생겨났다고 말할 수 있는데, 허무주의가 '자아'를 강조한 나머지 세계를 부정하기에 이르는 데 반해, 실존주의는 '자아'의 실존을 강조하는 동시에 어떤 형태로든 '자아'와 세계를 연결하여 삶의 의미를 발견하려고 노력한다. 이는 특히 양차 세계대전을 경험한 서구인이 그동안 자신이 신뢰했던 이성, 과학 및 기술이 오히려 그들을 배신하고 마침내 잿더미만 남긴 것에 대해 비참함을 자각한 동시에 거기에 머물 수 없다는 간절한 필요에 의해 스스로 탈출구를 모색한 결과라고 볼 수 있다. 사람은 삶을 살아가면서 겪게 되는 다양한 경험과 가지게 되는 신념 및 여러 상황 가운데 선택하는 과정에서 자신이 누구인지 발견하려 한다고 실존주의자는 주장한다. 개인적인 선택이 반드시 객관적 진리의 형태를 취할 필요는 없지만 사람은 선택하지 않을 수 없는 상황에 처해 있으며 법률이나 윤리 기준 또는 전통의 도움 없이도 자신이 선택한 부분에 대해서는 책임져야 한다고 믿는다.

실존주의를 가장 잘 표현한 문장은 프랑스의 대표적인 실존주의 철학자 장 폴 사르트르(Jean Paul Sartre, 1905-1980)가 말한 바, "실존은 본질에 앞선다(*l'existence précède l'essence*)."이다. 즉 인간의 본질에 관한 질문보다는 나 자신의 주체성과 실존의 문제가 더 중요하다는 것이다. 독일의 철학자 마틴 하이데거(Martin Heidegger, 1889-1976)도 '거기에 있는 존재'라는 뜻인 "Dasein"이라는 단어로 인간의 실존을 표현하려 했다. 그는 인간만이 존재의 의미를 질문할 수 있기에 인간은 특별하고 독보적이라고 주장한다.

실존주의는 크게 유신론적 실존주의와 무신론적 실존주의로 나뉜다. 양자의 공통점은 인간의 실존이 자유와 책임에 의해 특징 지워지며 현실은 주체와 객체로 구성되어 있다는 것이다. 반면에 양자의 차이점은 전자가 유신론에서 유래한 반면 후자는 자연주의에서 나온 것이다. 유신론적 실존주의는 신과 인간의 실존적 만남과 관계를 중시하지만 진리는 나를 위한 진리이어야 한다. 지식도 나에게 도움이 되기 때문이지 단지 사건의 기록으로서의 역사는 불확실하며 중요하지도 않다. 가령 성경이 객관적 진리라기보다는 나에게 실존적인 깨우침을 줄 때에만 의미가 있다고 보는 것이다. 이러한 유신론적 실존주의는 칼 바르트(Karl Barth, 1886-1968), 에밀 브루너(Emil Brunner, 1889-1966), 루돌프 불트만(Rudolf Bultmann, 1884-1976) 및 폴 틸리히(Paul Tillich, 1886-1965)같은 신학자에게 큰 영향을 주었다.

반면에 무신론적 실존주의자는 신은 존재하지 않고 인간은 자유로운 존재로서 본질보다 실존이 앞서는 존재이므로 스스로 자기 초월에 의하여 본질을 형성할 수 있다고 주장한다. 특히 사르트르는 주관세계를 선호했으며 인간은 의미를 창조할 수 있고 가치 있는 존재가 될 수 있다고 보았다. 따라서 인간은 자유롭지만 그 모든 선택의 결과에 대해서는 책임져야 한다. 이런 무신론적 실존주의는 물질만이 영원하며 우주는 폐쇄체계 속에서 인과율의 일치체로 존재하고 역사는 인과율로 연결된 사건의 직선적 연속이지만 전체 계획은 없고 윤리는 단지 인간에게만 관계된 것이라고 강조한다. 이들의 궁극적인 관심은 객관세계보다는 주체적이고 실존적인 인간이 무엇이며 어떻게 의미 있게 살 것인가 하는 것이다(Sire, 김헌수 역. 2007:162).

오늘날에도 실존주의는 큰 영향력을 미치고 있는데 기독교 세계관으로 이를 다룬 학자는 제임스 사이어(James Sire, 1933-2018) 외에 별로 없다. 따라서 이 장에서는 기독교 세계관으로 실존주의를 보다 깊이 고찰하되 먼저 이 세계관의 내용을 구체적으로 분석한 후 대표적 사상가를 언급하고 이 세계관이 매력적으로 보이는 장점이 무엇인지 생각해 봄과 동시에 이 사상이 자체적으로 드러내는 내적 모순이나 단점은 없는지 살펴보겠다. 그 후 이 내적인 모순이나 단점에 대해 기독교 세계관은 어떤 대안을 제시할 수 있는지 언급한 후 결론을 맺도록 하겠다.

실존주의에 대한 기독교 세계관적 고찰

1. 무신론적 실존주의의 내용

무신론적 실존주의를 보다 구체적으로 살펴보면 첫째, 진정으로 참된 최고의 실재는 물질이라고 본다(Sire, 김헌수 역, 2007:164). 창조주와 같은 신은 부정하고 인간이 등장하기 훨씬 전부터 세계는 단순히 존재할 뿐이라고 가정한다. 하지만 인간에게는 이러한 실재가 주관세계와 객관세계라는 두 가지 형태로 나타난다고 주장한다. 객관적인 그것과 구별되는 주관적 자신을 인식하면서 실존적인 인간은 스스로 질문하고, 깊이 생각하면서 의미와 가치를 추구하며 자신의 운명을 결정한다고 생각한다. 이전의 자연주의는 객관세계를 실재 세계로 간주하다가 결국 유물론과 허무주의에 빠졌다고 분석하면서 실존주의는 주관세계를 더 선호한 것이다.

둘째, 인간만이 그 실존적 존재가 본질을 선행하기 때문에 인간은 자신을 현재 상태로 빚어낼 수 있다고 본다(Sire, 김헌수 역, 2007:165). 객관세계는 과학과 논리학의 세계인 반면에 주관세계는 정신과 의식의 세계라고 주장한다. 객관세계는 본질의 세계이며 모든 것은 각자 고유한 특성이 있지만 인간은 자기의식과 결정을 통해 자신이 어떤 인간이 될 것인지 스스로 자유롭게 선택하며 그 결과에 대해서는 책임져야 하는 존재라는 것이다.

셋째, 따라서 인간은 자신의 본성과 운명에 대해 완전히 자유롭다고 주장한다(Sire, 김헌수 역, 2007:165). 즉 실존적 인간은 인과율의 일치체로 닫혀져 모든 것이 결정된 것처럼 보이는 객관세계에 비해 어떤 강요도 받지 않고 스스로 생각하여 이상을 설정하고 무엇을 할지 어떻게 살 것인지 자발적으로 결정하는 주관세계의 주인이며 왕이라는 것이다. 이처럼 인간은 내적으로 자유롭기에 자신의 본성과 운명을 스스로 만들어 가면서 본인이 원하는 가치를 창조해 낼 수 있다고 주장한다.

넷째, 매우 정교하고 빈틈없이 조직된 객관세계는 인간과 대립관계에 놓여 있으며 인간에게는 부조리하게 보인다(Sire, 김헌수 역, 2007:166). 가령 죽음은 인간에게 가장 부조리한 경험이라고 볼 수 있다. 객관세계는 하이데거가 말한 것처럼 '거기에 있는' 세계다. 하지만 실존적 인간에게 이러한 객관세계는 도무지 이해할 수 없으므로 부조리하게 보인다. 따라서 인간은 사르트르가 주장한 것처럼 '구토'를 느끼며(Sartre, 강명희 역, 2014), 알베르 카뮈(Albert Camus, 1913-1960)처럼 이 땅에서 '이방인'처럼 느껴진다는 것이다(Camus, 이정서 역, 2014).

다섯째, 하지만 이러한 객관세계의 부조리를 충분히 인식하면서도 그에 대해 반대하는 진정한 인간은 반란을 일으켜 가치를 창출한다고 본다(Sire, 김헌수 역, 2007:167). 따라서 이들은 개인의 주관이 윤리적 판단의 중심이며, 선은 인간의 의식적인 선택 행위라고 본다. 즉 선도 주관의 일부이며, 악은 내가 선택하지 않은 것이다. 바로 이 점에서 실존주의는 허무주의를 극복할 수 있다고 실존주의자는 주장한다.

마지막으로 인간의 역사에 대해서도 무신론적 실존주의는 기독교 유신론과 같은 직선적 역사관을 가지고 있기는 하지만 역사에 전체적인 신적 섭리나 구체적인 목적성은 부인하며 역사는 단지 인과율에 의해 연결된 사건의 무의미하고 직선적인 연속일 뿐이다. 따라서 역사에 대해 인간은 어떤 의미도 발견할 수 없으며 실존적 인간은 다만 주체적으로 역사에 자기 나름대로 의미와 가치를 부여해 나가며 살아가야 한다고 주장한다.

위의 내용을 종합해 볼 때 무신론적 실존주의는 결국 철저히 인본주의적 세계관에 기초해 있음을 알 수 있다. 즉 초월적이고 내재적이며 인격적인 신을 부인하고 인간만이 이 세상의 중심에 있으며 따라서 부조리하게 보이는 객관세계보다 주관세계가 더 중요하고 인간의 자유와 선택 그리고 책임성을 강조함을 볼 수 있다.

2. 유신론적 실존주의의 기본 내용

그렇다면 무신론적 실존주의에 비해 유신론적 실존주의의 내용은 무엇이 다른가?

먼저 이 세계관은 인격적인 신을 인정한다. 그분은 무한하시며 삼위일체적인 인격체이시고 이 세상을 초월하시는 동시에 내재하시며 주권자이신 동시에 선이라고 본다. 그분은 무에서 천지를 창조했으며 그것이 개방 체계 속에서 인과율의 일치체로 운행되게 했다고 이해한다. 나아가 인간도 그분의 형상을 따라 창조되었으며 따라서 인간은 창조주와 우주에 대해 무엇인가를 알 수 있고 의미 있는 행동을 할 수 있다고 주장한다(Sire, 김헌수 역, 2007:180). 또한 창조주는 인간과 교통할 수 있으며 그렇게 하시고 인간은 선하게 창조되었지만 타락했고, 그리스도를 통해 회복될 필요가 있다고 본다. 나아가 인간에게 죽음은 창조주와 그분의 백성과의 생활에 이르는 문이거나 아니면 영원히 그분과 분리되는 생활에 이르는 문으로 이해한다. 그리고 윤리에 관해서는 초월적인 창조주의 속성에 그 기초를 두고 있다(Sire, 김헌수 역, 2007:181).

여기까지 보면 유신론적 실존주의는 기독교 세계관과 매우 유사하지만 양자 간의 차이점은 전자가 인간에서 출발하는 반면 후자는 창조주로부터 시작한다는 것이다. 전자는 주로 인간의 본성 및 우주와 창조주에 대한 인간의 관계에 관한 것으로 인간은 인격적 존재이며 완전한 의식을 갖게 되었을 때 소외된 우주에 있는 자신을 발견한다고 본다. 그리고 하나님의 존재 여부는 합리적인 이성이 아니라 믿음의 비약에 의해 해결되는 난제라고 주장한다(Sire, 김헌수 역, 2007:181).

둘째, 유신론적 실존주의는 무신론적 실존주의처럼 세계를 주관세계와 객관세계로 구분한다. 유대교 실존주의자인 마틴 부버(Martin Buber, 1878-1965)는 이 관계를 구별하기 위해 '나-너(Ich-Du)', '나-그것(Ich-Es)'이라는 용어를 사용한다(Buber, 김천배 역, 2000). 후자에서 인간은 객체가 되게 하는 자이며 이것은 과학과 논리, 공간과 시간 및 측정 가능성의 영역이다. 하지만 인간은 '그것'만 가지고 살수 없으며 '너'가 필요하다고 부버는 주장한다. 이 '나-너'의 관계에서 한 인간은 주체로서 다른 주체를 만난다. 이러한 인격적인 만남이야말로 참된 삶의 만남이라고 그는 본다. 여기서 일반적인 기독교 유신론과 유신론적 실존주의를 구별한다면 '죄'는 규칙을 어기는 것이기보다는 관계를 배신하는 것이며, '회개'는 죄를 인정하는 것이기보다는 인격적 배신에 슬퍼하는 것이다. '사죄' 또한 죄책의 사면이기보다는 교제를 새롭게 회복하는 것이며, '신앙'은 어떤 전제를 믿는 것이기보다는 한 인격자에게 자신을 위탁하는 것이다. 나아가 신앙인의 삶은 법칙에 순종하는 것이 아니라 인격자인 그분을 즐거워하는 것으로 이해한다(Sire, 김헌수 역, 2007:185).

셋째, 유신론적 실존주의에서 지식은 주관적이며, 완전한 진리는 종종 역설적이라고 본다. 객관적인 지식은 '나-그것'의 관계에 관한 것이며 이것만으로는 충분하지 않다. 더 필요한 지식은 인격적이고 밀접한 상호관계로 이것은 '나-너'의 관계에서만 가능한 것이다. 이러한 인격적 차원의 진리는 주관적일 수밖에 없으며 실제적으로 인생을 살아가는 진리라고 본다. 나아가 신 앞에 서서 그분께 온전히 의지하며 헌신하는 것은 역설적이며 완전한 진리인데 이는 대부분의 인간이 자신의 입장을 비역설적으로 진술할 능력이 없기 때문이다. 가령 삼위일체 교리는 역설적인 진리라고 할 수 있다.

넷째, 유신론적 실존주의에서 사건의 기록으로서 역사는 불확실하고 중요하지 않다고 본다. 그러나 현재화되고 생활화된 모델, 유형, 신화 등으로서 역사는 매우 중요하게 생각한다. 가령 19세기 중반부터 시작된 소위 성경에 대한 고등비평은 기적과 같은 성경의 기사를 있는 그대로 받아들이지 않고 성경의 진실성과 자증성을 의심했다. 오직 중요한 것은 성경의 모범과 도덕에 대한 영원한 진리라고 보았다. 다시 말해 성경의 신적 권위나 영감을 객관적으로 인정하기보다는 나에게 실존적으로 다가올 때 신적인 권위를 가지게 된다고 본 것이다. 이처럼 유신론적 실존주의는 무신론적 실존주의와는 달리 신적인 존재는 인정하지만 동시에 무신론적 실존주의와 같이 주체 중심적임을 알 수 있다.

3. 대표적인 실존주의자

무신론적 실존주의를 대변하는 사상가는 사르트르, 카뮈 및 하이데거 외에도 프랑스의 모리스 메를로-퐁티(Maurice Merleau-Ponty, 1908-1961), 시몬 드 보부아르(Simone de Beauvoir, 1908-1986) 등이 있다. 이들은 신을 부인하며 인간은 자유롭고 본질보다 실존이 앞서는 존재이므로 자기 초월에 의하여 본질을 형성할 수 있다고 주장한다. 특히 사르트르는 주관세계를 선호했으며 인간은 의미를 창조할 수 있고 가치 있는 존재가 될 수 있다고 보았다. 따라서 인간은 자유롭지만 모든 선택의 결과에 대해서는 책임져야 한다. 그는 『실존주의는 휴머니즘이다』(L'existentialisme est un humanisme)라는 책에서 인간은 우선 실존하고 그 후에 스스로 자유로운 선택과 결단의 행동을 통해 자신을 만들어 나간다고 주장하였다(Sartre, 방곤 역, 2013). 따라서 그는 이론적이고 학문적이며 추상적인 것은 평가 절하하였다. 오직 인간 실존의 주체성만이 그에게는 진리였던 것이다. 카뮈의 작품 『이방인』(L'Étranger)은 이렇게 시작한다.

오늘 나의 어머니가 죽었다.

Aujourd'hui, maman est morte.(Camus. 이정서 역, 2014)

여기서 '오늘'이란 실존적 시간을 말하며 '나의 어머니'는 나와 가장 가까운 인간이다. 그런데 그 어머니가 '죽었다'라는 것은 현실의 부조리를 가장 극적으로 보여 주는 것이며 이 부조리한 현실 속에서도 자신의 실존적 의미를 찾아나가야만 하는 나는 이 세상에서 '이방인'이 될 수밖에 없다는 것이다. 도스토예프스키는 『지하 생활자의 수기』(Записки из подполья, Достоéвский[도스토예프스키], 이동현 역, 1998) 및 『카라마조프의 형제들』(Братья Карамазовы)을 출판했는데 후자에서 만일 신이 죽었다면 모든 것이 허용된다고까지 말했으며(Достоéвский, 김연경 역, 2012) 카뮈도 『페스트』(La Peste)에서 같은 주장을 했다(Camus, 김화영 역, 2011).

유신론적 실존주의자로는 먼저 키에르케고르가 있다. 독일의 철학자 쇼펜하우어(Arthur Schopenhauer, 1788-1860)의 영향을 많이 받은 그는 당시 독일 관념론 철학자 헤겔의 사상과 덴마크 루터교회의 무의미한 형식주의에 반대하면서 신앙의 본질, 기독교회의 제도, 기독교 윤리와 신학 그리고 삶에서 결정을 내려야 할 순간에 개인이 직면하게 되는 실존적 감정 같은 주제를 다루었다. 그는 대표작이자 실존주의 철학의 탄생을 알리는 『이것이냐 저것이냐』(Enten-Eller, Kierkegaard, 임춘갑 역, 2015)를 비롯해 『반복』(Gjentagelsen, Kierkegaard, 임춘갑 역, 2018), 『공포와 전율』(Frygt og Bæven, Kierkegaard, 임춘갑 역, 2018), 『철학적 단편』(Philosophiske Smuler eller En Smule Philosophi, Kierkegaard, 표재명 역, 1985) 및 『불안의 개념』(Begrebet Angest, Kierkegaard, 임춘갑 역, 2011) 등 여러 책을 출판하면서 각 개인의 삶이 고유하며 인간이 실존함을 주장하였다.

독일에는 1932년에 『철학』(Philosophie)을 쓴 독일의 칼 야스퍼스(Karl Jaspers, 1883- 1969)가 있다(Jaspers, 이진오, 최양석 역, 2017, 2019, 2019). 이 책은 3권으로 나뉘어 있으며 각기 철학이 세계 자체로 자기를 방향 짓는 "철학적 세계정위(世界定位, Philosophische Weltorientierung)", 자신에 대해 객관적 대상으로 과학적 방법으로는 결코 알 수 없는 실존의 해명을 탐구한 '실존개명(Existenzerhellung)' 그리고 단순한 실존주의 철학에 머물지 않고 '초월자'의 형이상학을 지향하는 "형이상학(Metaphysik)"이라는 제목을 달았다. 이처럼 그는 철학하는 것이 단지 일정한 체계적 학설이 아니라 인간의 존재의식을 근저로부터 변혁시켜 존재방식을 전환하고 해방하는 것이며 따라서 철학하는 것에 의해 비로소 실존적 인간은 본래적인 것을 자각하고 객관존재의 세계가 투명해지며 근원적 존재가 지각된다고 보았다.

그 외에도 프랑스에는 가브리엘 마르셀(Gabriel Honoré Marcel, 1889-1973)이 있다. 그가 1914년에 출판한 『실존과 객체성(客體性)』(Existence et objectivité)은 20세기 최초의 실존주의 문헌이라고 할 수 있다. 1차 세계대전 중에는 구호원으로 종군하며 인간 존재의 비극을 몸소 체험한 후 추상적인 철학에 만족하지 못하고 1929년에 가톨릭에 귀의했다. 기타 유대교적 배경을 가진 철학자로는 앞서 언급한 마틴 부버 외에 에마뉘엘 레비나스(Emmanuel Levinas, 1906-1995) 등이 있다.

4. 실존주의의 장점

그렇다면 실존주의 세계관은 어떤 장점이 있는지 크게 세 가지로 살펴보겠다.

첫째, 실존주의는 인간의 존엄성과 가치를 강조한다. 다른 것은 특정한 목적에 따라 만들어졌으나 인간은 그렇지 않다는 것이다. 가령 망치는 못을 박는 데 사용하기 위해 만들어졌다. 그것이 망치의 본질이며 그 결과 만들어진 망치는 존재한다. 즉 사물은 본질이 실존에 앞선다. 그리고 이 망치가 부러지거나 고장나면 다른 망치로 교체할 수 있다. 하지만 인간은 그런 특정한 목적에 의해 규정될 수 없으며 그저 존재할 뿐이라고 본다. 사람은 어떤 특정한 목적이 나 삶의 방향이 정해진 상태로 태어나지 않으며 그 자유로움 속에 서 자신의 본질을 만들어 간다는 것이다. 다시 말해, 사르트르가 말 한 바, 실존이 본질에 앞서며 따라서 인간은 다른 존재에 의해 대체 될 수 없는 가치와 존엄성이 있다. 이러한 의미에서 실존주의는 허 무주의 단점을 나름대로 극복하려고 노력했다고 말할 수 있다. 즉 허무주의자들이 능동적인 자세로 허무를 극복하려고 했으나 결과론 적으로 볼 때 매우 비극적인 종말을 맞이했던 모습을 보면서 실존주 의자는 인간의 실존에 대해 허무주의적으로 보지 않고 오히려 절대 적인 가치를 부여함으로 새로운 긍정적 돌파구를 마련하려고 시도 했으며, 이것이 양차 세계대전 이후 방황하는 현대인이 큰 매력을 느꼈다고 볼 수 있다. 한국도 6·25 전쟁을 겪은 후 실존주의의 영향 을 받아 「현대문학」, 「자유문학」, 「문학예술」, 「사상계」 등의 문예 지는 이 세계관을 많이 다루었다. 그 결과 소설의 형식과 내용도 많 이 변화되어, 한계 상황과 인간 심리에 대한 묘사가 치밀해졌다. 대 표적인 문학가로는 이범선의 『오발탄』(2007)과 오상원의 『유예』(2008) 가 있다. 현대 한국의 일부 지성인들은 여전히 사르트르에 심취하 여 연구하고 있다(한국사르트르연구회, 2014).

둘째, 실존주의는 인간이 독립적으로 선택할 수 있는 능력을 인 정한다. 다시 말해 실존주의자는 인간의 자유의지를 인정함으로 인 간이 가진 잠재적 가능성을 강조하는 것이다. 앞서 사르트르의 사 상에서도 밝혔지만 유신론적 실존주의자인 키에르케고르도 단지 감각적인 쾌락을 좇는 삶에서 스스로 결단하고 책임지는 삶으로 나아가야 함을 강조했다. 하이데거 또한 인간은 이 세상에 던져진 존재라고 보았지만 그것은 다른 한편으로 인간이 무한한 가능성으로 가득 찬 존재임을 암시한다. 인생은 미리 디자인된 것이 아니며 본인의 결단에 따라 스스로 삶을 기획하고 창조하는 능동적인 자세로 살아갈 때 어떠한 존재도 될 수 있다는 것이다. 가령 스티븐 스필버그(Steven Spielberg)는 영화감독으로 예정된 것이 아니며 오히려 그의 삶의 목표였다고 본다. 그는 17세가 되었을 때 영화감독이 되기로 결단했다고 한다. 그러면서 그는 매일 양복을 입고 가방을 들고 유니버설 스튜디오를 걸으며 마치 그가 전문 영화감독인 것처럼 행동했다는 것이다. 그러자 스튜디오에 있던 사람이 그를 만나 주기 시작했고 마침내 그는 여러 유명한 영화를 만들어 냈다. 즉 그는 그의 미래를 의지적으로 선택하였고 행동으로 옮겨 그의 잠재력을 극대화시켰다는 것이다.

마지막으로 실존주의는 인간의 한계를 잘 인식하고 있다. 인생이 미래를 향할 때, 생의 종착역은 죽음이다. 시간이 흐르면 인간은 나이를 먹는다. 특히 인간은 언제 죽음이 올지 모른다. 하지만 그렇기 때문에 우리 삶은 오히려 더욱 소중한 것이다. 실존주의는 이러한 죽음과 한계를 철저히 인식하기에 더욱 현실적인 삶의 방법을 제시하려고 부단히 노력한다. 즉 죽음을 피하기보다는 그것을 정직하게 직면하면서 삶의 진정한 의미와 더 나은 이해를 나름대로 진지하게 추구하는 것이다. 다시 말해 실존주의자는 이 세상의 여러 가지 종류의 부조리에 대해 그것을 회피하려하기 보다는 오히려 정면으로 부딪히면서도 자신의 실존적 가치를 잃지 않고 나름 새로운 삶을 만들어 내려고 부단히 노력한다. 카뮈는 바로 그런 모습을 보여 주었다. 또한 유신론적 실존주의자들도 절대적인 존재와의 인격적인 만남을 통해 삶의 궁극적인 의미와 가치를 새롭게 발견하려고 노력했다. 이처럼 실존주의는 인생을 B(Birth, 탄생)와 D(Death, 죽음) 사이에 C(Choice, 선택)이라고 요약하며 개인의 독립성과 선택에 의한 책임성을 강조한다고 말할 수 있다. 이러한 점은 나름대로 실존주의 세계관이 가진 장점이라고 말할 수 있다.

5. 실존주의의 단점

그렇다면 실존주의의 단점은 무엇인지 네 가지로 살펴보겠다.

먼저 이 세계관은 인간의 실존이 본질에 앞선다고 보므로 결국 유아론(唯我論, solipsism)으로 귀결되기 쉽다는 것이다. 나아가 자신만의 생각을 절대화하다보면 결국 각 개인만이 가치의 결정자이므로 어느 시대나 그 시대에 사는 사람 수만큼 많은 가치관이 있음을 인정하지 않을 수 없을 것이다. 그럴 경우 어느 가치가 옳은지 구별하기 어렵고 모든 가치관을 인정할 수밖에 없다. 이 점을 염두에 두면서 사르트르는 모든 사람은 다른 사람을 만날 때 상호 인식할 수 있는 가치를 창출해야 한다고 주장했다. 하지만 이것 또한 그리 쉽지 않다. 서로 공유할 수 있는 가치를 정하려고 할 경우 상호 이익이 충돌할 수도 있기 때문이다. 그렇다면 도대체 무엇이 선이고 그 선을 어떻게 선택할 수 있는지 답하기가 쉽지 않다. 유아론적 실존주의는 결국 객체와 객관적 진리를 약화시킬 수밖에 없기 때문이다. 이러한 자기중심적 가치관은 결국 나중에 포스트모더니즘으로 발전하게 된다. 하지만 실존주의자들이 말하는 것처럼 모든 일에 내가 스스로 결단을 내리는 것이 항상 즐겁고 쉬운 일은 아니다. 다시 말해 실존적 존재는 마치 외딴 섬에서 어느 방향으로 가야 할지 모르는 상황에 처한 것과 비슷하다. 실존주의는 내가 스스로 인생의 방향을 결정하라고 요구한다. 사르트르는 이러한 자유를 하나의 저주로 이해했다. 따라서 실존주의는 분명한 삶의 방향을 줄 수 없다는 점에서 한계가 있다.

둘째, 실존주의는 공동체라는 사회적 가치를 자칫 간과하기 쉽다는 것이다. 실존주의는 개인의 자유와 책임에 너무 지나치게 초점을 맞추다 보니 개인이 사회의 일원이라는 사실을 다소 과소평가한다. 가령 한 공동체의 일원이 자신의 자유만 지나치게 요구한다고 생각해 보자. 그러면 다른 사람도 그와 동일한 자유와 권리를 요구할 것이며 따라서 이해관계가 상호 충돌할 수 있다. 그 결과 그들이 속한 사회는 더욱 불안해지고 무질서할 가능성이 커질 것이다. 실존주의는 아무래도 개인의 실존에 초점을 맞추기 때문에 실존이 본질에 앞서며 따라서 개인이 공동체에 앞선다고 말할 수 있다. 개개인의 이해관계나 관심사가 공유될 수 있는 동질적인 집단일 경우에는 이 세계관이 큰 문제가 되지 않지만 서로 다른 이해관계를 가진 개인이 한 공동체를 형성할 경우에는 공통분모를 찾기가 쉽지 않으며 찾는다고 하더라도 이것을 지속할 수 있을지 의문이다.

셋째, 실존주의는 왜, 어떤 경우에 인간이 주관적 결정을 할 수 없는가에 대해 충분히 설명하지 못한다. 가령 미국에 20세기 초반에 경제 대공황이 오자 실업률이 급증했고 이는 세계적으로 큰 재앙이 되었다. 하지만 이런 상황에서 실직자가 파산을 선택했다고 한다면 과연 우리는 그들에게 책임을 물을 수 있을까? 다른 예로 전쟁 중에 태어난 고아를 상상해 보면 그들은 전쟁으로 많은 고난을 당하지만 그들이 선택한 것도 아니며 그들은 그 상황을 극복할 능력도 없다. 따라서 모든 현상을 개인의 행동에 따른 결과로 보는 것은 합리적이지 않다. 따라서 전쟁 고아로부터 어떤 실존적인 선택을 하는 것을 기대하는 것은 비현실적일 것이다. 나아가 이러한 실존주의적 태도는 부조리한 현실을 개인적으로 극복하는 데 초점을 맞추므로 그 문제에 대한 진정한 해결을 제시하기도 어려울 것이다. 대공황이나 세계대전과 같은 사회 문제에 대해 실존주의는 해결책이나 대안을 제시하기보다는 그 상황에 직면하여 주체적인 결단을 내릴 것만 촉구하므로 정부의 정책이나 국민의 여론 수렴을 통한 문제의 극복을 기대하기는 쉽지 않은 것이다.

마지막으로 무신론적 실존주의와 유신론적 실존주의 간에도 신의 존재를 부정하고 인정하는 면에서 다양한 긴장이 존재할 수 있다. 가령 키에르케고르는 하나님과의 올바른 관계를 상실한 인간이 소외를 느끼는 것이므로 이를 회복하는 것이 가장 중요하다고 본 반면 하이데거는 존재론 자체를 주로 다루면서 인간의 주체성 상실의 원인이 인간 문명 때문인지, 자본주의의 체제모순 때문인지, 또는 역사적 존재로서 인간 때문인지 분명치 않으며 그가 미래의 죽음에 대한 의식을 실존의 결정적 계기로 포착한 점에서 그의 원인 분석은 인간 존재에 대한 본질적 분석에 더 가깝다고 볼 수 있다.

6. 실존주의의 단점에 대한 기독교 세계관적 대안

그렇다면 이러한 실존주의의 단점에 대해 기독교 세계관은 어떤 대안을 제시할 수 있는가?

먼저 실존주의가 지나치게 유아론적이 되기 쉽다고 하는 부분에 대해서 기독교 세계관은 주관세계와 함께 객관세계도 균형 있게 강조한다. 나의 실존도 중요하지만 동시에 객관세계에 대한 올바른 이해와 방향을 가져야 하기 때문이다. 그러기 위해서는 모든 세계관의 출발점을 나 자신에게 두기보다 더 초월적인 절대자를 상정할 필요가 있다. 무신론적 실존주의는 만물의 기원을 우연이라고 보기에 객관세계는 전부 부조리하게 보일 수 있지만 반대로 지적인 설계자를 가정한다면 객관세계는 창조주의 지혜와 신성을 나타내는 장엄한 작품으로 이해될 수 있으며 따라서 이러한 세계관은 지나친 유아론에 빠지지 않을 것이다. 나아가 현실을 단지 부조리하게만 보기보다는 인간 자신에 대해 보다 엄격하게 비판할 수도 있다. 왜냐하면 인간의 성품 안에 이미 부조리한 면이 보이기 때문이다. 다시 말해 실존주의는 엄격한 자기비판도 필요하다고 말할 수 있는데 왜냐하면 자신 안에 있는 부조리한 부분에 대해 깊이 통찰할수록 지나친 주관성에 함몰되지 않고 구속적 세계관에 의해 보다 객관성 있는 가치관을 가질 수 있으며 함께 올바른 삶의 방향을 모색해 나갈 수 있을 것이고 따라서 삶은 더 이상 저주가 아니라 의미 있고 보람찬 여정이 될 수 있을 것이다.

둘째, 공동체성이 약한 실존주의에 대한 대안으로 기독교 세계관은 상호연대성을 강조한다. 앞서 언급한 것처럼 실존주의는 개인주의적 성향이 강하기 때문에 공동체성을 강조하기가 매우 어려운 세계관이다. 그러므로 이러한 개인이 모여 있는 사회는 자칫 모래알처럼 서로 협력하기가 쉽지 않다. 하지만 인간은 원래 사회적 동물이며 서로 사랑하면서 더불어 섬기며 살아가도록 지음 받은 존재임을 성경적 세계관은 강조한다. 부버가 말한 것처럼 '나와 그것'과의 관계뿐만 아니라 '나와 너'와의 관계가 이처럼 건강하게 이루어질 때 그 사회는 더욱 함께 행복한 공동체가 될 것이다. 이렇게 건강한 가정과 지역 공동체는 그 국가에도 매우 필요한 기본 단위다. 특히 현대와 같이 다양한 인종과 문화 그리고 언어 등이 공존하는 글로벌한 시대에는 자칫 개인주의가 더 커질 위험이 있지만 그럴수록 상호이해와 존중을 통해 함께, 더불어 살아가는 세상을 만들려고 노력하는 것이 매우 중요하다. 즉 개인과 함께 개개인이 모인 공동체를 보다 유기적으로 이해할 때 연대성을 더욱 강조할 수 있다. 연대성이 강한 사회일수록 사회 안전망도 더 강력하게 구축되어 개인적인 어려움도 함께 힘을 모아 대처해 나갈 수 있는 것이다.

셋째, 개인이 주관적 결정을 할 수 없는 부분에 대해 충분히 설명하지 못하는 실존주의에 대해 기독교 세계관에서는 다른 설명과 대안도 가능하다. 개인에게 닥친 여러 불행한 사건을 단지 불행으로만 이해한다면 그것을 단지 직면할 뿐만 아니라 진정한 의미에서 극복하기는 쉽지 않을 것이다. 우리 주변에는 지금도 자신의 의지와 상관없이 어려운 일이 일어나는 경우가 많음을 볼 수 있다. 하지만 이것을 부정적으로만 보지 않고 꾸준한 노력과 함께 속한 공동체의 지원을 통해 극복해 내는 경우도 적지 않다. 가령 태어날 때부터 심각한 장애를 가지고 태어난 분이 낙심하지 않고 최선을 다해 노력하면서 주변의 도움으로 더 가치 있는 많은 일을 하는 예가 있기 때문이다.

마지막으로 무신론적 실존주의와 유신론적 실존주의의 차이점에 대해서도 기독교 세계관은 대안을 제시할 수 있다. 무신론적인 실존주의자들에게 이 세상은 매우 부조리하게 보인다. 그것은 그 세계관의 전제가 무신론이므로 그럴 수밖에 없다. 반대로 유신론적 실존주의자는 궁극적인 '나와 너'와의 관계 속에서 부조리하게 보이는 세상을 더 큰 긍정으로 나아갈 수 있다. 즉 키에르케고르가 말한 바 '신앙의 도약'이 가능한 것이다. 절대자와의 관계가 바르게 정립된다면 나는 그분과의 인격적 만남을 통해 삶의 의미와 가치를 발견하게 된다. 심지어 카뮈가 말한바 '어머니의 죽음'도 절망으로 끝나는 사건이 아니라 소망으로 극복할 수 있게 되는 것이다. 그러므로 실존주의를 보다 근본적으로 극복하기 위해서는 사르트르처럼 '인본주의'적으로만 접근하기보다는 유신론적 실존주의가 하나의 대안이 될 수 있다. 하지만 이 유신론적 실존주의도 지나치게 주체 중심적인 것이 사실이다. 만일 이 세계관이 기독교 세계관처럼 역사적 사실과 객관세계를 동시에 인정하면서 균형 잡힌 관점을 가진다면 보다 건강한 세계관을 가지고 살아갈 수 있을 것이다.

사이어는 유신론적 실존주의에 대해 두 가지를 지적한다(Sire, 김헌수 역, 2007:194-95).

먼저 이 세계관은 기적은 무조건 불가능하며 또한 성경에 나타난 역사적 사건은 신뢰할 수 없다는 전제를 가지고 있다는 것이다. 가령 독일의 개신교 신학자 루돌프 불트만(Rudolf Bultmann, 1884-1976)은 폐쇄된 우주라는 자연주의 관념을 그대로 받아들였기에 이렇게 주장했다. 하지만 최근 구약성경에 나타난 사건이 역사적으로 신빙성이 있다는 연구가 많이 나와 신뢰가 많이 회복되었다. 그러나 실존주의적 신학자는 이 부분을 대부분 무시하거나 과소평가한다.

둘째, 유신론적 실존주의자는 결국 신화와 상징을 기반으로 신학을 세울 수밖에 없다는 것이다. 가령 뉴질랜드의 신학자 로이드 기어링(Lloyd Geering)이 쓴 작품처럼 예수 그리스도의 부활도 역사적 사건이 아니라 단지 소망의 상징이라는 것이다(1971). 하지만 부활사건이 없는 데도 그 제자들이 목숨을 아끼지 않고 이것을 증거하다가 순교했다고 보기는 어렵다. 진정한 의미는 진정한 사건을 전제로 하기 때문이다. 따라서 역사적 근거를 포기하게 된다면 진정한 신앙을 갖기는 거의 불가능하다고 말할 수 있다.

이러한 점에서 유신론적 실존주의와 기독교적 세계관은 매우 유사하면서도 다르다. 전자가 의미의 근거가 되는 사실성을 포기한 반면 후자는 그것을 견지한다. 만약 성경에 나타난 역사적이고 객관적인 사실성을 포기한다면 결국 그에 대한 의미도 포기할 수밖에 없을 것이다. 그렇게 된다면 유신론적 실존주의도 결국 허무주의로 되돌아가게 될 것이며 또 다른 출구를 찾아야 할지도 모른다.

결론

이 장에서는 실존주의라는 세계관이 어떻게 생겨났으며 그 내용은 무엇이고 대표적인 사상가는 누구인지 살펴보았다. 실존주의는 다른 세계관과는 달리 무신론적 실존주의와 유신론적 실존주의라는 뿌리가 다른 두 세계관이 합친 것이라는 점에서 매우 독특하다. 전자는 인본주의에 기초하면서도 허무주의를 극복하기 위한 대안으로 발전한 것인 반면 후자는 기독교 유신론에 기반을 두면서 죽은 정통주의를 극복하기 위한 대안으로 나타났다. 하지만 둘 다 주관주의적 경향을 띠면서, 철학을 객관에서 분리시켰다는 점에도 공통점이 있다.

이 세계관은 이신론과 자연주의가 낳은 허무주의를 극복하기 위해 부조리한 삶 속에서도 나름대로 의미를 주체적으로 창조하기 위해 몸부림쳤다. 특히 양차 세계대전과 경제 공황이 낳은 세계관적 혼돈과 절망적인 분위기 속에서 이 세계관이 등장하여 큰 관심을 끌게 되었는데 특히 개인의 자유의지와 선택 그리고 이에 대한 책임성을 강조한다. 비록 인간의 삶이 여러 가지 고통과 불안으로 불완전하고 만족스럽지 않더라도 실존주의자는 삶의 의미를 포기하지 않고 실존적으로 창조해 나가려고 노력한다. 여기서 이들이 가장 반대하는 것은 타자나 사회가 한 개인에게 일정한 신념이나 가치 또는 규율을 강요하는 것이다. 그것은 개인을 파괴하는 것이며 인간을 권력욕의 희생물로 삼는 것이라고 비판한다. 여기서 인간은 비인간화되며 하나의 수단으로 전락한다는 것이다. 따라서 실존주의는 개인의 결단이 가장 중요한 요소이며 이것은 어떤 종교적 또는 세속적 가치보다 앞선다고 주장한다.

이 세계관이 가진 나름의 강점으로는 인간의 존엄성과 가치를 강조하며, 인간이 독립적으로 선택할 수 있는 능력을 인정하고, 인간의 한계를 잘 인식하고 있다는 점을 생각해 보았다. 하지만 이와 동시에 본질적으로 여러 단점을 가질 수밖에 없음도 지적했는데 먼저이 세계관은 결국 유아론으로 귀결되기 쉬우며, 따라서 공동체라는 사회적 가치를 자칫 간과하기 쉽고, 왜, 어떤 경우에 인간이 주관적 결정을 할 수 없는가에 대해 충분히 설명하지 못하며 무신론적 실존주의와 유신론적 실존주의 간에도 신의 존재를 부정하고 인정하는 면에서 다양한 긴장이 존재할 수 있다는 것이다. 이 중에서도 특히 주관적 실존에 집착하다보니 객관적 진리성을 상실한 것이 가장 큰 단점이라고 할 수 있다.

이 실존주의 세계관에 대해 기독교 세계관이 이론적이면서도 실제적인 대안을 제시할 수 있음을 논증하였다. 즉 실존주의가 지나치게 유아론적이 되기 쉽다고 하는 부분에 대해서 기독교 세계관은 주관세계와 함께 객관세계도 균형 있게 강조하며 공동체성이 약한 실존주의에 대한 대안으로 기독교 세계관은 상호연대성을 제시한다. 나아가 개인이 주관적 결정을 할 수 없는 부분에 대해 충분히 설명하지 못하는 실존주의에 대해 기독교 세계관에서는 다른 설명과 대안도 가능함을 살펴보았으며 무신론적 실존주의와 유신론적 실존주의의 차이점에 대해서도 기독교 세계관은 실존주의를 보다 근본적으로 극복하기 위해서는 '인본주의'적으로만 접근하기보다는 유신론적 실존주의가 하나의 대안이 될 수 있지만 이 유신론적 실존주의도 지나치게 주체 중심적인 것이 사실인 반면 기독교 세계관은 역사적 사실과 객관세계를 동시에 인정하면서 균형 잡힌 관점을 가짐을 지적했다. 그럼에도 이 실존주의 세계관은 현대 사회에 여전히 적지 않은 사람에게 영향을 미치고 있으므로 기독학자들은 계속해서 이 세계관에 대해 올바로 대응해 나가야 할 것이다.

7. 마르크스주의(Marxism)

서론

마르크스주의는 독일 출신의 칼 마르크스(Karl Marx, 1818–1883)와 프리드리히 엥겔스(Friedrich Engels, 1820–1895)가 함께 발전시킨, 변증법적 유물론(dialectical materialism)에 기반을 둔 세계관이다. 마르크스의 대표 저작으로는 엥겔스와 함께 1848년에 런던(London)에서 출판한 『공산당 선언』(Manifest der Kommunistischen Partei)과 단독으로 출간한 『자본론』(Das Kapital: Kritik der politischen Ökonomie)[9]이 있다. 이 마르크스주의가 등장한 배경을 보면 영국에서 시작된 산업혁명 이후 자본주의가 급속히 발전하면서 여러 가지 부작용이 나타나게 되었는데 특히 노동자와 농민이 절대 빈곤층으로 몰락하는 모습을 보면서 이 문제를 해결하기 위한 대안으로 나타난 것이다.

---

9 1권은 1867년에 마르크스가, 2권 및 3권은 마르크스 사후 엥겔스가 그의 유고를 모아 각각 1885년 그리고 1894년에 함부르크에 있는 Verlag von Otto Meisner에 의해 출판되었다.

이 세계관은 많은 나라에 영향을 미쳐 한때 전 세계의 3분의 1에 해당하는 지역이 공산화되었는데 그 대표적인 나라가 구 소비에트 연방, 중국, 북한, 쿠바, 베트남, 캄보디아 등이다. 하지만 1991년에 소련이 붕괴된 후 러시아, 중국 등은 원래의 마르크스주의와는 상당히 다른 모습을 나타내고 있다고 볼 수 있다. 하지만 지금도 마르크스주의는 적지 않은 영향을 미치고 있는데 대표적 웹사이트로는 www.marxists.org와 www.marxist.com이 있다.

마르크스의 유물론은 사실 고대 그리스의 자연주의 및 물질주의적 세계관에서 시작되었다고 볼 수 있다. 이 세계관은 점점 발전해 오다가 르네상스 이후 자연과학의 발전으로 더 힘을 얻게 되었다. 그러다 독일의 관념주의 철학자 헤겔이 나타나 절대 정신의 중요성을 강조하자 포이에르바하가 그를 비판하면서 다시 물질주의를 주장하였고 이를 더욱 발전시킨 사람이 바로 마르크스다. 즉 그는 물질이 정신 세계까지 지배하며 생산 방식이 사회, 정치 그리고 우리의 정신 및 영적 세계의 수준을 결정한다고 주장하면서 헤겔의 논리를 정반대로 뒤집었다.

그러나 이 마르크스주의는 정신적인 면을 과소평가하고 물질을 절대화하므로 여러 가지 문제가 있다. 특히 기독교 세계관으로 볼 때 적지 않은 단점이 있다. 이런 관점에서 마르크스주의를 다룬 학자 중에 대표적으로 마이어스와 노에벨(Jeff Myers & David A. Noebel)이 있다. 이 두 학자는 『충돌하는 세계관』(Understanding the Times: A Survey of Competing Worldviews)이라는 책에서 현대에 가장 중요한 세계관을 여

섯 가지로 분류하는데 그중 하나가 이 마르크스주의이며 이 세계관
이 각 학문 분야에 어떤 영향을 미치는지 자세히 분석하고 있다. 이
것을 정리해 보면 마르크스주의는 신학적으로는 무신론(atheism)이
며, 철학적으로는 변증법적 유물론이고, 윤리학적으로는 프롤레타
리아 도덕(proletariat morality)이며, 생물학에서는 구두점적인 진화론
(punctuated evolution)을 주장하고, 심리학적으로는 일원론(monism) 및
행위주의(behaviorism)를 강조하며, 사회학적으로는 계급 없는 사회
(classless society)를 제시하고, 법학에서는 프롤레타리아 법(proletariat
law)을 앞세우며, 정치학에서는 국가주의(statism) 나아가 공산주의 세
계 정부(communist world government)를, 경제학에서는 공산주의(com-
munism)를 내세우고, 역사학에서는 사적 유물론(historical materialism)
를 주장한다(Myers & Noebel, 2015:99–122).[10]

한국어로 된 문헌 중 가장 주목할 것은 이경식의 "기독교와 마르
크시즘: 2장 새로운 세계관의 확립을 위하여–마르크스주의적 세
계관과 기독교적 세계관–"이다(이경식, 1988:67–99). 하지만 이 논문
은 마르크스나 엥겔스 등의 원저는 전혀 인용하지 않아 학술적 가
치를 높게 평가하기는 어렵다. 이 장에서는 원저를 인용하면서 기
독교 세계관으로 마르크스주의를 보다 깊이 고찰하되 먼저 이 세계
관의 내용을 구체적으로 분석한 후 대표적 사상가를 언급하고 이 세

---

10 본서의 이전 버전이 한국어로 번역, 출판되었다. 류현진, 류현모 역, 『충돌하는
세계관』 서울: 꿈을 이루는 사람들(DCTY), 2013. 나머지 다섯 가지 세계관은 기
독교 세계관, 세속적 인본주의, 포스트모더니즘, 이슬람 및 뉴에이지이다. 이에
관해서는 www.allaboutworldview.org도 참고.

계관이 매력적으로 보이게 된 장점이 무엇인지 생각해 봄과 동시에 이 사상이 자체적으로 드러내는 내적 모순이나 단점은 무엇인지 살펴보겠다. 그 후 이 문제점에 대해 기독교 세계관은 어떤 대안을 제시할 수 있는지 언급함으로써 이 세계관을 어떻게 극복할 수 있는지 결론을 맺도록 하겠다.

마르크스주의에 대한 기독교 세계관적 고찰

1. 마르크스주의의 내용

마르크스주의의 내용을 구체적으로 살펴보겠다.

첫째, 진정으로 참된 최고의 실재는 무엇인가에 대해 이 세계관은 무신론(atheism)을 표방한다. 마르크스는 대학생 시절부터 무신론자가 되어 엥겔스와 함께 신은 존재하지 않음이 틀림없다고 주장했다(Marx & Engels, 1974:15). 레닌(Влади́мир Ле́нин, 1870–1924) 또한 마르크스 및 엥겔스와 함께 종교는 인민의 아편과도 같아 제거해야 할 대상이라고 말했다(Lenin, 1978:10:83; Marx & Engels, 1976:3:175). 나아가 신은 인간 자신의 투영에 불과하다고 본 포이에르바하의 결론을 받아들여 마르크스는 "인간이야말로 최고의 존재"라고 자랑했다(Marx & Engels, 1976:3:175). 다시 말해 인간이 하나님의 형상이 아니라 하나님이 인간의 형상이 된 것이다. 따라서 마르크스주의는 철저한 인본주의라고 할 수 있다. 또한 그는 "지금까지 철학자는 이 세상을 여러 가지 방식으로 해석하기만 했다. 그러나 중요한 것은 이 세상을 변화시키는 것이다."라고 강조한다(Marx, 1974:13). 기존의 사회 기관은 유신론에 기초해 있기 때문에 마르크스는 이 모든 기관을 바꾸어 무신론적 기초 위에 새롭게 세우기를 원했다. 따라서 마르크스와 엥겔스는 『공산당 선언』에서 기존의 모든 사회적 조건을 강제로 폐기해야 한다고 주장하면서 사회가 모든 생산 수단을 갖고 계획적으로 사용하면서 노동자 계급의 경제적인 예속이 사라지는 사회가 되면 종교도 사라질 것이라고 보았다.

둘째, 외부의 실재, 즉 우리를 둘러싼 세계의 본질이 무엇인가에 대해 마르크스주의는 유물론을 주장한다. 즉 이 세상은 단지 물질로 구성되어 있으며 우리가 지각할 수 있는 물질이 가장 객관적인 실재이고 이 물질이야말로 영원하다고 본다. 이런 점에서 이 세계관은 자연주의와 크게 다르지 않으며 인간의 의식과 사고는 뇌의 산물이고 인간 자체도 자연의 산물로 환경에 적응해 나가는 존재라고 본다(Lenin, 1976:14). 나아가 마르크스가 런던에서 활동할 당시에 등장한 다윈(Charles Darwin: 1809-1882)의 진화론은 그의 무신론적이고 유물론적 세계관을 뒷받침하는 매우 효과적이고 과학적인 논리가 되어 마르크스는 이 진화론을 과학적 진리로 받아들였다. 따라서 생명체도 수십억 년 전에 물질에서 나왔다고 주장하면서 물질이야말로 가장 궁극적인 실재라고 보았고 레닌도 "물질은 우리의 감각에 주어진 객관적인 실재"라고 강조하였다(Lenin, 1927:145).

셋째, 그렇다면 인간은 어떤 존재인가에 대해 마르크스는 인간의 모든 행동을 두 종류의 물질적 이유, 즉 개개인의 물리적 구성과 환경의 영향에 의한 결과라고 본다. 인간의 두뇌는 단지 신경 및 혈관 그리고 섬유질로 구성되어 있으며 일정한 방식으로 반응하도록 구성되어 있고 이러한 반응방식은 교육, 환경, 가족 및 배경 등과 같은 상황에 의해 프로그램화되어 있다고 본다. 러시아의 생리학자 파블로프(Иван Павлов, 1849-1936)의 행동주의 실험에서 벨만 울리면 침을 흘리는 개처럼, 인간도 국기를 보면 애국심이 나오고 물에 빠진 아이를 보면 구조하고 싶은 마음이 들도록 조건화되어 있다고 주장한다. 이는 인간을 물질로 보기 때문에 나타나는 당연한 결과이며 인간은 단지 물질의 운동(matter in motion)일뿐 영혼은 없다고 본다. 나아가 마르크스는 다윈의 『종의 기원』(On the Origin of Species)을 읽고 거기에 나타난 자연 도태설을 자신의 이론에 접목시켜 엥겔스와 함께 이것을 계급투쟁설의 과학적 근거로 삼았다.

넷째, 인간이 지식을 가질 수 있는 근거에 대해 마르크스주의도 이성과 과학을 강조한다.

> 물질주의의 근본적인 특징은 과학의 객관성, 즉 과학에 의해 이루어지는 객관적 실재에 대한 인식에 기인한다(Lenin, 1927:252).

따라서 마르크스주의자는 세속적 인본주의자처럼 과학의 진리성을 믿으며 다른 모든 종교적인 진리 주장은 반대한다.

감각은 우리에게 사물에 대한 올바른 인상을 준다. 우리는 사물을 바로 안다(Lenin, 1927:81).

레닌이 여기서 말하는 사물은 엄격히 물질이다. 반대로 초자연적인 것은 객관성이 결여되어 있으므로 그것을 올바로 인식하거나 그것에 대해 지식을 가질 수 없다고 본다. 따라서 모든 초자연적인 것은 부인된다. 또한 마르크스주의자들은 지식을 역사를 통해 검증하는 것이 매우 중요하다고 본다. 지식을 우리의 삶과 사회에 적용하여 테스트함으로써 그것이 진리인지 아닌지 알 수 있다는 것이다. 역사를 통해 우리는 어느 것이 진실인지 결정할 수 있다고 본다. 이런 점에서 마르크스주의자의 인식론은 그들의 변증법과 불가분리적으로 연결되어 있다. 사실 마르크스주의의 물질주의와 변증법 그리고 인식론은 상호 연결되어 있다. 왜냐하면 그들은 변증법이 형이상학을 대체한다고 주장하기 때문이다.

다섯째, 마르크스주의는 윤리 또한 프롤레타리아 도덕을 주장한다. 따라서 윤리는 어떤 절대적인 기준에 의해 나오는 것이 아니라 공산주의의 명분에 따라오는 것이다. 즉 프롤레타리아인 노동자 농민계급에게 도움이 되는 것은 무엇이든지 도덕적으로 선하며, 공산주의를 위한 것이면 무엇이든지 정당화된다. 심지어 살인뿐만 아니라 도둑질이나 거짓말하는 것도 혁명을 위해서는 옳은 것이 된다. 반대로 계급이 없는 공산주의 사회 실현에 방해가 되는 것은 무엇이든 도덕적인 악으로 규정한다. 따라서 혁명을 위해 많은 생명을 희생시킨 캄보디아의 킬링필드, 소련의 볼셰비키 혁명 및 중국의 문화혁명 등도 모두 정당화되는 것이다. 이는 사실 다윈의 진화론과도 다른 부분이다. 왜냐하면 다윈은 생물의 진화는 오랜 기간에 걸쳐 자연 도태 및 적자생존의 과정을 거쳐 일어나는 것이지만 마르크스는 인위적인 혁명과 폭력을 동원하여 사회의 진화를 가져와야 한다고 주장하기 때문이다. 따라서 마르크스주의는 진화(evolution)가 아니라 혁명(revolution)을 추구한다고 말할 수 있다.

마지막으로 인간의 역사에 대해서도 마르크스주의는 사적 유물론이라는 변증법적 역사관을 가지고 있다. 변증법은 원래 헤겔의 사상에서 나온 것으로 모든 것에는 정(正. These)이 있고 그것을 반대하는 반(反. Antithese)이 있는데 양자가 부딪치면서 갈등하다가 마침내 새로운 합(合. Synthese)에 도달한다는 것이다. 이것이 다시 정이 되고 나중에 다른 반이 생기게 되면 다시 새로운 갈등이 일어난 후 다른 합이 이루어지는데 이것이 역사의 발전과정이라는 것이다. 마르크스주의자들은 이러한 헤겔의 변증법을 계급투쟁이라는 자신의 사상에 적용하여 부르주아 계급(정)과 프롤레타리아 계급(반) 간의 투쟁을 통해 공산주의 사회(합)라는 계급 없는 이상사회에 도달한다고 주장한다. 즉 모든 역사는 계급투쟁의 역사이고 이러한 변증법적 유물론이 역사의 동인이라고 보며 고대 노예사회가 중세 봉건사회를 거쳐 근대 자본주의 사회로 발전한 후 혁명에 의해 최후의 종착역인 공산주의적 유토피아 사회로 진화한다고 보았다. 이러한 사회의 변화는 경제구조를 바꿀 때 가능하다고 보았고, 이것을 경제 결정주의(economic determinism)라고 부른다. 결국 자본주의는 자본가들이 생산수단을 독점하고 노동자 농민을 착취하므로 제거해야 할 사회적 악으로 본다. 따라서 역사는 영원한 물질 및 우연한 발생에서 시작하여 생물학적 및 경제적 진화를 거쳐 자본가(부르주아, bourgeois)와 노동자 농민(프롤레타리아, prolétariat) 간의 계급투쟁을 지나 공산주의 유토피아에 이르는 과정이라는 것이다.

인간은 단지 이러한 비인격적 사건의 결과이며 이러한 과정에 크게 공헌할 수도 없고 다만 공산주의 사회에 이르는 시간을 다소 줄일 수는 있다고 보았다. 이상적인 공산주의 사회가 도래하면 더 이상 교회나 전통적인 도덕도 필요 없게 되고 가정도 사라지며 자녀도 집단 양육하게 되고 더 이상 국민을 억압하는 기구가 없고 어느 누구도 소외되거나 착취되지 않는 완전한 사회가 될 것이라고 주장한다. 따라서 마르크스는 『자본론』을 집필하면서 자본주의의 고전인 애덤 스미스(Adam Smith, 1723-1790)의 『국부론』(*An Inquiry into the Nature and Causes of the Wealth of Nations*)을 강하게 비판했다.

2. 대표적인 마르크스주의자

마르크스주의의 대표적인 철학자로 첫째, 칼 마르크스다. 그는 독일의 트리어(Trier)라는 도시에서 태어나 나중에 쾰른(Köln)에 가서 최초의 공산주의 신문인 「신라인신문」(*Neue Rheinische Zeitung*)을 엥겔스와 함께 창간하여 활동하다가 나중에 영국에서 활동하였는데 앞서 말한 『공산당 선언』 및 『자본론』 등을 출판하면서 본격적으로 공산주의 운동을 일으켰다.

그는 인간 사회가 계급투쟁을 통해 진보한다고 주장하였는데 자본주의 사회에서의 계급투쟁은 지배계급인 부르주아와 피지배계급인 프롤레타리아 사이의 투쟁으로 나타난다고 보았다. 두 계급을 나누는 기준은 누가 생산수단을 통제하는지의 여부인데 생산수단은 부르주아에 의해 통제되며, 프롤레타리아는 부르주아에게 자신의 노동력을 판매하고 그 대가로 임금을 받는 노동자로 착취당한다고 보았다. 나아가 그의 소위 사적 유물론이라는 비판이론에 의해 자본주의 체제는 내재적 결함에 의해 계급 간의 적대와 긴장이 발생할 것이며 노동자가 계급의식을 가지게 되어 결국 파멸하고 의식화된 노동자는 정치 권력을 쟁취하여 마침내 사회주의 체제에서 더 나아가 자유로운 생산자의 연합체로 구성된 공산주의 사회를 이룩할 것이라고 보았다. 사회주의는 공산주의로 가기 위한 중간단계에 불과하며 공산주의는 계급이나 국가가 사라지고 능력에 따른 개인에서 필요에 따른 개인으로의 원칙과 공동 소유 위에 세워진 인간 사회가 될 것이라고 보았다. 나아가 마르크스는 이러한 예측이 현실화되기를 기다리지 말고 노동자 농민계급이 단결하여 혁명적 행동으로 자본주의를 거꾸러뜨리는 사회경제적 해방을 추구해야 한다고 주장하였다.

둘째, 마르크스와 함께 활동했던 프리드리히 엥겔스다. 그는 원래 독일 부퍼탈(Wuppertal)에서 개신교 사업자의 아들로 태어났다.

하지만 당시 독일에서 일어난 산업혁명으로 빈부 격차가 심해지고 노동자가 비참할 정도로 가난한 삶을 사는 모습을 보고 문제의식을 느끼다가 쾰른에서 마르크스를 만나 그와 함께 공산주의 운동을 주도하면서 마르크스에 대해 경제적으로 많은 후원을 하게 된다. 특히 엥겔스는 마르크스주의를 과학적 사회주의라고 불렀는데 이는 사회 계급의 관계와 사회적 충돌에 초점을 둔 사회적 분석의 방법이자 세계관이다.

셋째, 레닌이다. 그는 마르크스와 엥겔스의 세계관을 조국 러시아에 적용하여 1917년 전제 군주제를 철폐하고 볼셰비키(большевик) 혁명을 통해 공산주의 국가인 소련을 창설하게 된다. 하지만 이 과정에서 약 2천만 명이 희생되는데 이는 역사상 가장 많은 생명을 대가로 지불한 것이다. 레닌이 죽은 후 스탈린(Иосиф Сталин : 1878-1953)이 후계자가 되자 소련은 미국과 쌍벽을 이루는 세계적인 강국이 되었고 2차 세계대전이 끝난 후 마르크스주의를 다른 나라에 퍼뜨려 동유럽이 공산주의화되었고 1949년에 중국, 1959년에 쿠바마저 공산화된다.

넷째, 중국의 마오쩌둥(毛澤東, 1893-1976)을 언급할 수 있다. 그는 초기 중국 공산당의 최고 지도자였으며 1945년 2차 세계대전이 끝난 뒤 장제스와 당시 중화민국 정부에 대항한 국공 내전에서 승리를 거두고 1949년 중국 대륙에 중화인민공화국을 수립하였다. 초대 중국 공산당 국가원수로 문화 대혁명을 일으켜 약 4천 5백만 명을 학살하면서 자신의 권력을 강화하였다. 그의 계속된 급진적인 정책이 중국의 문화, 사회, 경제, 외교 관계에 입힌 물적, 인적, 문화적 피해는 수치로 계산이 힘들 정도다.

그 외에도 북한의 김일성(1912-1994), 쿠바의 피델 카스트로(Fidel Alejandro Castro Ruz, 1926-2016), 월맹의 호찌민(Hồ Chí Minh/胡志明, 1890-1968) 등이 마르크스주의를 신봉하면서 각각 공산주의 혁명을 일으켰다. 북한은 김일성의 사후 김정일과 김정은이 3대째 권력 세습을 하면서 지금까지 내려오고 있으며, 쿠바는 카스트로 사후에 미국과의 국교는 회복했으나 여전히 사회주의 국가로 남아 있고 호찌민은 미국과의 전쟁 도중 사망하였으나 월맹이 마침내 승리한 후 월남과 통일되어 공산주의 체제인 베트남 사회주의 공화국을 수립하였다.

기타 주요 마르크스주의자로는 프랑스의 라파르그(Paul Lafargue, 1841-1911), 카우츠키(Karl Kautsky, 1854-1938), 미국의 드 레온(Daniel De Leon, 1852-1914), 독일의 체트킨(Clara Zetkin, 1857-1933)과 코르쉬(Karl Korsch, 1886-1961), 소련의 플레하노프(Georgi Plekhanov, 1856-1918), 부하린(Nikolai Bukharin, 1888-1938), 트로츠키(Leon Trotsky, 1879-1940) 및 콜론타이(Alexandra Kollontai, 1872-1952), 폴란드 출신의 룩셈부르크(Rosa Luxemburg, 1871-1919), 아일랜드의 코널리(James Connolly, 1868-1916), 이탈리아의 그람시(Antonio Gramsci, 1891-1937), 헝가리의 루카치(Georg Lukács, 1885-1971), 인도의 로리(M. N. Roy, 1892-1970), 페루의 마리아테귀(José Carlos Mariátegui, 1894-1930), 미국의 드레이퍼(Hal Draper, 1914-1990) 기타 매틱(Paul Mattick, 1903-

1981) 등이 있다(www.marxists.org/archive/selected-marxists.htm).

3. 마르크스주의의 장점

그렇다면 마르크스주의 세계관에는 어떤 장점이 있을까? 두 가지로 살펴보겠다. 먼저 당시에 만연하던 자본주의의 부작용, 특히 빈부 격차의 문제에 대해 사회 정의의 관점에서 매우 진지하게 비판하면서 가난하고 착취당하는 노동자, 농민의 열악한 노동환경을 개선하기 위해 노력했다는 점이다. 1800년대부터 영국에 산업혁명이 일어나기 시작하면서 대량 생산이 시작되었고 소위 자본주의 사회가 열리게 되었다. 하지만 당시에 이 자본주의의 등장과 함께 많은 문제가 발생했는데 특히 자본가와 노동자 계급 간의 격차 및 갈등이 심화되었다. 자본가는 노동자에게 더 가혹한 노동을 요구하면서도 저임금을 지불하며 그들의 이윤을 극대화하려고 했고 노동자는 아무 힘이 없이 착취당하며 그저 열심히 일만 해야 했다. 생산성이 향상되자 노동자는 더 많은 가치를 생산해 냈지만 빈부 격차는 더 커지기만 했고 나아가 실업자는 더 가난한 삶을 견뎌야 했는데 이런 모순적인 상황이 더 심화되면서 결국 혁명이 터지게 된다는 것이 마르크스와 엥겔스의 주장이다. 마르크스주의가 당시 자본주의의 이러한 모순적 상황에 대해 가장 심각하게 고민하면서 해결책을 제시하려 했다는 점은 긍정적으로 보아야 할 것이다. 이것을 변증법적으로 설명한다면 스미스의 자본주의적 『국부론』을 '정'으로 본다면 마르크스의 『자본론』은 '반'으로 볼 수 있으며 또한 부르주아는 '정'이고 프롤레타리아는 '반'이라고 할 수 있고 이러한 변증법적 갈등을 넘어 계급이 없는 공산주의 사회가 '합'이라고 볼 수 있다.

둘째, 이 마르크스주의는 역사를 새롭게 이해하는 데 도움을 준다. 이 세계관이 제시하는 사적 유물론은 사회의 발전과정을 상당히 설득력 있게 설명하고 있다.

원시 공산사회는 인간이 원시적인 도구를 가지고 자연으로부터 생산 활동을 하기 때문에 생산성이 가장 낮다. 여기서 중요한 원리는 공동 소유와 생산품의 평등한 분배다. 하지만 이러한 사회는 사적 소유, 노예 제도 및 시장 경제 제도가 시작되면서 사라져 두 번째 고대 노예사회로 넘어가게 된다. 이러한 사회에서 생산성은 이전보다 다소 향상되었는데 이는 사유 재산을 허용하였기 때문이다. 노예는 생산하고 노예 소유주는 소비하는 사회로서 철저한 계급사회다. 나아가 세 번째 단계는 중세의 봉건사회인데 봉건 영주가 토지와 농노를 소유하면서 농노는 그 지역을 개발하고 경작하여 수확물을 영주에게 세금으로 바치는 사회다. 이런 과정에서 화폐가 시장에서 유통되기 시작하였고 대규모 공장이 생겨나면서 상업 자본가가 등장한다. 그러면서 네 번째로 자본주의 사회가 나타나게 되는데 여기서는 지위에 따라 소유하던 제도가 철폐되고 자본가와 노동자들 간의 계약에 의해 생산이 이루어진다. 하지만 이익을 극대화하려는 자본가에 의해 노동자는 더욱 착취를 당하면서 두 계급 간의 갈등이 격화되고 심화되어 결국 자본주의적 제국주의는 노동자 농민의 혁명에 의해 멸망한다고 보았다.

그 후 마지막으로 사회주의 사회가 나타나는 데 이미 러시아에서 1917년에 등장했으며 이러한 사회에서는 생산의 목적이 인간이다. 모든 사람은 자신의 능력에 따라 일하고 그들이 사회에 공헌한 만큼 소비할 수 있다는 것이다. 이러한 역사관은 지금도 많은 사람에게 영향을 주고 있다.

4. 마르크스주의의 단점

하지만 마르크스주의는 여러 단점을 가지고 있다.

먼저 이 세계관은 철저한 유물론 사상이므로 비물질적이고 정신적인 면에 대해서 충분히 설명하지 못한다는 것이다. 나아가 인간 사회도 물질적인 면으로 모든 것을 설명하는 것은 무리다. 마르크스주의는 사회의 경제 체제가 모든 법적, 사회적 그리고 정치적 제도까지 결정한다고 주장한다. 생산 방식이 사회의 기초이므로 사회의 모든 문제는 생산 수단이 불완전하기 때문에 일어난다고 보았다. 하지만 이것은 지나친 환원주의(reductionism)가 아닐 수 없다. 사회의 문제는 매우 다양한 원인이 있을 수 있기 때문이다.

둘째, 마르크스의 사적 유물론은 역사를 단지 계급투쟁에 의해 설명하려 하는데 이 또한 매우 단순한 접근이다. 왜냐하면 실제 역사의 발전을 보면 이 외에도 다양한 요소가 있었는데 가령 자연과학 및 기술의 발전도 역사에 상당한 공헌을 했다. 하지만 마르크스는 이런 면을 간과 내지 무시하고 있다. 따라서 역사의 발전 전체를 보다 종합적으로 조망할 수 있는 안목이 필요하다고 말할 수 있다. 실제로 마르크스의 예측은 빗나갔는데 실제로 자본주의 경제체제에 위기가 찾아왔지만 자본주의 국가에서 공산주의 혁명이 일어난 곳은 단 한군데도 없었고 오히려 개발도상국에서 일어났다. 이런 점에서 철학자이며 역사가인 콜라코프스티(Leszek Kołakowski)는 마르크스의 이론은 여러 가지 면에서 불완전하며 애매모호하고 특히 그의 "변증법"은 근본적으로 오류가 있다고 지적한다.

또한 마르크스의 철학적 도그마는 과학적 수단으로 증명될 수 없으며 "넌센스"에 불과하다고 주장한다(Kołakowski, 2005:662, 909). 따라서 마르크스주의의 사적 유물론도 결국 공산주의를 실현하기 위해 개인의 권리를 억압하는 역사 결정론이라고 주장하는 사람들도 있다(Howard & King, 1992). 나아가 역사를 변증법적으로 본다면 결국 그들이 최종적인 합이라고 생각하는 공산주의 사회도 불가피하게 일시적인 현상으로 나중에는 새로운 정이 될 것이며 이에 대항하는 반이 나타날 수밖에 없을 것이다. 다시 말해 역사는 무한히 변증법적으로 나아갈 것이라고 말할 수밖에 없다. 이 부분에 대해 마르크스주의는 아무런 답을 주지 못한다.

마지막으로 공산주의 혁명은 실제로 너무나 많은 희생을 요구한다. 가령 러시아의 볼셰비키 혁명 때에는 거의 2천만 명이 희생되었는데 이는 2차 세계대전에서 희생된 숫자보다 많다. 그 이후에도 1917년에서 1987년까지 거의 6천 4백만 명이 희생된 것으로 나온다. 중국이 공산화되면서도 마오쩌둥의 문화대혁명 시절에는 수천만 명의 중국인이 희생되었다. 따라서 지난 70여 년간 공산주의로 인해 희생된 생명은 1억 명이 넘는다고 한다. 공산주의 혁명이라는 이상을 이루기 위해 이렇게 많은 생명을 희생하는 수단과 방법이 과연 정당화될 수 있을까? 이런 점에서 바이글(George Weigel)은 마르크스주의에 대해 다음과 같이 비판한다.

> 마르크스에게 신이란 인간이 계급 장벽에 의해 발생한 자신과 노동 그리고 그가 속한 공동체로부터 소외된 것을 투사한 것이다. 따라서 마르크스에 의하면 인간의 구원은 역사 속에서 지상 낙원을 창조하는 것이다. 하지만 레닌은 이것을 혁명적인 행동으로 촉진시키려 했다. 그 결과 그는 비밀경찰에 의해 수많은 사람을 잔혹하게 처형하는 것을 정당화했으며 특별히 교회를 미워하면서 무자비하게 박해했다.… 이것은 우연이 아니라 마르크스-레닌주의자들의 본질적인 부분이다. 공산주의자는 기독교를 그냥 두고서는 공산주의가 가능하지 않을 것임을 알았던 것이다…(Weigel, 1993:372-73).

이런 점에서 과학철학자 칼 포퍼(Karl Popper)도 마르크스주의의 사적 유물론은 설득력이 약하다고 비판했다. 그는 마르크스주의가 처음에는 매우 과학적이었으나 나중에 마르크스가 예언한 대로 되지 않자 다른 가정을 추가함으로써 그 과학적 진정성을 상실했다고 날카롭게 지적한다(Popper, 2002:449). 마르크스는 전 세계 노동자 농민이 단결하여 봉기할 것이며 그들은 자본가, 지주 계급의 억압을 철폐하고 생산 수단을 장악하여 정치 권력을 가져 마침내 전 세계적인 "프롤레타리아의 독재(dictatorship of the proletariat)"를 성취할 것이라고 예언했다. 하지만 역사상 그렇게 된 적이 없고 오히려 자본주의 국가는 자본주의 경제의 단점을 극복하려고 다양한 노력을 기울여 공산주의 국가보다 더 선진국이 되었다.

5. 마르크스주의의 단점에 대한 기독교 세계관적 대안

그렇다면 마르크스주의의 단점에 대한 대안은 무엇인가?

먼저 이 세계관은 철저한 유물론 사상인 것에 대해 우리는 삶에서 물질도 중요하지만 정신적인 면도 매우 중요하며 많은 경우 물질보다 더 우선순위에 있음을 지적해야 할 것이다. 그 대표적인 예로 마태복음 4장 4절에 예수께서 금식 기도하실 때 사탄이 와서 돌을 빵으로 만들어 먹으라고 유혹했으나 예수께서는 "사람이 빵으로만 사는 것이 아니라 하나님의 말씀으로 살아야 한다."고 대답하신 것이 매우 유명하다. 레닌은 공산주의 혁명을 위해 동족 2천만 명을 서슴없이 희생시켰다. 자신의 생명이 귀중하다면 다른 사람의 생명도 귀중히 여길 줄 알아야 하는데 이러한 유혈혁명은 과연 누구를 위한 것인지 반문하지 않을 수 없다. 나아가 이 혁명 과정에서 레닌은 교회를 증오하면서 경쟁 세력으로 간주했다고 한다. 공산주의가 이렇게 종교, 특히 기독교를 억압하는 것은 마르크스주의 세계관이 본질적으로는 기독교 세계관을 정반대로 뒤엎은 것이기 때문이다. 하지만 놀라운 사실은 그 어려운 상황 속에도 교회는 없어지지 않았고 여전히 많은 사람에게 영향을 미치고 있다는 것이다.

둘째, 마르크스의 사적 유물론은 역사를 단지 계급투쟁에 의해 설명하려 하는데 실제로 인간 사회의 역사적 발전에는 다른 요소도 많이 있음을 지적할 수 있다. 가령 인류의 역사는 새로운 과학기술의 발명에 의해서도 획기적으로 발전해 왔다. 대표적인 것이 증기기관의 발명으로 시작된 1차 산업혁명일 것이다. 물론 이 기간에 빈부 격차가 커져 마르크스주의가 나왔지만 그 후 전기의 발명으로 2차 산업혁명이 일어났고 경제가 발전하면서 동시에 사회복지 제도도 발전하여 많은 선진국은 공산주의가 아닌 수정자본주의를 통해 빈부 격차 문제를 개선해 나갔음을 알 수 있다. 나아가 컴퓨터 및 인터넷의 발명으로 3차 산업혁명이 이루어졌고 이러한 기술이 세상의 모든 삶이 더욱 편해지는 등 큰 변화를 가져온 것도 사실이다. 또한 최근에는 정보기술의 발전으로 소위 4차 산업혁명이 시작되어 가령 사물인터넷(Internet of Things), 빅데이터(Big Data), 인공지능(Artificial Intelligence), 가상현실(Virtual Reality) 등과 같은 새로운 차원의 기술이 등장하고 있다.

마지막으로 공산주의 혁명이 너무나 많은 희생을 강요하는 것에 대해 우리는 한 생명도 귀중히 여겨야 할 것이다. 많은 세계관은 인간의 생명뿐만 아니라 심지어 다른 생물도 존중하는 것을 볼 수 있다. 가령 기독교 세계관을 보면 예수께서는 병자를 고쳐 주셨고 나쁜 귀신들린 자도 온전히 회복시켜 주셨으며 남녀노소를 차별하지 않고 모두 사랑하며 섬기셨다. 무력으로 혁명을 일으킨 것이 아니라 십자가에 죽으시는 놀라운 사랑과 부활의 능력으로 세상을 변화시키시고 하나님 나라를 이루어 가신 것이다.

사도행전 2장 42-45절에 보면 초대교회 공동체의 삶이 어떠했는지 알 수 있는데 이것은 사실상 마르크스가 꿈꾸던 모습이다. 즉 이 공동체는 스스로 그들이 가진 모든 것을 팔아 함께 나누는 이상적인 사회였다. 하지만 공산주의와 다른 결정적인 부분은 이 초대교회 공동체는 성령의 충만을 받은 후 자원하여, 기꺼이 자신의 소유를 나누어 필요에 따라 사용한 점이다. 반면에 공산주의는 폭력과 강제로 그리고 많은 생명을 희생시켜 이러한 이상사회를 구현하려는 것이다. 하지만 이러한 자발성이 없는 강제성과 폭력은 결코 이상적인 사회를 만들어 낼 수 없다.

성경의 마지막 책인 요한계시록 마지막 부분에 마침내 이 하나님의 나라가 완성된 것을 보면 새 하늘과 새 땅을 배경으로 새 예루살렘이 가장 아름다운 신부의 모습으로 그리고 동시에 가장 거룩한 도시의 모습으로 하늘에서 내려오는 것을 볼 수 있다. 여기서 하나님의 백성은 영원한 축복을 온전히 경험하게 되는 것을 볼 수 있다. 여기에는 어떤 억울한 희생자도 없으며 더 이상 눈물과 아픔이 없고 하나님께서 주시는 최고의 축복을 누리게 될 것이라고 말한다.

사실 마르크스주의는 기독교 세계관과 매우 유사한 점이 많다. 가령 인간의 평등에 대한 이상, 중생과 혁명, 죄와 소외, 천국과 공산주의 등은 너무나 흡사하다. 하지만 두 세계관 간에는 근본적인 차이점이 있다. 즉 마르크스주의는 철저한 무신론과 인본주의 그리고 물질주의에 기초해 있는 반면 기독교 세계관은 인격적인 신에 대한 신앙과 그의 은혜에 의한 구원을 강조하기 때문이다. 이것은 사실 마르크스의 혈통에 유대인적 요소가 있고 독일 개신 교회의 영향도 받았기 때문이라고 볼 수도 있을 것이다. 하지만 그는 결국 자본주의의 폐해에 대해 분노하면서 공산주의 사상으로 전향한 것으로 보인다.

또한 이와 관련하여 함께 살펴보고자 하는 것은 이 마르크스주의의 단점을 보완하고자 생겨난 신마르크스주의(Neo-Marxism)다. 신마르크스주의는 이탈리아의 안토니오 그람시, 헝가리의 루카치 죄르지(Lukács György, 1885-1971) 등이 1920년대에 주장한 마르크스주의의 분파 사상이다. 이는 나중에 1960년대의 신좌익 사상에 영향을 주었으며 독일 프랑크푸르트학파(Frankfurter Schule) 등 막스 호르크하이머(Max Horkheimer, 1895-1973)를 중심으로 테오도르 아도르노(Theodor Adorno, 1903-1969) 및 허버트 마르쿠제(Herbert Marcuse, 1898-1979)에 의해 1930년대에 계승된 신좌익 사상이다.

이들도 많은 부분에는 마르크스주의에 동의하지만 전체 내용, 특히 경제, 정치 및 사회이론의 어떤 면은 아직 많이 불완전하다고 지적한다. 초기 마르크스주의 사상은 20세기 초반까지 최초의 논리적 사회주의 사상이라는 이유로 그 명성을 얻었지만 자본주의 사회에서 나타나는 문제를 사회의 하부 구조인 경제 부분만 언급하는 것으로 발전되었기 때문에 확실한 사회·정치 이론이 없다는 한계에 봉착했다. 이에 상부 구조인 사회·정치 이론을 정립하기 위해 이탈리아의 공산주의자인 그람시가 자본주의 사회에서 나타나는 비인간적인 문화와 인간 소외를 중점으로 다루어 신마르크스주의의 토대를 마련했다.

또한 근대자본주의 사회에서 국가의 역할을 제대로 설명하지 못한 마르크스주의에 대한 비판으로 마르크스-레닌주의, 마오쩌둥주의 등 유사개념의 마르크스주의가 탄생하게 되었는데 이 개념을 총칭해 후속 마르크스주의라고 불렀다(백승균, 1984:411-429.). 신마르크스주의는 포괄적으로 후속 마르크스주의에 속하지만 보다 차별화된 개념이며 마르크스주의에 대한 재해석 및 왜곡된 마르크스주의를 바로잡는 사회 철학적 사조 및 현상을 뜻한다.

신마르크스주의에 대한 정의와 주장은 학자별로 조금씩 다르나 대체로 인간 소외, 탈인격화, 개인화 등의 문제에 대한 휴머니즘적 요소를 강조하며 인간 중심적 사상을 주장한다. 나아가 주관과 객관, 이론과 실천을 통합하여 마르크스주의의 유물론에 대한 과학적 체계화를 주장한다는 점은 대동소이하다. 신마르크스주의는 이런 특징 때문에 사회 개혁에 중점을 두는 좌익 운동인 신좌익 운동의 토대가 되는 사상이 되었다.

다시 말해 신마르크스주의는 마르크스는 좋아하나 공산주의는 싫어하는 세계관이라고 할 수 있다. 따라서 이들도 마르크스주의에 기초하여 현대 사회 및 문명을 비판하며 크게 두 종류로 나눠진다. 첫째 그룹은 수정주의자로서 콜라코프스키, 샤프(A. Schaff), 블로흐 (E. Bloch), 루카스(G. Lukacs) 같은 사상가가 있는 반면 둘째 그룹은 소위 프랑크푸르트학파로서 앞서 말한 호르크하이머, 아도르노, 마르쿠제 외에도 하버마스(J. Habermas) 같은 사상가가 이에 속한다. 특히 이 그룹이 마르크스주의를 비판한 이유는 국제 공산주의 운동에 대해 크게 실망했기 때문이다.

마르크스가 1844년에 쓴 『경제 철학 초고』(*Economic and Philosophic Manuscripts*) 또는 『파리 초고』(*The Paris Manuscripts*)는 그가 사망한 후인 1933년 소련의 연구자가 처음으로 출간하게 된다. 이 초고에 의하면 사실 마르크스의 주된 관심은 혁명보다 소외임이 드러난다. 즉 그는 역사 발전법칙의 필연성이나 체계의 폐쇄성을 믿지 않으며 개인의 결단을 강조하는 실존주의에 매력을 느낀다. 나아가 자기 소외의 원인에 관해서는 현대의 과학기술이 세계를 일차원의 세계로 만들어 인간을 하나의 기계로 만들어 버림으로써 인간의 진정한 자유가 불가능해졌다고 분석한다.

따라서 모든 사회가 기계와 조직으로 통제되어 개인의 자유와 창조성이 점점 더 제한되고 인간성이 말살되고 있다고 본다. 또한 물질적인 풍요로 계급 차별이 점점 없어지므로 비판적 안목 또한 상실하고 있다고 진단한다. 특히 마르쿠제는 분석철학 및 현대 과학철학이야말로 과학기술을 사용하는 자본주의인 후기 자본주의의 정치적 이데올로기라고 주장한다. 결론적으로 이 신마르크스주의는 현대 사회를 비판하고 분석하는 데 도움이 되지만 근본적으로는 인본주의적 세계관이라고 말할 수 있다.

결론

이 장에서는 마르크스주의가 어떻게 일어나게 되었으며 그 기본적인 내용과 주된 주창자를 살펴본 후 이 세계관의 장단점을 비판적으로 분석해 보았고, 단점에 대한 대안을 기독교 세계관으로 제시해 보았다. 이 세계관은 자본주의의 부작용, 특히 빈부 격차의 문제에 대해 사회 정의의 관점에서 매우 진지하게 비판하면서 가난하고 착취당하는 노동자의 열악한 노동환경을 개선하기 위해 노력했으며 역사를 새롭게 이해하는 데 도움을 준다는 점에서 긍정적인 요소를 인정할 수 있다. 하지만 이와 동시에 이 세계관은 철저한 유물론 사상이므로 비물질적이고 정신적인 면에 대해서 충분히 설명하지 못하며 사적 유물론은 역사를 단지 계급투쟁에 의해 설명하려 하는데 이 또한 매우 단순한 접근으로 실제 역사의 발전에 나타나는 다양한 요소 간과 내지 무시하고 있고 나아가 공산주의 혁명은 실제로 너무나 많은 희생을 요구한다는 부정적인 측면도 있음을 살펴보았다.

이에 대해 기독교 세계관은 우리의 삶에서 물질도 중요하지만 정신적인 면도 매우 중요하며 많은 경우 물질보다 더 우선순위에 있음을 지적하며 인간 사회의 역사적 발전에는 새로운 과학기술의 발명

등 다른 요소도 많이 있음을 지적할 수 있고 공산주의 혁명이 너무나 많은 희생을 강요하는 것에 대해 한 생명도 귀중히 여겨야 할 것을 강조한다. 하지만 지금도 이 세계관은 많은 사람에게 큰 영향을 미치고 있으므로 앞으로도 기독학자들은 이 마르크스주의를 계속 예의주시하면서 적절한 대안을 제시함으로 올바르게 대응해야 할 것이다.

8. 포스트모더니즘(Postmodernism)

서론

포스트모더니즘(Postmodernism)은 일반적으로 모더니즘(modernism) 에 대한 환상이 깨어진 후 그 대안으로 나타난 세계관으로 현대인에 게 가장 큰 영향력을 행사하는 세계관일 것이다. 모더니즘은 중세 이후 인간의 이성을 중심으로 한 합리주의적 세계관과 이를 바탕으 로 한 과학기술의 놀라운 진보로 미래에 대한 낙관주의적 전망과 함 께 자본주의의 발전으로 인간의 자율성(autonomy)과 능력을 무한히 신뢰하던 인본주의적 세계관이라고 말할 수 있다. 하지만 이 모더 니즘은 20세기 초반에 들어와 경제공황, 양차 세계대전, 핵폭탄 및 공산주의 혁명 등과 같은 비극적인 사건이 계속 일어나면서 더 이상 설득력이 없어졌다. 인간의 자율성과 진보에 대한 확신이 불안으로 변한 것이다. 그 후에 이 모더니즘적 이상은 포기하되 인본주의라 는 기본 사상은 포기하지 않은 세계관으로 모더니즘에 대한 대안으 로 등장한 것이 바로 포스트모더니즘이다. 여기에는 신학, 철학, 사회, 법, 윤리, 정치, 과학, 경제, 심리, 역사, 건축 및 문학비평 등에 대한 다양하고 회의적인 해석을 포함한다(전광식, 1994:21-29). 포스트모더니즘에 관한 대표적인 웹사이트로는 www.onpostmodernism.com이 있다.

이러한 포스트모더니즘은 우선 "내가 누구인가?"라는 질문에 대해 분명하게 대답할 수 없다고 보는데 왜냐하면 '나' 자신이 사회적으로 구조화되었다고 믿기 때문이다. 즉 나에게 영향을 준 언어, 지역, 가족, 교육, 정부 등 다양한 요소가 지금의 나를 구성하고 있다는 것이다. 따라서 이 세계관은 우리 모두가 하나의 사회적 구조물이라고 주장하며 나아가 서구적 형태의 지식 및 정의의 기원 그리고 서양의 기독교와 계몽주의를 낳은 법 질서는 사실상 백인 남성에게 기반을 둔 것으로 보며 비판하는 경향도 있다. 나아가 이 포스트모더니즘은 일관성보다는 파편화되고 객관적이 아닌 주관적인 도덕성을 강조하면서 종교적 뿌리와 초월적 특성은 의도적으로 제거한다. 그리하여 포스트모더니스트는 그동안 소외되어 왔고 외면 받아온 사람들, 특히 가난하고 억압받은 이들에 대해 특별한 관심을 가지고 있다. 가령, 이들은 힘이 없는 여성 및 성소수자는 정의의 이름으로 도와주려고 노력한다.

포스트모더니즘의 영향은 진리와 도덕성에 관한 인지도에서 분명히 나타난다. 1994년 바르나(George Barna)의 조사에 의하면 72%의 미국인들은 "절대적 진리는 없으며 두 사람도 전혀 다른 진리관을 가질 수 있고 둘 다 맞을 수도 있다."고 생각한다(Barna, 1994:83,

사진 8-1

출처: upload.wikimedia.org/wikipedia/commons/6/6e/Bauhaus_Dessau_2018.jpg

283). 나아가 71%의 미국인은 "모든 상황에서 모든 사람에게 적용할 절대적인 기준은 없다."라고 응답한다(Barna, 1994:85, 230). 심지어 이들 중 53%는 자신이 거듭난 그리스도인이라고 말한다(Barna, 1994:83). 이처럼 포스트모더니즘은 21세기의 미국에서 주류적인 세계관임을 알 수 있다.

또한 현대의 포스트모더니즘은 다양하게 나타나고 있다. 가령 건축의 예를 든다면 모더니즘의 대표적인 건축물은 독일의 바우하우스(Bauhaus)라고 할 수 있다. 정형화되고 표준화되어 효율성도 높아 매우 합리적이고 실용적인 건물이다(사진 8-1). 하지만 이런 모더니즘에 대한 비판이 일어나면서 포스트모더니즘적 건축이 등장했다. 그 예로 오스트리아(Austria) 출신의 건축가 훈데르트바서(Friedensreich

사진 8-2
출처: upload.wikimedia.org/wikipedia/commons/8/8c/Limmeuble_Waldspirale_%28Darmsta dt%29_%287954667340%29.jpg

Hundertwasser, 1928-2000)가 설계한 아파트로 독일 다름슈타트(Darm-stadt)에 있는 발트슈피랄(Die Waldspirale)이 있다. 이 건물은 같은 규격이 거의 하나도 없다(사진 8-2).

하지만 이 포스트모더니즘은 적지 않은 문제점이 있다. 가령 파편화된 사고로 인해 모든 것이 상대화되어 가치관의 혼란을 야기하는 점 등을 들 수 있다. 기독교 세계관으로 포스트모더니즘을 다룬 외국 학자 중에 대표적으로 사이어(James Sire, 1933-2018) 및 마이어스와 노에벨(Jeff Myers & David A. Noebel)이 있다. 사이어는 *The Universe Next Door: A Basic World View Catalog*라는 책에서 포스트모더니즘을 "사라진 수평선(the vanished horizon)"이라는 부제로 다루고 있

으나 그 장단점을 비교하여 기독교 세계관적인 대안을 제시하고 있
지는 않다(Sire, 2009:214–243). 마이어스와 노에벨은 *Understanding the*
*Times: A Survey of Competing Worldviews*에서 현대에 가장 중요한 세계
관을 여섯 가지로 분류하는데 그중 하나가 포스트모더니즘이며 이
세계관이 각 학문(신학, 철학, 윤리학, 생물학, 심리학, 사회학, 법학, 정치
학, 경제학, 역사학 등) 분야에 어떤 영향을 미치는지 자세히 분석하고
있다.

이것을 정리해 보면 포스트모더니즘은 신학적으로는 무신론이
며, 철학적으로는 반실재주의(anti-realism)이고, 윤리학적으로는 문
화적 상대주의이며, 생물학에서는 진화론을 주장하고, 심리학적으
로는 사회적으로 구성된 자아를 강조하며, 사회학적으로는 성적 평
등을 주장하고, 법학에서는 비판적 법학 이론을 강조하며, 정치학
에서는 좌익이고, 경제학에서는 개입주의(interventionism)를 앞세우
고, 역사학에서는 역사주의(historicism)를 주장한다(Myers & Noebel,
2015:147–172).[11] 한국어로 된 문헌 중 가장 주목할 것은 1994년 6월
에 발행된 「통합연구」 제7권 2호(통권 22호)에서 이 포스트모더니즘
을 심도 있게 다루고 있으며 그중에서도 앞서 언급한 전광식의 논문
은 이 세계관을 기독교적 관점에서 분석, 비판하고 있다. 신국원은
포스트모더니즘을 전근대 및 근대주의(modernism)와 비교, 구별하면

---

11 본서의 이전 버전이 한국어로 번역, 출판되었다. 류현진, 류현모 역, 『충돌하는
세계관』 서울: 꿈을 이루는 사람들(DCTY), 2013. 나머지 다섯 가지 세계관은 기
독교 세계관, 세속적 인본주의, 마르크스주의, 이슬람 및 뉴에이지다. 이에 관해
서는 www.allaboutworldview.org도 참고.

서 어떻게 "공통적 토대가 무너진, 백가쟁명(百家爭鳴)"적 포스트모더니즘이 등장했는지 잘 설명한 후 성경적 관점에서 이 세계관을 다각도로 분석, 비판하고 있다(신국원. 1999:23-69).

이처럼 앞서 여러 기독학자가 포스트모더니즘을 기독교적 관점에서 비판적으로 다루었지만 이미 20여 년이 지났으며 지금 이 세계관은 더 큰 영향력을 발휘하고 있으므로 그 이후 발전된 포스트모더니즘에 대해 이 장에서는 기독교 세계관으로 보다 깊이 고찰하되 먼저 이 세계관의 내용을 구체적으로 분석한 후 대표적 사상가를 언급하고 이 세계관이 매력적으로 보이는 장점과 동시에 내적 모순이나 단점은 무엇인지 살펴보겠다. 그 후 이 단점에 대해 기독교 세계관은 어떤 대안을 제시하여 이 세계관을 극복할 수 있는지 결론을 맺겠다.

포스트모더니즘에 대한 기독교 세계관적 고찰

1. 포스트모더니즘의 내용

포스트모더니즘의 내용을 살펴보면 첫째, 진정으로 참된 최고의 실재는 무엇인가에 대해 무신론을 주장한다. 이 점에서 이 세계관은 세속적인 인본주의 및 마르크스주의와 같다고 할 수 있지만 신의 존재를 부인하는 동기는 다르다. 즉 과학적인 증거가 없다기보다 신을 믿을 수 없기 때문이다. 포스트모던 사상가는 실재를 나타내는 언어의 능력에 대한 모든 전통적인 가정에 대해서도 비판적인 질문을 던지며 해체(deconstruction)를 요구하고 문학에서도 하나의 텍스트란 일정한 의미만 가진 것이 아니며 독자는 자신의 형이상학적 또는 자민족 중심적 가정을 적극 제거하면서 접근해야 한다고 주장한다. 이런 맥락에서 케빈 밴후저(Kevin Vanhoozer)는 포스트모더니스트들이 신을 믿을 수 없게 되었다고 말하는 니체에게 동의한다고 분석했다(Vanhoozer, 2005:12). 하지만 자크 데리다(Jacques Derrida, 1930-2004)나 리처드 로티(Richard Rorty, 1931-2007) 같은 포스트모던 사상가는 유신론과 무신론 둘 다 거부하면서 전형적인 포스트모더니즘적 애매모호함을 드러낸다(Erickson, 2001:131). 그 이유는 이들이 무신론 자체도 실재에 대한 하나의 보편적인 진술이라고 보기 때문이다. 따라서 로티는 사제주의(clericalism)같은 제도적 교회는 철저히 반대하면서도 개인적인 종교는 인정한다(Rorty & Vattimo, 2005:33). 따라서 이것은 종교다원주의로 나아가 어느 한 종교도 절대적으로 진리라고 할 수 없으므로 서로 관용해야 한다는 것이다(Carson, 1993).

둘째, 외부의 실재 즉 우리를 둘러싼 세계의 본질은 무엇인가에 대해서도 포스트모더니즘은 매우 모호한 관점을 가지고 있다. 이 세계관은 실재는 인간의 탐구에 대해 궁극적으로 접근이 불가능하며 지식은 하나의 사회적 구성물로 진리에 대한 주장은 정치적 권력 놀음에 지나지 않고 단어의 의미도 저자가 아니라 독자에 의해 결정된다고 본다. 즉 실재는 결국 개인이나 사회집단이 만들어 내는 것으로 주장하며 이런 의미에서 포스트모더니즘은 반실재주의 (anti-realism)라고 말할 수 있고 보편적 진리도 부정한다. 다시 말해 절대 진리나 지식의 기초에 대해 의심하며 따라서 결국 실재를 정의 하는 전체적인 관점인 모든 종류의 거대 담론(meta-narratives)을 거부 한다. 신의 존재 유무, 예수가 그리스도인지 아닌지 나아가 기적들 에 관한 종교적인 주장도 어떤 객관적인 기준보다 하나의 기호 내지 선호로 간주한다(Anderson, 1990). 결국 우리가 선호하든 그렇지 않든 간에 실재는 단지 존재하는 것(reality is what it is)이라고 보는 것이다.

셋째, 인간은 무엇인가에 대해 포스트모더니즘은 인간의 합리성 보다는 비합리성에 더 초점을 맞춘다. 근대사회는 합리적 사고에 초점을 맞추었으나 후근대사회의 포스트모더니스트는 인간의 욕망, 자극 그리고 느낌에 더 관심을 가지면서 비합리주의를 추구한다. 나아가 일반화된 해석을 거부하면서 해석의 다원성을 주장하며 개 개인의 특별한 개성에 더 초점을 맞춘다. 명확성보다는 모호성, 동 질성보다는 이질성, 통일성보다는 다양성을 더 추구한다. 또한 포 스트모더니즘은 인본주의이기는 하지만 인간중심주의에서도 벗어 나려고 한다. 근대사회는 인간 중심이었지만 포스트모더니즘은 자 연의 권리도 강조하며 자연을 단지 연구 및 발전의 대상으로만 보는 것을 비판한다. 또한 인간의 마음 또는 영혼에 대해서도 영혼과 육 체가 하나된 인격체라는 전통적인 관점을 거부하면서 사회문화적으 로 구성된 것으로 본다(Anderson, 1990:3; Ward, 2003:118).

넷째, 인간이 지식을 가질 수 있는 근거에 대해서도 이 세계관은 매우 비판적인데 가령 과학에서도 전통적인 진화론 자체를 하나의 메타-내러티브로 보며 거부하고 우연과 비연속성을 더 강조한다. 정치에서도 근대인들은 정치가 매우 합리적이며 역사는 항상 진보한다고 생각하지만 포스트모더니스트 입장에서 정치는 욕망이 잠재적으로 구성된 것으로 보며 따라서 비정치화 및 비역사화를 강조한다. 다시 말해 지식은 파편화되고 하나의 전체적인 체계란 존재하지 않는다고 본다. 로티는 이렇게 요약했다.

> 우리는 이제 진리의 정합성 이론(the correspondence theory of truth)을 포기해야 하며 도덕적이고 과학적인 신념을 더 숭고한 인간의 행복을 성취하기 위한 수단들로 보기 시작해야 한다(Rorty, 1998:96).

따라서 절대적 진리(Truth)는 없으며 단지 개인 또는 한 사회의 소그룹에게만 적용되는 주관적이고 상대적인 진리(truths)만 인정한다. 즉 나에게는 진리가 될 수 있으나 타인에게는 아닐 수 있음을 인정해야 한다는 것이다. 과학철학자 파이어아벤트(Paul Feyerabend, 1924-1994)도 한 문화에서는 과학이라고 불리지만 다른 문화권에서는 그렇지 않을 수 있음을 주장하면서 모든 환경과 인간 발전의 단계에서 유효한 유일한 원리는 "무엇이든 가능하다(anything goes)."는 것이라고 강조한다(Feyerabend, 1995:199-200). 또한 폴라니(Michael Polanyi, 1891-1976) 및 쿤(Thomas Kuhn, 1922-1996)의 영향을 받아 포스트모더니스트는 과학은 단지 사실에 대해 연구하여 발전하는 학문이 아니며 사실이라는 것도 과학자의 세계관에 따라 다양하게 해석될 수 있음을 지적하면서 과학의 객관성과 중립성에 의문을 제기한다(Polanyi, 1974; Kuhn, 1996).

다섯째, 윤리 또한 포스트모더니즘은 무신론, 자연주의 및 진화론에 근거하므로 철저히 상대적이며 보다 정확히 말한다면 문화적 상대주의(cultural relativism)라고 할 수 있다. 신의 존재를 부정하므로 윤리는 어떤 절대적인 규정에 의해 오는 것이 아니라 인간이 필요에 의해 결정되는 것이다. 우리가 실재에 대해 알 수 있는 철학적 진리가 지역 공동체에 의해 결정되듯이 우리가 어떻게 행동해야 하는가에 대한 도덕적 진리도 마찬가지라는 것이다. 앞서 본 바와 같이 "거대 담론"은 더 이상 존재하지 않으므로 각 공동체가 나름대로 필요를 채우기 위해 "작은 이야기(little narratives)"를 발전시켜 나간다고 본다. 로티는 도덕에서 신의 위치를 부인하면서 신에 대해 호기심을 갖지 말고 각자에 대해 호기심을 가지라고 말한다(Rorty, 1998:16). 사실 절대적인 윤리 기준을 부인한다면 '윤리'에 대해 말할 필요도 없어진다.

하지만 포스트모더니스트는 그럼에도 윤리를 완전히 부인하지는 않으며 나름대로 각자의 담론에 따라 선악의 기준을 찾으려고 노력한다. 진리가 개별 공동체의 산물이라면 윤리도 마찬가지이기 때문이다. 따라서 각 공동체의 윤리 기준은 시대에 따라 변하고 진화한다고 본다. 가령 과거에는 낙태가 기독교의 영향으로 금기시되었으나 현대인은 그렇지 않게 생각한다는 것이다. 신도, 절대적 도덕도 없으므로 우리는 미래에 생존하기 위해 가장 좋은 세상을 구성해 나가면 된다고 본다. 즉 진화의 개념이 윤리 속에 들어온 것이다. 따라서 모든 진리는 상대적이며 서구 문화는 엄격히 비판하되 다른 모든 문화들은 동등하게 존중해야 하고 인종, 성 및 계급에 대한 차별 등은 보편적으로 악이지만 기타 모든 가치관들은 주관적이라고 가르쳐야 한다고 주장한다.

마지막으로 인간의 역사에 대해 포스트모더니스트는 역사적 사실을 우리가 접근할 수 없다고 본다. 따라서 역사가는 단지 자신의 상상이나 이데올로기적인 성향에 의해 과거에 일어난 일을 재구성할 뿐이라고 주장한다. 역사는 객관적이고 과학적인 과정의 결과라기보다는 허구에 더 가깝다는 것이다. 이처럼 주관성을 강조하기 때문에 이들은 역사주의(historicism)를 강조하는데 이는 모든 역사적 문제는 문화적·사회적 맥락 속에서 해결되어야 한다는 입장이다.

2. 대표적인 포스트모더니스트

대표적인 포스트모더니스트로 우선 프랑스의 장-프랑수아 리오타르(Jean-François Lyotard, 1924 - 1998)를 들 수 있다. 그는 모더니즘에 대해 비판하면서 "포스트모던(postmodern)"은 한마디로 메타-내러티브, 즉 보편적 이론과 같은 거대 담론에 대한 불신이라고 말한다 (Lyotard, 1979. 1984:xxiv, 유정완 역, 2018). 이 메타-내러티브는 역사의 진보 및 과학기술에 의해 우리가 모든 것을 알 수 있다는 믿음 그리고 절대적인 자유의 가능성과 같은 종합적이고 포괄적인 세계관을 뜻한다. 그는 이러한 관점은 더 이상 적절하지 않고 가능하지도 않기에 이제는 신념 및 희망의 다름, 다양성과 차이를 예민하게 인지해야 한다고 말한다. 이러한 세계관은 우리가 과학, 예술 및 문학을 보는 관점을 완전히 바꾸어 놓았으며 사회적 변화 및 정치적 문제를 설명하는 방식도 작은 담론만이 적절하다고 주장한다. 리오타르는 이것이 포스트모던 과학의 추진 동력이라고 강조한다. 즉 거대 담론을 포기하면 과학은 이제 더 이상 진리를 추구하는 것이 아니며 연구를 정당화하는 다른 근거를 찾아야 한다는 것이다. 이와 관련해서 그는 정보 기계가 더욱 지배한다고 지적하는데, 지식과 정보를 구별하면서 지식이 유용해지려면 그것이 컴퓨터 데이터로 변환되어야 한다고 말한다. 1988년에 그는 『비인간: 시간에 대한 반성』(*L'INHUMAIN: Causeries sur le temps*)이라는 책을 출간했는데 여기서는 기술이 지배하는 세계에 관해 설명하고 있다(Lyotard, 1988).

둘째, 프랑스의 다른 사상가인 자크 데리다를 들 수 있다. 그는 원래 알제리에서 태어나 프랑스로 온 학자로 '해체(deconstruction)'라는 독특한 언어 분석을 발전시킨 것으로 유명하다. 그는 서구 철학적 전통, 나아가 서구 문화 전체의 가정에 질문을 던진다. 지배적인 이론에 대해 질문을 던지고 수정을 가하기도 하면서 포스트모더니즘을 주장했다. 그는 서구 철학의 전통이 매우 임의적인 이원론에 기초해 있다고 주장한다. 즉 성/속(sacred/profane), 의미 부여자/의미

수용자(signifier/signified), 정신/육체(mind/body)가 그 예가 될 수 있다고 말한다. 그래서 어떤 텍스트도 위계서열을 암시하며 그런 질서를 통해 상부계층이 하부계층을 억압하고 있다고 보며 이러한 이원론을 드러내는 작업이 바로 해체라고 주장한다.

셋째, 프랑스의 미셸 푸코(Michel Foucault, 1926-1984)가 있다. 그는 특히 권력과 지식의 관계를 분석하면서 이것이 어떻게 사회 기관은 통해 통제의 형태로 사용되는지 지적한다. 그의 기본 생각은 "진리란 권력에 의해 생산된다."는 것이다. 각 사회는 나름대로의 '진리관'을 가지고 있으며 이는 그 사회의 권력 관계를 전제로 가능하다고 본다. 따라서 우리가 진보라고 부르는 것은 지배와 통제의 다른 형태에 불과하다는 것이다. 그러므로 그는 보편적인 진리 또는 정의는 존재한다고 믿지 않는다. 또한 단어 자체가 실재를 표현하는 것이 아니라고 주장하면서 한 가지 예로 벨기에의 초현실주의 화가 르네 마그리트(René Magritte, 1898-1967)가 그린 그림 "이미지의 배반(*La Trahison des images*)"을 설명한다. 이 그림은 마그리트가 파이프를 그리고 그 밑에 "이것은 파이프가 아니다(*Ceci n'est pas une pipe*)."라고 적은 것인데(사진 8-3) 푸코는 그의 에세이 "*This Is Not a Pipe*(이것은 파이프가 아니다)."에서 이 그림에 있는 파이프는 실재 파이프가 아니라 그 파이프를 그린 것에 불과하므로 실제로는 파이프가 아니라는 말이 맞다는 것이다(Foucault, 1983:49). 이처럼 모든 인간은 그들의 문화와 언어라는 삶의 조건에 매여 있으므로 이것을 뚫고 나가 우주적이고 객관적인 사실과 진리에 도달할 수 없다고 그는 본다.

사진 8-3
출처: upload.wikimedia.org/wikipedia/en/thumb/b/b9/MagrittePipe.
jpg/300px-MagrittePipe.jpg

이외에도 프랑스의 장 보드리야르(Jean Baudrillard, 1929-2007)는 현실이 마치 디즈니월드(Disneyworld) 같이 조작된 사회라는 의미로 하이퍼리얼리티(hyperreality)라고 주장했다. 심지어 그는 1991년에 걸프(Gulf)전이 발발했을 때에도 이것은 실제 상황이 아니라 CNN(Cable News Network)이 조작한 시뮬레이션(simulation)에 불과하다고 주장했다. 실제로 사람이 죽어 갔지만 그는 자신의 주장을 굽히지 않았다. 이에 대해 글렌 워드(Glenn Ward)는 "보드리야르 뿐만 아니라 포스트모더니즘이 진리를 버린 것에 대해 사람들의 신뢰를 잃게 만든 것"이라고 비평했다(Ward, 2003:77). 이처럼 포스트모더니즘의 주요 사상가가 주로 프랑스에서 나온 것은 우연이 아니라고 말할 수 있다. 왜냐하면 2차 세계대전 이후 사르트르 및 카뮈 등 무신론적 실존주의자들이 프랑스에서 주로 나타났는데 이 세계관이 좀 더 발전된 형태가 바로 포스트모더니즘이라고 말할 수 있는데 따라서 이 또한 프랑스에서 먼저 나왔다고 볼 수 있다. 물론 나중에 이 세계관은 미국 등 다른 곳으로 번져 나갔다.

마지막으로 언급할 학자는 미국의 리처드 로티다. 로티는 포스트모더니즘을 철학적으로 변호하는 가장 알려진 사상가로서 실재를 그 자체로 보여 주는 "신적인 관점(divine perspective)"은 없다고 주장한다(Fuller, 2018 : 23). 왜냐하면 각자는 자신의 주관적 조건에 따라 세계를 해석하기 때문이다. 하지만 로티는 진리를 누구나 아무렇게 해석할 수 있다고 주장하지는 않는다. 그는 개인적인 신념에 대한 사회적 영향력을 강조한다. 진리는 다름 아니라 공동체 구성원들 간의 상호주관적 동의라고 본다. 따라서 그도 절대적이고 영원한 진리는 없으며 단지 공동체가 창조하는 것일 뿐이라는 것이다.

그 외에도 많은 학자가 이 세계관을 주장하면서 많은 관련된 책을 출판하고 있다(www.onpostmodernism.com/books). 이처럼 유럽과 미국에서 큰 영향력을 미치고 있는 포스트모더니즘은 한국에도 들어와 있다. 건축물에 있어서도 지금까지는 모더니즘적 건축물이 다수였으나 최근 포스트모던 건축물이 나타나고 있다. 또한 외국인의 유입이 점점 더 많아지면서 다문화 가정이 급속도로 증가되고 있으며 나아가 다원주의가 더욱 설득력을 얻으면서 성소수자들의 목소리가 높아지는 것도 하나의 예라고 말할 수 있다.

3. 포스트모더니즘의 장점

그렇다면 포스트모더니즘에는 어떤 매력적인 장점이 있기에 그 토록 많은 사람이 공감할까? 크게 세 가지로 살펴보겠다.

먼저 이 세계관은 모더니즘에서 볼 수 있는 인간의 헛된 욕심을 비판한다. 특히 권력욕 및 엘리트주의에 대해 매우 비판적이다. 포 스트모던 예술가 뱅크시(Banksy)의 작품을 보면 군인들이 완전 무장 을 하고 가스 마스크를 쓴 채 뛰어다니지만 헬리콥터는 전쟁터에서 도 예쁜 리본을 달고 있다. 이것은 1, 2차 세계대전을 일으킨 인간 의 지배욕을 풍자한 것이다(사진 8-4).

사진 8-4
출처: images-na.ssl-images-amazon.com/images/I/51KIA81iOhL._AC_
SX450_.jpg

이것은 포스트모더니즘이 모더니즘을 비판하는 것과 일맥상통한다고 볼 수 있다. 모더니즘이 인간의 이성을 절대 신뢰하고 그 결과 과학과 기술을 통해 세상을 올바르게 통제하면서 발전시킬 수 있다고 믿었지만 결국 두 번에 걸친 세계대전을 통해 그러한 이상이 실패로 돌아갔음을 보면서 이제는 모더니즘적 환상을 버려야 한다고 강조하는 것이다. 나아가 자본주의를 통해 경제적으로 풍요한 사회가 온다고 생각했지만 오히려 글로벌 금융 위기 등을 통해 이것도 인간의 과도한 욕심에 근거함을 지적하고 있다. 또한 포스트모던 경제학자인 데이비드 루시오(David Ruccio)와 잭 아마리글리오(Jack Amariglio)는 자본주의는 남성중심 사회를 낳았고 빈부 격차도 심해졌음을 비판하면서 보다 평등한 사회를 외치고 있는데 이러한 부분은 매우 예리한 비판이라고 할 수 있겠다(Ruccio & Amariglio, 2003:249, 269).

둘째, 포스트모더니즘은 지금까지 억압받던 사회의 다양한 소수자에게 대해 깊은 관심을 가지고 있다. 애니메이션 영화인 "슈렉(Shrek)"을 보면 이 점이 잘 나타난다. 이 영화에서 피오나(Fiona) 공주는 오전에는 매우 아름다운 모습이지만 저녁에는 괴물로 변한다. 하지만 슈렉과 피오나 공주가 서로 사랑하면서 그들은 매우 멋진 왕자와 아름다운 공주가 되지는 않는다. 하지만 그들은 그 모습 그대로 매우 행복하게 살았다. 이것은 인간의 다양성과 개인의 존엄성을 강조하는 포스트모더니즘적인 세계관을 분명히 보여 준다. 그 외에도 이러한 세계관을 보여 주는 영화는 매우 다양하다(www.onpostmodernism.com/movies). 이것은 포스트모더니즘이 거대 담론을 거부하고 어떤 절대적 지식이나 가치 기준을 거부하는 것과 연결된다고 볼 수 있다. 한 사회의 주류 가치는 결국 지배 계급의 조작에 불과하며 따라서 다양한 소수 그룹은 많은 피해를 입었다고 주장하면서 이제는 파편화, 부족화 및 카니발과 같은 다원주의를 받아들여야 한다고 강조한다. 성소수자에 대한 입장도 마찬가지다. 심지어 루시오와 아마리글리오는 모든 성적 지향은 사회경제적으로 구조화된 것이며 "생물학적인 성과는 관계없이 인간은 다른 성적 존재가 될 수 있다."고 주장한다(Ruccio & Amariglio, 2003:129, 169). 가령 지금까지는 남성과 여성만 존재했으나 이제는 다양한 성이 가능한데 가령 이성적(heterosexual), 동성애적(homosexual), 양성적(bi-sexual), 성전환(trans-sexual) 등이 가능하며 이 모든 것을 존중하고 허용해야 한다는 것이다. 필자를 포함한 많은 보수주의적 시민은 이에 동의하지 않으나 이러한 세계관이 점점 더 많은 사람의 지지를 받고 있는 것은 사실이다. 나아가 미국 사회는 지금까지 WASP(White Anglo-Saxon, Protestant) 그룹이 다른 인종과 여성 그리고 기타 소수 그룹을 차별했다고 비판하면서 이 소수 그룹을 옹호하는 사회적 공평과 정의를 주장하는데 이 점은 분명히 긍정적으로 볼 수 있다.

셋째, 포스트모더니즘은 예술과 문화의 발전에 나름대로 기여했다. 가령 앤디 워홀(Andy Warhol)의 유명한 팝아트 작품 중 마릴린 먼로(Marilyn Monroe)와(사진 8-5) 캠벨 수프(Campbell Soup)를 여러 다양한 모습으로 진열한 것이 있다(사진 8-6). 그는 창조를 "새로운 반복"

사진 8-5
출처: www.weinerelementary.org/uploa
ds/2/2/8/6/22867982/4534855_3.jpg

사진 8-6
출처: assets.catawiki.nl/assets/2016/2/9/8/3/0/83063614-cf20-
11e5-9eee-5c1bf1dc94cf.jpg

이라고 하면서 작품을 만들 때마다 자본주의적 소비 문화 및 유명한 예술에 기초해 새로운 시도를 한다. 이 외에도 많은 다른 예술가들이 이러한 세계관에 기초하여 작품 활동을 하고 있다(www.onpost-modernism.com/art).

포스트모더니즘은 앞서 본 바와 같이 건축에서도 새로운 시도를 하는데 전통적인 양식과는 달리 해체-지향적(Destruction-oriented)이며 불완전한 모습을 선호한다. 그중 대표적인 것 중의 하나가 필립 존슨(Philip Johnson)이 디자인한 뉴욕의 AT&T 건물이다. 이 건물은 시간과 지역 문화를 함께 통합하는 포스트모더니즘의 절충주의(eclecticism)를 잘 보여 준다. 이 건물 꼭대기의 치펀데일(Chippendale) 스타일은 의자 및 책상과 같은 가구에 널리 사용되면서 사람에게 향수를 불러일으킨다(사진 8-7).

다른 건물은 프랑크 게리(Frank Gehry)가 설계한 것으로 스페인(Spain) 북쪽의 도시 빌바오(Bilbao)에 있는 구겐하임 박물관(Guggen-

사진 8-7
출처: cdn.archpaper.com/wp-content/uploads/2018/06/550Madison_
　　　AFradkin_6321b-5.jpg

사진 8-8
출처: upload.wikimedia.org/wikipedia/commons/d/de/Guggenheim-bilbao-jan05.jpg

heim Museum)이다. 이 건물은 통적인 근대주의 규범에서 벗어난 파괴 및 불완전의 사상을 의미하는 포스트모더니즘의 해체를 잘 보여준다. 게리는 이 건물을 초현실주의적인 가상공간으로 만들면서 매우 독특한 형태를 창조하여 못생긴 것과 아름다움을 동시에 보여준다(사진 8-8). 그 외에도 여러 건축가가 이러한 시도를 하고 있다(www.onpostmodernism.com/architecture).

마지막으로 포스트모더니즘은 인간의 한계를 깊이 인정한다고 말할 수 있다. 지금까지 모더니즘이 인간에 대해 지나치게 낙관적인 입장을 견지하면서 이성을 과신하고 과학기술을 지나치게 긍정적으로 보면서 인간의 힘으로 이 땅에 유토피아를 건설할 수 있다고 믿었지만 20세기 후반에 들어오면서 포스트모더니스트들은 인간의 한계를 자각하기 시작한다. 그래서 출판된 많은 책의 제목이 '종말'로 끝나는 것을 볼 수 있다. 가령 1993년에 프랜시스 후쿠야마(Francis Fukuyama)라는 일본계 미국인 정치학자가 *The End of History and the Last Man*이라는 책을 썼다(Fukuyama, 1993). 이 책에서 그는 자유 민주주의가 인간이 진화해 온 정치 제도의 마지막이 될 것이라고 주장한다. 1997년에는 미국의 환경주의자인 빌 맥키번(Bill McKibben)은 *The End of Nature*라는 책을 출판했다(McKibben, 1997). 이 책은 기후 변화에 대해 가장 먼저 경고한 것으로 평가받고 있다. 다음 해인 1998년에 미국의 저널리스트인 존 호르간(John Horgan)은 *The End of Science: Facing The Limits Of Knowledge In The Twilight Of The Scientific Age*라는 책을 썼는데 여기서 그는 자연과학과 인간의 지식도 이제는 한계에 도달했다고 주장한다(Horgan, 1998).

2000년에 들어와 다니엘 벨(Daniel Bell)은 *The End of Ideology: On the Exhaustion of Political Ideas in the Fifties, with "The Resumption of History in the New Century"*라는 책을 냈다(Bell, 2000). 원래 이 책은 1960년에 나왔지만 2000년에 수정판이 나온 것인데 이 책에서 벨은 19세기 및 20세기 초반에 나타난 인본주의적 이념은 종말에 이르렀고 앞으로는 국지적 이념만 나타날 것이라고 주장한다.

또한 2005년에는 샘 해리스(Sam Harris)라는 미국의 철학자가 *The End of Faith: religion, terror and the future of reason*이라는 책을 출판했다 (Harris, 2005). 이 책에서 해리스는 전통적인 기독교와 이슬람을 비판하면서 신앙의 시대는 끝이 났고 오히려 이성을 더 강조한다. 나아가 닐 포스트만(Neil Postman)은 *The End of Education: Redefining the Value of School Reprint Edition*이라는 책도 썼으며(Postman, 1996) 독일

의 철학자 마틴 하이데거는 *The End of Philosophy*라는 책도 저술했다 (Heidegger, 1973). 이처럼 많은 책이 '종말'을 말하는 것은 기존의 세계관이 한계에 봉착했음을 보여 주는 것이다. 포스트모더니즘은 이러한 모더니즘의 고백을 받아들이고 인류 문명의 종말에 대한 진단과 위기의식에 공감하면서 앞으로 인간이 보다 겸손하고 더욱 신중할 것을 강조한다.

4. 포스트모더니즘의 단점

그렇다면 포스트모더니즘의 단점은 무엇인가?

다양한 의견이 있지만 첫째로 지적하는 점은 이 세계관이 매우 모호하다는 것이다. 미국의 언어학자 촘스키(Noam Chomsky)는 포스트모더니즘은 분석과 경험에 기초한 실증적 지식에 기여하는 것이 없기에 무의미한 학문이라고 비판했다. 그는 포스트모더니스트들에게 이론의 원리가 무엇이고 기반하고 있는 증거가 무엇이며 그것이 명백한지 설명해 보라고 도전한다(bactra.org/chomsky—on—postmodernism. html). 영국의 진화론적 생물학자인 도킨스(Richard Dawkins)도 이와 유사한 비판을 하고 있으며(Dawkins, 1998), 작가인 히친스(Christopher Hitchens)도 사상을 단순 명료하고 직접적으로 표현해야 함을 강조하면서 포스트모더니스트들의 표현은 매우 애매모호하다고 지적한다(Hitchens, 2002). 이에 대해 포스트모더니즘을 변호하는 사람들은 이 세계관 자체가 이미 비본질주의적이고 반기초주의적이므로 용어가 모호할 수밖에 없다고 하지만 이런 논지는 자기모순이다. 왜냐하면 포스트모던 사상가가 모더니즘에는 분명한 의미가 없다고 강하게 비판했기 때문이다. 하지만 거대 담론이 존재하지 않는다고 하는 주장 자체는 결국 또 다른 거대 담론이 될 수밖에 없다. 다시 말해 이 포스트모더니즘은 반세계관적 세계관(anti-worldview world-view)이라고 할 수 있다.

둘째, 포스트모더니즘은 도덕적인 상대주의에 빠진다는 점이다. 앞서 말한 촘스키와 같은 학자는 포스트모던 사회는 도덕적 상대주의와 같은 뜻이며, 일탈 행동을 조장한다고 주장한다. 미국의 찰스 콜슨(Charles Colson, 1931-2012)은 포스트모던 시대는 이념적으로 불가지론적이며 도덕적 상대주의 또는 상황윤리로 특징 지워진다고 비판했다(Seidner, 2009:3). 그렇게 되면 어떤 도덕적 판단도 불가능해진다. 미국의 조쉬 맥도웰(Josh McDowell)과 밥 호스테틀러(Bob Hostetler)도 포스트모더니즘을 "어떤 객관적 감각으로도 진실이 존재하지 않으며, 그것이 밝혀지기보다 만들어진다는 믿음으로 특징 지어지는 세계관"으로 정의하면서 이런 관점에서 진실은 특정 문화에서 만들어지며 어떤 시스템은 모두 권력으로 다른 문화를 지배하기 위한 수단이라고 생각하게 된다고 비판한다(McDowell & Hostetler, 1998:208). 즉 모든 것을 권력 구조로 환원하는 것은 오류라는 것이다.

문학에서도 어떤 텍스트를 읽을 때 그 의미는 전적으로 독자에 의해 결정된다. 저자가 아무리 이러한 의도로 글을 적었지만 독자가 그 반대로 해석할 수 있다는 것이다. 따라서 저자가 원하는 한 가지 의미에서 해방되어 독자는 자유롭게 새로운 의미를 창조할 수 있기에 자칫 작품의 의도는 저자가 전혀 원하지 않는 나쁜 방향으로 왜곡될 수 있으며 그것 자체가 정당화될 수 있다. 이 세계관은 절대적 상대주의를 주장하므로 어떤 가치 판단도 불가능하게 되어 도덕적으로 심각한 문제가 발생하며 사회의 혼란을 일으킬 것이다. 가령 마더 테레사(Mother Teresa)와 아돌프 히틀러(Adolph Hitler)를 더 이상 선과 악의 예로 사용할 수 없게 될 것이다. 나아가 거대 담론을 부정하고 작은 담론만을 인정한다고 하더라도 한 사회가 존속하기 위해서는 최소한 모두가 동의하는 기본 계약 내지 법적 질서가 필요한 것이다. 가령 인간의 기본적인 가치나 인권, 자유나 평등과 같은 보편적 기준은 포기할 수 없을 것이다.

셋째, 포스트모더니즘은 진리의 객관성을 버렸다고 지적할 수 있다. 이 세계관은 기본적인 영적 또는 자연적 진리를 거부하며 내적 균형과 영성은 무시하니 결국 물질적 쾌락만 강조한다는 것이다. 진리의 거대 담론을 거부할 경우 지금 여기서 내가 하고 싶은 대로 아무렇게나 해도 문제될 것이 없다고 생각할 것이다. 그러면 결국 인간은 자기 개인의 욕심대로 살아갈 것이고 따라서 인간 사회는 약육강식 및 적자생존의 비정한 정글로 변할 것이며 이것은 소수자를 배려하는 원래의 취지와는 정반대의 결과를 낳을 수 있다. 이런 점에서 영국의 사회주의자 알렉스 캘리니코스(Alex Callinicos)는 포스트모더니즘이 5월혁명(1968년)에 실망한 당시 혁명가 세대의 생각이 반영되었으며, 전문직, 경영직 중산층에 흡수된 왕년의 혁명가들이 뒤섞여 있는 사상이라고 분석하면서 포스트모더니즘을 정치적 좌절과 사회 이동에 따른 특정 징후로 이해해야지, 그 자체로 가치 있는 중요한 지적 · 문화적 현상이라고 볼 수 없다고 강조한다(Callinicos, 1991).

이와 마찬가지로 영국의 미술사학자 존 몰리뉴(John Molyneux)도 포스트모더니스트들은 부르주아 역사학자가 읊조린 갖가지 설득의 노래만 따라 부르고 있다고 비판했다(Molyneux, 1995). 미국의 문학평론가이자 마르크스주의 정치이론가인 프레드릭 제임슨(Fredric Jameson)은 포스트모더니즘이 자본화와 세계화 문제의 거대 담론과 엮이지 않으려고 하는 태도를 "후기 자본주의의 문화 논리"라고 비판한다. 이렇게 함으로써 포스트모더니즘은 지배와 착취의 관계가 팽배한 사회의 공모자로 전락한다고 그는 본다(Jameson, 1991). 슬로베니아의 비판이론가 슬라보예 지젝(Slavoj Žižek)은 포스트모더니즘의 해체주의가 주체성도 해체함으로써 주체마저 사라져 사회적 저항의 구심점이 사라졌다고 비판했다(고명섭, 2009). 뉴욕대학교 물리학과 교수인 앨런 소칼(Alan Sokal)은 포스트모더니즘은 말장난에 지나지 않는다고 지적하면서 이는 정치적인 면에서 '신좌파'지만 사상 누각 같으며 중도나 우파 세력에 의해 공격받을 것이고 나아가 지적 해체주의 따위가 어떻게 노동계급을 해방시킬 수 있는 것인지 알 수 없다고 비판했다(Sokal & Bricmont, 1999).

넷째, 포스트모더니즘은 과학의 존재 자체도 위협한다고 볼 수 있다. 객관적 진실을 추구하며, 자신의 이론에 책임을 져야 하는 과학자들은 모든 것이 상대적이고 실재가 없으며 아무것도 알 수 없다고 주장하는 포스트모더니즘에서, 아무런 유익한 점을 발견하지 못할 것이다. 사실 포스트모더니스트들은 과학에 대해 무지했을 뿐 아니라 파괴적인 태도를 보였다. 그들은 과학적 진리를 일종의 잠정적인 것으로 보고 과학은 여러 앎의 방식 중 하나에 불과하며 구미 백인 남성의 전유물이라고 여겼다. 나아가 그들은 과학 용어를 잘못된 의미로 사용하며 자신들의 이론을 정당화하기도 했다. 그러자 많은 과학자가 포스트모더니스트들의 과학 지식 오용과 그 사상의 막연성, 몽매주의에 대해 비판하기 시작했다.

도킨스는 과학저널 *Nature*에 게재한 "Postmodernism disrobed(포스트모더니즘 벗기기)"이라는 논문에서 포스트모더니스트들이 상대성이론과 상대주의를 혼동한 것, 괴델의 불완전성 정리와 양자론, 혼돈이론 등을 오남용한 것, 나아가 과학 용어와 사이비 과학을 혼재하면서 이해할 수 없게 문장을 어렵게 쓰는 몽매주의적 태도와, 맥락 없는 용어의 남용 등을 비판했다(Dawkins, 1998:141-143). 특히 데리다가 말한 해체주의의 경우 무한 소급의 문제에 빠진다고 말할 수 있다. 만일 포스트모더니즘의 전제가 옳다면, 포스트모더니스트들이 저술한 책을 읽는 독자는 그 결론이 그가 의도한 결론인지 아닌지 확신할 수 없다. 반대로 만일 독자가 파악한 것이 그 철학자의 의도와 동일하다면 그 논증을 받아들여야 할지 말아야 할지도 불분명해지는 애매한 딜레마에 빠지는 것이다. '해체'를 강조하더라도 다시 무엇인가 새로운 대안을 제시해야 한다. 해체만 하고 끝나면 결국 삶은 무의미하고 새로운 발전도 불가능해진다. 따라서 포스트 모더니즘은 다시 허무주의로 빠진다고 볼 수 있다. 심지어 세속적 인 인본주의자인 폴 쿠어츠(Paul Kurtz)도 과학은 합리적이며 객관적 인 진리 판단의 기준을 제시하며 모든 사람에게 문화적 배경에 상관 없이 보편적 언어가 되었기에 과학의 객관성을 거부하는 것은 오류 이며 따라서 포스트모더니즘은 비생산적이고 결국 허무주의적이라 고 지적한다(Kurtz, 2000:22).

5. 포스트모더니즘의 단점에 대한 기독교 세계관적 대안

그렇다면 이 포스트모더니즘이 가진 단점에 대한 기독교 세계관 적 대안은 무엇이 있을까?

먼저 이 세계관이 가진 모호성에 대해 분명한 대안 제시가 필요 하다. 무엇보다 우리는 최소한의 절대적 기준을 필요로 한다. 지역 적이고 시대적 상황을 무시해서도 안 되지만 이것을 근거로 완전한 상대주의만 주장한다면 사회는 더 큰 혼란에 빠질 것이다. 포스트 모더니즘이 개방성과 관용을 강조하는 것은 좋게 볼 수 있지만 이 것이 극단적 상대주의를 낳게 되면 인간의 존재 자체가 위협을 받기 때문이다. 이에 대해 기독교 세계관은 분명히 절대적인 진리와 기 준을 제시한다. 창조는 모든 시공간을 포함하는 우주적인 창조주의 행동이며 그 결과 피조물이 그분이 제정한 법칙에 따라 존재한다.

타락 또한 우주적인 현상으로 인간뿐만 아니라 모든 피조계에 그 영향을 미치며 이를 회복한 구속도 마찬가지다. 나아가 완성은 새 하늘과 새 땅을 통해 만물이 새롭게 되는 것으로 알파와 오메가, 처음과 나중 그리고 시작과 끝이 되시는 전능하신 주님을 제시한다. 나아가 하나님께서는 성경이라는 구체적인 언어와 자연에 나타난 일반 계시를 통해 자신의 진리를 인간에게 알리기 원하셨고 따라서 우리는 이 두 가지 방법을 통해 분명한 진리를 알 수 있다.

둘째, 도덕적 상대주의의 단점을 극복하기 위해 우리는 인간의 이성과 윤리관에 대한 올바른 이해가 필요하다. 모더니즘은 인간의 이성에 대해 과대평가하여 지나치게 낙관적인 입장을 취하다가 20세기에 인류 최대의 전쟁을 두 번이나 겪으면서 이것이 잘못되었음을 철저히 경험하였다. 하지만 포스트모더니즘은 이성을 지나치게 폄하하고 과소평가하여 비합리주의적이고 감정 우선적이며 도덕적 상대주의로 빠지고 말았다. 따라서 양극단에 치우치지 않으면서 균형을 잡는 것이 매우 중요하다. 절대적인 윤리를 포기할 경우 타락한 인간은 더 큰 죄를 지을 가능성이 많아지며 사회는 더욱 혼란해지고 타락할 것이다.

사도 바울은 로마서 1-2장에서 인간이 하나님의 도덕적 계명을 떠날 경우 어떤 결과를 낳게 되는지 분명히 보여 주고 있다. 기독교 세계관은 인간이 하나님의 형상으로 창조된 존재라는 낙관적인 관점과 동시에 전적으로 타락한 죄인이라는 비관적인 입장을 동시에 가지고 있다. 나아가 십계명이라는 분명한 도덕적 기준을 보여 준다. 가령 영국의 선교사였던 레슬리 뉴비긴(Lesslie Newbigin, 1909-1998년)은 기독교 세계관이 포스트모더니즘의 다원주의를 어떻게 극복할 수 있는지 매우 설득력 있게 보여 준다. 그는 폴라니나 매킨타이어(Alasdair MacIntyre) 같은 학자가 이성의 절대성에 대해 잘 비판하였으므로(MacIntyre, 2013) 복음이 비이성적이라는 비난을 두려워할 필요가 없으며 모든 사상에는 궁극적으로 전제가 있으므로 성경적 세계관에 대해 자신 있게 증거해야 한다고 주장한다(Newbigin, 1989).

셋째, 우리는 진리의 객관성도 확보할 필요가 있다. 진리의 객관성이 무너진다면 우리는 어떤 학문도 할 수 없을 것이다. 특별히 학문적 진리뿐만 아니라 일상생활에 필요한 기본적이고 상식적인 진리를 포기해서는 안 될 것이다. 모든 거대 담론을 해체하고 파편만 남는다면 우리의 삶의 기준이 사라져 버릴 것이며 그럴 경우 인간 사회는 더 큰 혼란과 무정부 상태로 빠지는 비극을 초래할 것이기 때문이다. 기독교 세계관은 분명하고도 객관적인 진리를 제시한다. 길과 진리 그리고 생명 되신 예수 그리스도 안에 참된 진리가 있으며(요 14:6) 그분의 모든 말씀은 학문적인 진리일 뿐만 아니라 총체적 진리임을 성경은 분명히 선포한다(시 119:160). 토마스 아켐피스(Thomas à Kempis, 1380-1471)가 말했듯이 그분이 길이기에 삶에 방향이 있고 그분이 진리이기에 올바른 지식을 가질 수 있으며 그분이 생명이기에 온전한 삶이 가능하다(Kempis, 2012:121).

마지막으로 기독교 세계관은 과학을 포기하기는커녕 더욱 발전시킨다. 실제 우리의 삶에는 그동안 과학과 기술의 발전으로 인해 여러 혜택을 누리고 있는 것도 부인할 수 없다. 과학의 절대성을 맹신하는 과학주의(scientism)에 빠져서도 안 되지만 모든 학문적 진리를 부정하는 것 또한 반대의 극단이므로 양자 간에 균형을 이루는 것이 필요할 것이다. 모어랜드(J.P. Moreland)가 말한 바와 같이 과학은 우주가 이해할 만하며 자의적이지 않고, 인간의 지성과 감각은 우리에게 실재에 관해 정보를 제공하며, 수학과 언어도 세상에 적용될 수 있고 따라서 자연에 일치성이 있으며 지식이 가능하고 과거로부터 미래를 어느 정도 예측할 수 있다고 말할 수 있다(Moreland, 1989:45). 기독교 세계관은 소위 문화명령을 통해 근대 과학의 발전에 큰 공헌을 했음을 강조한다. 로드니 스타크(Rodney Stark)는 이슬람이나 뉴에이지 또는 다른 어떤 무신론적 인본주의보다 기독교 세계관이 근대 과학에 크게 이바지했는지를 그의 책을 통해 잘 보여 준다(Stark, 2003). 네덜란드의 과학철학자였던 호이까스(Reijer Hooykaas, 1906-1994) 또한 같은 주장을 하고 있다(Hooykaas, 손봉호, 김영식 공역, 1987). 나아가 포스트모던 학자들은 과학이 중립적이지 않으며 권력 투쟁의 산물임을 지적하고 있는데 네덜란드의 기독교 철학자 헤르만 도예베르트(Herman Dooyeweerd, 1894-1977)는 학문이 더 깊은 종교적 전제에 기반하고 있음을 예리하게 지적했음을 기억할 필요가 있다(Dooyeweerd, 1969).

결론

이 장에서는 포스트모더니즘이 어떻게 일어나게 되었으며 그 기본적인 내용과 주된 주창자를 살펴본 후 이 세계관의 장단점을 비판적으로 분석해 보았고 단점에 대한 대안을 기독교 세계관으로 제시해 보았다. 이 세계관은 인간의 헛된 욕심을 비판하고, 지금까지 억압받던 사회의 다양한 소수자에게 대해 깊은 관심을 가지고 있으며, 예술과 문화의 발전에 나름대로 기여했고, 인간의 한계를 깊이 인정하는 등 여러 가지 긍정적인 요소를 인정할 수 있다. 하지만 이와 동시에 이 세계관은 매우 모호하며, 도덕적인 상대주의에 빠지고, 진리의 객관성을 버렸다고 할 수 있으며 과학의 존재도 위협하는 부정적인 측면도 있음을 살펴보았다. 이에 대해 기독교 세계관은 분명한 기준을 제시하며, 도덕적으로도 객관적인 기준을 보여주고, 진리의 객관성을 강조하며 과학도 발전시킴을 강조한다.

하지만 현대인에게 이 포스트모더니즘은 계속해서 강력한 영향력을 발휘하고 있다. 그러므로 앞으로도 기독학자들은 이 포스트모더니즘을 계속 예의주시하면서 적절한 대안을 제시하며 올바르게 대응해야 할 것이다.

9. 힌두교(Hinduism)

서론

힌두교는 여러 세계관을 포함하는 매우 포용적이며 혼합적인 범신론이다. 창시자를 알 수 없으며 가장 오래된 신비로운 세계관으로 전 세계에 약 7억 5천만의 신봉자가 있는데 주로 네팔과 인도에 있으며 오랜 역사를 갖고 있다. 힌두(Hindu)라는 말은 인더스 강 건너편에 살던 사람을 지칭하던 단어였으나 나중에 영국 식민주의자들이 이들을 부르던 명칭이 되었다. 힌두교를 대표하는 옴(Om, ॐ)은 세상이 창조될 때의 소리로 궁극적 실재의 본질을 표현한 것이라고 한다.

힌두교의 기본 개념에는 크게 다섯 가지가 있다.

첫째, 가장 중요한 개념은 '다르마(Dharma)'다. 이것은 '의무', '덕', '도덕', '종교' 등으로 번역할 수 있는데 우주 및 사회를 받치고 있는 힘으로 본다. 이것은 반드시 따라야 할 영원한 의무를 의미하며 여기에는 정직과 살생금지, 순결, 선의, 자비, 인내, 관용, 절제, 관대 및 금욕주의가 포함된다. 다르마의 중요한 점은 각자 자신의 다르마가 있다는 것이다.

둘째, '아르타(Artha)'가 있다. 이것은 '의미', '감각', '목표', '목적' 또는 '본질' 등 여러 의미가 있지만 전체적으로는 삶의 수단으로 인간이 원하는 상태에 이를 수 있도록 하는 활동을 뜻한다. 아르타는 개인뿐만 아니라 정부 차원에도 적용된다. 개인적인 차원에서는 부, 경력, 재정적 안전 및 경제적 번영을 포함하며 아르타를 올바로 추구하는 것이 인생의 중요한 목표다. 정부 차원에서는 사회적, 법적, 경제적 그리고 세상의 다양한 일을 포함하며 정부가 이러한 일을 적절하게 처리하는 것이 중요하다고 본다.

셋째, 중요한 개념은 '카르마(Karma)'인데 '행동' 또는 '업(業)'을 의미한다. 즉 모든 생각과 행동은 특정한 결과를 낳는다는 것이다. 한 사람이 거짓말을 하거나 무엇을 훔친다면 그는 미래에 무엇인가 잘못될 것이다. 모든 고난은 자신의 과거 또는 전생의 업 때문이라고 보며 어떤 사람들은 이것을 지나친 결정론 또는 체념주의라고 주장한다. 하지만 대부분의 사람들은 그들의 현재가 과거에 의해 결정된다고 하더라도 지금 올바로 행동함으로 미래에 영향을 미칠 수 있다고 생각한다.

마지막으로 '삼사라(Samsara)'와 '목샤(Moksha)'가 있다. 먼저 삼사라는 '윤회(輪回, reincarnation)'를 의미한다. 모든 카르마를 한 생애에 경험하는 것은 불가능하므로 죽음 이후에 인간은 다시 이 세상에 인간 또는 다른 존재로 태어나는데 그것은 과거의 업에 의해 결정되는 것이다. 이처럼 역사는 계속해서 순환한다고 보며 이 윤회의 굴레를 벗어나는 목샤가 인생의 궁극적 목적으로 '해탈'이라고 한다. 따라서 목샤는 결국 우주의 근본적 실재인 브라만(Brahman)이 되는 것이며 다시 말해 인간의 영혼인 아트만(Atman)과 브라만이 합치되는 상태로 힌두교가 추구하는 가장 이상적인 상태다.

하지만 힌두교는 매우 모호하고 형체가 없으며 너무 다양하여 모든 사람에게 모든 것으로 보인다. 그러나 경전은 유명한 『베다』(Vedas) 외에 다양한 전승(Agamas)이 있다. 『베다』는 산스크리트어로 '지식'을 의미한다. 이 경전을 크게 스루티(Shruti) 및 스므리티(Smriti)로 분류하는데 스루티는 힌두교의 중심 경전으로 '들은 것'이라는 뜻이며 현자들에게 계시된 진리를 의미하는데 주로 베다로 구성되어 있다. 스므리티는 '기억된 것'을 뜻하며 현인들이 해석한 진리로 정치, 윤리, 문화, 예술 및 사회에 관한 내용을 포함하고 있다. 베다는 크게 시편베다(Rigveda), 제사베다(Yajurveda), 영가베다(Samaveda) 및 주문베다(Atharvaveda)의 네 가지가 있다. 이들은 다시 신을 찬양하는 만드라(mantras)와 축복으로 구성된 삼히타(Samhitas), 은둔자 수행자 혹은 수련자를 위한 내용으로 힌두교도들의 생활지침서인 아란야카(Aranyakas), 신들에게 희생 제사를 드리는 내용인 브라마나(Brahmanas) 그리고 철학적 이론과 영적 진리에 관한 신비적 강화인 우파니샤드(Upanishads)로 구성된다. 그 외에도 서사시인 라마야나(Ramayana)와 마하바라다(Mahabharata) 등이 있다.

힌두교는 다신교적 세계관으로 약 3억 3천만의 신을 섬기고 있다. 이 중에 가장 중요한 세 신이 있는데 이것은 기독교의 삼위일체와 유사한 면이 있으나 일체성은 없다. 그중 첫째 신이 브라흐마(Brahma)인데 이 신을 만물에 내재해 있는 브라만(Brahman)과 혼동해서는 안 된다. 브라흐마는 우주의 근본 원리인 브라만이 인격화된 남신으로 네 개의 머리와 팔, 두 개의 다리, 수염을 가진 모습으로 등장한다. 이 브라흐마는 지금도 인도의 북부에 있는 푸시카(Pushkar) 지역에서 가장 많이 숭배되고 있으나 세 신들 중 가장 경배를 적게 받는다. 그 이유는 창조주로서 브라흐마의 역할은 이제 끝났으며 세계는 다음 두 신인 비쉬누(Vishnu)와 시바(Shiva)에게 넘겨졌다고 보기 때문이다.

둘째 신인 비쉬누는 우주의 보존자이며 보호자로서 선과 악의 균형을 맞춘다고 믿는다. 이 신을 섬기는 사람을 바이슈나바(Vaishnava)라고 하며 이들은 비쉬누 신이 최고라고 믿는다. 이들은 다른 신들 중 이 신만 섬기므로 힌두교에는 다신교와 일신교가 공존한다고도 말할 수 있다. 그의 왼손에는 트럼펫처럼 생긴 조개가 있는데 이것이 '옴'이라는 소리를 내며 이 소리가 바로 창조의 소리를 대표한다고 본다. 오른손에는 정신을 상징하는 원반을 들고 있으며 다른 왼쪽 손 밑에는 영광스러운 존재 및 해방을 의미하는 연꽃이 있으며 다른 오른손에는 힘을 상징하는 무기도 있다.

셋째 신인 시바는 재창조를 위해 우주를 파괴하는 신으로 인도의 힌두교 성지인 바라나시(Varanasi)에서 가장 많이 숭배되고 있다. 동시에 그는 춤의 신으로도 알려져 있는데 전승에 의하면 우주의 마지막 때가 오면 매우 위험한 춤을 추면서 그 사실을 알린다고 한다. 이 신에게는 또 하나의 눈이 있는데 이는 지혜와 통찰을 의미하며 또한 코브라 목걸이를 하고 있는데 이것은 이 세상에서 가장 위험한 피조물에 대해서도 더 큰 힘이 있음을 상징한다. 나아가 그의 이마에는 세 줄이 있는데 이것은 그의 초인적인 능력과 부를 뜻한다.

또한 이 힌두교에도 주로 숭배 대상인 주신(主神)에 따라 크게 네 분파가 있는데 그것은 비쉬누파(Vaishnavism), 시바파(Shaivism), 힌두교의 신성한 어머니인 아디 파라샥티(Adi parashakti) 또는 샥티(Shakti) 또는 데비(Devi)를 숭배하는 샥티파(Shaktism) 그리고 힌두교의 모든 주요한 신이 브라만(Brahman)이 형상화된 존재 또는 브라만의 여러 모습이라고 믿는 스마르타파(Smartism)다.

그렇다면 왜 지금도 이렇게 많은 사람이 이 힌두교적 세계관을 추종하고 있는지 나아가 기독교 세계관은 이 세계관을 어떻게 평가해야 하는지를 이 장에서 다루고자 한다. 먼저 이 세계관의 내용을 구체적으로 분석한 후 대표적 사상가를 언급하고 이 세계관이 매력적으로 보이게 된 장점이 무엇인지 생각해 봄과 동시에 이 사상이 자체적으로 드러내는 내적 모순이나 단점은 무엇인지 살펴보겠다. 그 후 이 문제점에 대해 기독교 세계관은 어떤 대안을 제시할 수 있는지 언급함으로써 이 세계관을 어떻게 극복할 수 있는지 결론을 맺도록 하겠다.

힌두교에 대한 기독교 세계관적 고찰

1. 힌두교의 내용

힌두교적 세계관의 내용의 살펴보면 첫째, 진정으로 참된 최고의 실재는 '브라만'으로 유일 무한하며 비인격적인 궁극적 실재다. 하지만 어떤 소수의 힌두교도들은 비쉬누나 시바를 궁극적 실재라고 주장하기도 한다. 이 궁극적 실재는 모든 인격적인 그리고 명제적인 차이를 초월한다고 본다. 나아가 모든 실재는 연속적인 전체로 본다. 또한 인간은 우주와 조화를 이루고 브라만의 연속이라고 보며 따라서 개개인의 중심인 아트만은 우주의 비인격적인 의식인 브라만과 하나라고 주장한다. 즉 아트만이 브라만이고 브라만이 아트만이라는 것이 힌두교의 가장 중요한 명제 중 하나다.

둘째, 외부의 실재, 즉 우리를 둘러싼 세계의 본질은 무엇인가에 대해 힌두교는 우주가 완전하다고 보면서 이 세상의 모든 것은 영적이고 하나이며 이 하나는 곧 신이라는 것이다. 모든 것을 신적으로 보는 이 세계관은 자연주의 같은 서양의 세계관이 세계의 본질을 물질로 보았던 것과는 정반대로 만물의 영적인 면을 더 강조한다고 말할 수 있다. 이것은 현대에 나타난 뉴에이지 세계관과도 유사한데 이것을 비자연주의(non-naturalism)라고 말할 수 있겠다.

셋째, 인간은 무엇인가에 대해서도 인격의 중심을 아트만이라고 보면서 우주의 중심인 브라만과 인간의 중심인 아트만은 하나이므로 인간과 신은 하나라고 본다. 따라서 이 사실을 올바르게 인식하면서 요가나 명상 등과 같은 행동을 통해 궁극적으로 추구하는 것은 결국 이러한 인식에 도달하여 진정한 자기실현을 이루는 것이다. 따라서 결국 기독교 세계관에서 말하는 기도는 필요 없고 단지 초월적 명상(transcendental meditation)만 필요할 뿐이다.

넷째, 인간이 지식을 가질 수 있는 근거에 대해 범주화된 진리는 없으며 아트만과 브라만이 하나 됨을 체험하는 것은 지식을 초월하는 경험이라고 주장한다. 따라서 자연주의가 이성 및 과학적 방법을 강조하는 것과 반대로 직관 및 감성이 더 중요하다고 주장한다. 인간이 합리적으로 생각하고 탐구하는 것은 제한적이지만 자신의 감각과 감정은 무한하므로 더 중시한다는 것이다. 따라서 외부적이고 객관적인 세계에 관심을 갖기보다 나 자신의 내부적이고 주관적인 직관에 더 집중하게 된다.

다섯째, 윤리적인 면에서 힌두교는 각 개인은 자신의 생각과 말과 행동으로 자신의 운명을 결정한다고 본다. 따라서 인과응보적 업보를 믿으며 이 업보가 다음 세상에 태어나는 것을 결정한다는 것은 이생에서 윤리적인 삶을 강조한다고 볼 수 있다. 하지만 인간의 궁극적인 목적은 무한한 죽음과 윤회의 사슬에서 벗어나는 것이고, 이것은 삶은 하나의 환상이며 모든 것이 하나라는 것을 깨닫는 순간 이루어진다고 본다. 즉 아트만과 브라만이 합일되는 것은 윤리를 초월하는 것으로 더 높은 의식의 세계로 나아가면 선악의 구분조차 사라진다고 말한다.

마지막으로 인간의 역사에 대해서 힌두교는 윤회사상으로 인해 순환적 시간관을 가지고 있다. 우주는 끝없는 반복으로 시작도 끝도 없으며 창조와 보존 그리고 해체를 반복한다. 우리는 인과율이라는 법칙에 매여 다시 태어날 때 어떤 존재로 태어나는가 하는 것은 전생의 업보에 따라 결정된다는 것이다. 결국 이러한 반복적 시간으로부터 벗어나기 위해 아트만은 브라만과 합일해야 하며 그 순간 해탈을 통해 이상적인 상태로 들어갈 수 있다는 것이다.

2. 대표적인 힌두교 사상가

대표적인 힌두교 사상가를 보면 첫째, 라마나 마하르시 (Ramana Maharshi, 1879-1950) 또는 라마나 마하리쉬(Ramana Maharish)는 '큰 스승(大師)', '바가반', '아루나찰라의 현인'이라고 불리며 자신을 찾아온 사람에게 침묵으로 영향을 주었으며 진리를 찾는 방법으로 비차라(Vichara, Self-enquiry: 진아 탐구)를 권하였다.

둘째, 모한다스 카람찬드 간디(Mohandas Karamchand Gandhi, 1869-1948)는 인도의 정신적·정치적 지도자로, 마하트마 간디(Mahatma Gandhi)라는 이름으로 더 널리 알려져 있는데 '마하트마'는 위대한 영혼이라는 뜻으로 인도의 시인인 타고르(Rabindranath Tagore, 1861-1941)가 지어준 이름이다. 영국 유학을 다녀왔으며, 인도의 영국 식민지 기간(1859-1948) 중 대부분을 영국으로부터의 인도 독립 운동을 지도하였다. 영국의 제국주의에 맞서 무료 변호 등 무저항 비폭력 운동을 전개해 나갔던 가장 존경받는 지도자다.

셋째, 아우로빈도 고시(Aurobindo Ghosh, 1872-1950)를 들 수 있다. 그는 영국에서 교육을 받았으나 귀국 후에는 민족 독립을 위한 정치운동에 참가하여 투옥되기도 하였다. 30세경에 돌연 계시를 받아 정치운동에서 물러나 정신적 완성을 위하여 요가에 전념하여 현대 인도에서 철학적 사색을 이룩한 사람 중 하나로 인정받는다. 많은 사색과 체험의 결과를 그가 창간한 잡지 「아리야」에 발표하였으며 또한 『성스러운 생명』(The Divine Life) 등을 통해 서양 문명을 날카롭게 비판하고 인도의 전통적 정신을 해명하며 재평가를 시도하여, 새로운 종교적 인간상은 전통적인 인도 사상 속에서 찾아야 할 것이라고 주장하였다.

마지막으로 비베카난다(Swami Vivekananda, 1863-1902)는 벵골 사람으로 처음 이름은 나렌드라나트 다타(Narendranath Dutta)였고, 캘커타 대학에서 수학한 수재이며 설득력이 풍부한 고결한 인격의 소유자였다. 뒤에 스승 라마크리슈나를 만나 그로부터 결정적인 감화를 받고 세속을 떠나 6년간 히말라야 산중에서 수도하여 이미 지니고 있던 서구적 교양과 지성 위에 열렬한 힌두교 신앙을 전개시켰다.

힌두교의 대표적인 웹사이트는 www.hinduismtoday.com이라고 할 수 있는데 이 단체는 미국 하와이(Hawaii)의 카우아이(Kauai) 섬에 있으며 인터넷을 통해 전 세계에 영향을 미치고 있다.

3. 힌두교의 장점

그렇다면 힌두교적 세계관에는 어떤 장점이 있기에 이렇게 많은 사람이 여전히 매력을 느낄까? 크게 세 가지로 살펴보겠다.

먼저 힌두교는 어느 하나의 세계관이 구원에 이르는 유일한 방법을 가르친다고 생각하지 않고 모든 진정한 길은 하나의 신에 도달한다고 보기에 다른 종교나 세계관에 대해 매우 관용적이다. 즉 범신론적 세계관을 가지고 있으므로 다른 세계관을 너그럽게 용인한다. 다시 말해 섬기는 신이 너무나 많기에 다른 종교의 신도 기꺼이 받아들이는 것이다. 가령 인도에서 "나는 예수님을 믿는다."라고 한다면 힌두교도들은 "우리도 예수님을 믿는다."라고 할 것이다. 하지만 그들에게 예수 그리스도는 섬기는 수많은 신 중 하나에 불과하다.

둘째, 힌두교는 윤리적인 삶을 추구한다. 왜냐하면 그들의 목표는 목샤, 즉 해탈이므로 좋은 업보를 쌓기 위해 노력하기 때문이다. 선행을 많이 쌓으면 선이 자신에게 돌아온다고 생각한다. 따라서 생명을 존중한다. 이것을 '아힘사(Ahimsa)'라고 하는데 모든 생명은 거룩하며 사랑과 존경의 대상으로 보며 함부로 살생하지 않는다. 따라서 힌두교도들은 소도 죽이지 않으며 거의 대부분 채식을 하고, 맨발로 걸어 벌레를 죽이는 것도 가급적 피한다. 그들이 이렇게 생명을 중시하는 것은 바로 윤회사상 때문인데 그 생명체는 바로 전생에 카르마에 의해 그렇게 태어났다고 생각하기 때문이다. 따라서 하찮은 벌레도 전생에 사람이었을 수 있기에 그것을 함부로 죽이는 것은 어쩌면 돌아가신 자신의 가족을 죽이는 것이 될 수도 있다고 보는 것이다. 가령 인도의 라자스탄(Rajasthan) 지역에는 카르니 마타 템플(Karni Mata Temple)이라는 곳이 있는데 이곳은 쥐를 섬기는 성전으로 쥐가 가득하다.

마지막으로 힌두교는 예술을 발전시켰다. 인도의 북쪽 아그라(Agra)에 있는 유명한 타지마할(Taj Mahal: 왕궁의 왕관이라는 뜻)을 비롯한 아름다운 신전은 건축물로도 훌륭하며 예술적인 가치도 높다. 특별한 조각품도 많이 있으며 춤과 음악도 매우 발달하였다. 이것은 그들의 예배에 매우 중요한 역할을 한다. 지금도 바라나시의 갠지스 강가에서 드려지는 힌두교 의식은 매우 유명하며 그래서 힌두교에는 축제가 매우 많다. 이러한 부분은 많은 사람에게 매력적으로 보인다고 할 수 있다.

4. 힌두교의 단점

그렇다면 힌두교의 단점으로는 무엇이 있을까?

무엇보다 먼저 사회 불평등을 초래한 카스트(Caste) 제도를 언급하지 않을 수 없다. 이 제도는 창조 신화에 기초하는데 창조의 신 브라마는 인간의 조상인 마누(Manu)로부터 네 종류의 사람을 만들게 된다. 마누의 머리에서 가장 상위 브라만(Brahman) 계급이, 그 손에서 지배자 계급 크샤트리아(Kshatriya), 그 넓적다리로부터 기술자들인 바이샤(Vaisya) 계급이 그리고 그 발로부터 가장 낮은 계급인 수드라(Sudra) 계층이 만들어졌다는 것이다. 나아가 이 네 계급 중 어디에도 속할 수 없는 계층을 불가촉천민(Paraiyar)이라고 한다. 법적으로는 1947년에 이 카스트 제도가 폐지되었으나 사회문화적으로는 아직 남아 있다. 이 제도는 원래 백성이 여러 직업 중 하나를 선택하여 분업화하기 위함이라고 하지만 이것이 고착화되면서 계급사회를 형성하게 되었고, 사람들은 이 계급에 따라 차별대우를 받는다. 가령 수드라는 브라만과 접촉할 수 없으며 불가촉천민은 동물보다 못한 존재로 천시 당한다. 최근 타 계급 간 결혼이 법적으로 가능해졌지만 실제로는 어려우며 다른 계급 간 결혼한 여성의 남편은 피살되기도 했다(nownews.seoul.co.kr/news/ newsView.php?id=20180918601010). 이것은 인간의 기본 권리인 인권을 무시하는 잘못된 사상이 아닐 수 없다. 나아가 남녀 간의 차별도 지적할 필요가 있다. 1829년에 법으로 금지되었지만 그 이전에는 남편이 죽을 경우 남편의 시체 및 옷과 함께 부인은 산 채로 화장하는 사티(sati)라는 풍습이 있었는데 이것은 명백히 여성의 인권을 무시하는 폐습이 아닐 수 없다.

둘째, 힌두교의 카르마 세계관은 결국 사람으로 하여금 숙명론적 결정주의(fatalistic determinism)에 빠지게 한다. 자신의 현재 상황은 과거에 쌓은 업의 결과이며 따라서 자신이 속한 계급을 어쩔 수 없는 숙명으로 받아들이게 된다는 것이다. 나아가 이것은 자신의 운명을 스스로 개척하거나 사회를 좀 더 발전시킬 수 있는 동기를 막아 결국 개인뿐만 아니라 국가 발전에도 저해요소가 된다. 물론 다음 세상에 보다 더 나은 존재로 태어나기 위해 노력하겠지만 그것이 여의치 않을 경우 이것이 자신의 운명이라고 생각하는 수동적 세계관을 갖게 될 것이다.

셋째, 종교 혼합주의이다. 브라만을 최고의 신이라고 말하면서도 다른 많은 신을 만들어 세계관이 매우 혼합적이다. 가령 어떤 종파는 성적 행위를 생명력의 상징으로 생각하여 남녀가 관계하는 장면을 신전에 조각하여 표현하는 것을 꺼리지 않는다. 반면에 다른 종파는 극단적인 금욕주의로 신도가 옷을 전혀 입지 않고 도를 닦는 것을 이상적으로 생각한다(Carmody & Carmody, 1990:58). 결국 이러한 신들은 그리스 로마의 신처럼 인간 의지, 사상 그리고 욕망의 투영으로 볼 수밖에 없으며 자신의 이익을 위한 것이 대부분이다.

넷째, 따라서 역사의식과 도덕성이 결여되기 쉽다. 힌두교적 세계관은 신화와 역사의 경계가 분명하지 않아 역사성이 약하며 미래를 위한 창의적 준비가 부족하다. 가령 윤회사상으로 인해 순환적 역사관을 가지고 있으므로 어떤 새로운 발전을 기대하기가 어렵다. 나아가 인간의 욕구를 만족시키려는 필요성에 의해 신을 만들었으므로 도덕성이 결여되기 쉽다. 힌두교는 죄를 윤리적으로 보지 않고 무지라고 보므로 비윤리적인 면이 있다. 인도의 신학자 수미드라에 의하면 힌두교에서 가장 많이 사용하는 단어는 카르마이고 다음은 무지(avidya)이며 또한 죄라는 의미로 이기심(ahamkara)이나 무지(agnana) 그리고 더러움(mala)이라는 단어도 많이 사용하지만 놀라운 것은 '죄'라는 개념은 없다. 따라서 힌두교는 인간을 죄인으로 보지 않고 인간의 죄성도 거부하고 나아가 죄는 물질 영역에 속하는 것으로 보면서 죄책감으로서의 죄는 없고 잘못에 대한 수치감만 있다는 것이다(Geden, 1921).

다섯째, 윤리적 기준이 상대적이며 현실 도피적이라는 것이다. 대표적인 세 가지 신을 섬기긴 하지만, 나머지 3억 3천만 신도 섬기다보니 삶의 기준이 다양할 수밖에 없다. 다신교이므로 대부분의 신자는 서로 어떤 압력도 느끼지 않고 따라서 각 개인의 기준은 다를 수 있으며 하나의 절대적 기준이 존재하지 않아 결국 도덕적 상대주의로 빠지게 된다. 이것은 흔히 자신의 행동을 쉽게 합리화하는 경향으로 흐르기 쉽다. 나아가 금욕과 명상을 최고의 덕으로 간주하므로 현실적인 세상의 문제를 해결하여 보다 발전된 사회를 만들려는 의지는 약할 수밖에 없다.

마지막으로 다신교 내 일신교라는 점도 지적할 수 있다. 이는 사실상 내적 모순이 아닐 수 없다. 즉 힌두교 전체는 다신교이지만 어느 특정한 집단은 하나의 신만 섬긴다는 것은 사실상 논리적 모순이다. 즉 어떤 집단은 비쉬누 신이 가장 높다고 믿는 반면 다른 집단은 시바 신을 더 숭배한다. 따라서 서로 충돌하는 의식과 관습이 생길 수 있을 것이다.

5. 힌두교의 단점에 대한 기독교 세계관적 대안

앞에서 우리가 자연주의에 대해 논의하면서 자연주의는 초자연적이거나 영적인 부분을 전혀 인정하지 않으며 따라서 정신적 가치의 문제에 대해서는 아무런 설명을 할 수 없다는 것을 지적하였다. 만일 자연주의가 진리라면 이 세상은 물질로만 되어 있고 정신적이고 비물질적인 부분은 전혀 없을 것이다. 하지만 우리의 삶에는 물질을 초월하는 정신적 현상이 많이 있고 인간 또한 보다 숭고한 가치를 위해 물질적 가치를 포기하는 경우도 많은 것이 사실이다. 인간이 물리적, 화학적 요소로만 구성되어 있다면 과연 인간의 가치를 어떻게 평가할 수 있을지 의문이다.

이에 대해 정반대의 입장에 있는 세계관을 두 개 정도 생각해 볼 수 있는데 그중의 하나는 최근에 각광을 받는 뉴에이지 세계관이고 다른 하나는 기독교 세계관이라고 말할 수 있다. 뉴에이지는 사실 힌두교에서 나온 것으로 이 세상의 모든 것은 영적이고 하나이며 이 하나는 곧 신이라고 본다. 모든 것을 신적으로 보는 이 세계관은 우주의 본질을 물질로 보았던 자연주의적 세계관과는 정반대로 만물의 영적인 면을 절대화한다고 말할 수 있고 힌두교도 이와 유사하다고 말할 수 있다. 하지만 이것을 반대로 보면 이 세상에서 영적인 면을 지나치게 강조할 경우 물질적인 부분을 소홀히 할 수도 있다. 우리는 이 두 가지를 동시에 균형 있게 보아야 한다. 그런 의미에서 기독교 세계관은 양자를 동시에 강조한다고 말할 수 있다.

이 세계관은 인간을 하나님의 형상이라고까지 말하면서 따라서 인간은 진정한 자유의지를 가지고 있으며 육체와 함께 정신 및 영적인 부분을 함께 인정한다. 하지만 인간과 창조주와는 분명한 경계가 있다. 인간은 한계가 있는 존재로 신이 될 수 없다. 비록 우리 안에 신적인 요소, 즉 영원성에 대한 의식이라든가 자기 초월성 등이 있기는 하지만 그렇다고 해서 인간이 신이 될 수는 없다. 오히려 기독교 세계관에서 인간은 다른 모든 피조물보다 더 뛰어난 만물의 영장으로 창조주를 대신하여 이 세계를 잘 다스리며 발전시켜 나가야 할 청지기로서 책임의식을 가진 존재로 본다. 나아가 한 영혼은 천하보다 더 귀한 존재라고 말하고 있다. 이것은 인간이 가진 분명한 가치와 존엄성을 강조하는 것이라고 볼 수 있다. 이 점이 바로 힌두교 세계관의 첫 번째 단점에 대한 대안이라고 말할 수 있다. 즉 모든 인간은 평등하다는 것이다. 만약 카스트제도가 법적으로 폐지되었다 하더라도 사회문화적으로 계속된다면 이는 사회의 통합을 저해할 것이며 결국 기득권을 가진 정치 권력은 이것을 이용할 것이다. 따라서 이러한 제도는 사회 윤리의 보편적 타당성이 결여되었음을 보여 준다. 특히 브라만 계급이 신에게 더 가깝다는 계급적 구원론은 평등사회를 지향하는 현대 민주주의 사회에 맞지 않는다. 그러므로 힌두교를 개혁하고자 했던 불교의 창시자 석가모니가 이 카스트 제도를 철폐한 것은 매우 당연하다.

힌두교 세계관이 아트만과 브라만의 합일을 강조한다면 아트만에도 당연히 계급이나 차별이 없어야 할 것이다. 기독교 세계관에서도 모든 사람은 하나님의 형상으로 창조되었을 뿐만 아니라 그리스도 안에서 한 형제자매이므로 그 누구도 차별받아서는 안 되며, 인간의 기본 인권은 인정되어야 하며, 나아가 계급적 차별 이외에도 남녀 간의 평등도 강조한다.

둘째, 힌두교의 카르마 세계관이 결국 사람으로 하여금 숙명론적 결정주의(fatalistic determinism)에 빠지게 하는데 이에 대해 기독교 세계관은 인간의 자유의지와 책임성을 강조한다. 이 카르마, 즉 업보 사상은 불교에도 있는데 기독교 세계관에서 말하는 심은 대로 거둔다는 원리와도 유사한다. 하지만 양자의 차이점은 힌두교의 경우에 카르마는 구원을 위한 수단이고 기독교 세계관의 경우에는 구원의 결과로서의 선행이라는 것이다. 즉 전자의 경우 내가 얼마나 선행을 많이 쌓아야 다음 세상에 더 좋은 상태로 태어날지 확신이 없지만 기독교 세계관은 이미 구원받았기에 마땅히 선을 행해야 한다는 것이다. 따라서 내가 처한 현실을 숙명적으로 받아들이지 않고 보다 나은 상태로 개선 및 발전시키려는 의지와 노력이 더 강할 수 있다.

힌두교에서 카르마와 삼사라 그리고 목샤는 서로 연결되어 있는 세계관이다. 카르마를 긍정적으로 본다면 이 세상에서 올바로 살아야 한다는 점을 강조한다고 말할 수 있다. 하지만 이것이 윤회사상으로 연결되면서 전생의 카르마가 다음 세상에 다른 존재로 태어나게 되는 것을 결정한다는 것은 현재 나의 모습을 숙명으로 받아들이게 되며 따라서 사회의 불의한 모습에 대해서도 개혁하기보다는 수동적으로 체념하게 만들 수 있다는 것이다. 반대로 우리의 삶이 이 세상에서 단 한 번이며 죽음 이후에 그 삶에 대해 책임을 묻는 최후의 심판이 있다면 보다 더 진지하게 살며 사명감을 가지고 세상을 개혁하려는 노력을 하게 될 것이다.

나아가 힌두교에서 말하는 목샤, 즉 해탈에 이를 수 있는지 없는지에 대해서는 누구도 장담하지 못한다. 즉 내가 어느 정도 선행을 쌓아야 하는지 아무도 모른다는 것이다. 이러한 불확실성은 삶에 불안을 야기할 수 있고 나아가 좌절감을 낳을 수도 있을 것이다. 반면에 기독교 세계관은 믿음에 의한 구원의 확실성을 성령이 보장하므로 구원받은 사실에 감사하여 더욱 선행을 하게 되는 것이다. 어쩌면 인도가 영국의 식민지배를 오랫동안 받을 수밖에 없었던 근본적인 이유 중 하나가 이 세계관의 차이일 수도 있지 않을까 생각해볼 수도 있을 것이다.

셋째, 종교혼합주의라는 단점에 대해서는 보다 일관성 있는 세계관이 필요하다고 말할 수 있다. 힌두교의 세 신은 가령 기독교의 삼위일체와 유사한 면이 있으나 엄격히 말하면 다르다. 브라만, 비쉬누 그리고 시바 신은 분명히 다른 세 신이며 하나가 될 수 없다. 나아가 기타 수많은 신이 있기에 서로 모순된 사상이 혼재할 수밖에 없어 상호 관용적이기는 하지만 내적인 갈등이 불가피하다. 이에 반해 불교에는 이러한 세 신이 사라진다. 기독교 세계관도 십계명처럼 분명한 삶의 영적이고 도덕적인 기준을 제시하는 것을 볼 수 있다.

넷째, 역사의식과 도덕성이 결여되기 쉬운 부분에 대해서 순환적 역사관을 넘어야 미래를 위한 창의적 준비가 가능하다고 말할 수 있다. 윤회사상은 이 세상 모든 것이 돌고 돈다고 보는 것인데 이것은 불교사상 및 뉴에이지에도 나타난다. 그렇다면 새로운 창의적 사고가 나오기 힘들 것이다. 창의적 혁신이 이루어지지 않는 사회나 국가는 발전하기 어렵다. 반대로 기득권층이 기존 체계를 유지하려는 보수성이 강해질 수밖에 없을 것이다. 가령 네팔과 스위스를 비교해 보면 그 차이를 분명히 알 수 있다. 두 나라는 모두 히말라야와 알프스라는 세계적인 관광자원을 가지고 있다. 하지만 네팔의 경우 국가 전체적으로 인프라 시설이 빈약하고 등산을 하기 위해서 오랜 기간 동안 직접 셀파와 함께 한 걸음 한 걸음 올라가야 한다. 반면에 스위스는 이미 150년 이전부터 교통망 및 사회간접자본에 꾸준히 투자하였고 알프스 유명한 곳마다 톱니바퀴 산악열차로 쉽게 올라갈 수 있는 시설을 갖추어 전 세계에서 관광객이 끊이지 않는다. 이 또한 세계관이 낳은 결과라고 말할 수 있을 것이다.

도덕성에 대해서도 인간의 무지만을 죄로 보게 되면 결국 잘못한 사람에 대해서도 책임을 묻기가 어렵다. 하지만 사람에게는 누구에게나 양심이 있어 도덕적으로 잘못한 것, 가령 거짓말을 하거나 남의 물건을 훔치는 것 또는 사람을 죽이는 것은 옳지 않다는 것을 본능적으로 안다. 따라서 우리는 모두가 자신의 행동에 책임져야 함을 강조해야 한다. 도덕성이 분명한 세계관을 가진 나라는 그만큼 부패지수가 낮음을 볼 수 있고 그렇지 않으면 정부가 그만큼 부패할 가능성이 많다. 이 점에서도 네팔과 스위스는 분명한 차이를 보여준다.

다섯째, 윤리적 기준이 상대적이며 현실 도피적이라는 점에 대해서도 분명하고 절대적 기준이 필요함을 강조해야 할 것이다. 그렇지 않으면 개인마다 기준이 달라 결국 윤리적 상대주의로 빠지게 되기 때문이다. 이것은 거의 대부분 자신의 행동을 합리화하는 경향으로 흐른다. 힌두교 세계관이 인간의 필요에 따라 신을 만들고 윤리 기준을 만들었기 때문에 이러한 결과는 불가피하다고 볼 수 있다. 하지만 기독교 세계관과 같이 보다 확실하고 절대적인 가이드라인이 있을 경우 보다 투명한 사회를 만들어 나갈 수 있을 것이며 이러한 사회는 더욱 발전할 것이다.

마지막으로 힌두교에는 다신교와 유일신교가 공존하는 내적 모순에 대해서도 기독교 세계관은 대안을 제시할 수 있다. 유일신과 여러 신을 동시에 숭배한다는 것 자체가 모순이며 결국 이 신은 서로 갈등을 낳을 수밖에 없을 것이다. 모든 신을 포함하며 관용한다는 것은 얼핏 좋게 보일 수 있으나 보다 깊이 들어가면 이것도 저것도 아닌 매우 애매하고 혼합적인 세계관이다. 신이 이만큼 많다는 것은 이 신이 사실상 인간의 투영(projection)에 불과함을 보여 준다. 이에 대해 기독교 세계관은 삼위일체라는 매우 독특한 신관을 제시한다. 성부, 성자, 성령 하나님은 한 분이시지만 인격은 다르다. 물론 그 사역도 상호보완적이며 여기에는 어떤 내적 갈등이나 모순이 없다. 이 점은 다른 어떤 세계관에도 없는데 성경을 기반으로 하기 때문에 성경에 나타난 내용을 종합하면 자연스럽게 도출된다. 한 분이신 동시에 세 분이라는 점은 인간에게도 발견할 수 있다. 가령 부부는 두 인격체이지만 한 몸이라고 부른다. 한 공동체에도 여러 회원이 있으나 하나의 몸이라고 부른다. 특히 교회는 여러 지체가 있으나 한 그리스도의 몸이라고 말한다. 단수성과 복수성이 동시에 존재하며 서로 협력하는 것이다.

결론

이 장에서는 힌두교에 대해 기독교 세계관적으로 고찰해 보았다. 이 세계관이 어디서 어떻게 일어나게 되었으며 그 기본적인 내용과 주된 주창자를 살펴본 후 이 세계관의 장단점을 비판적으로 분석해 보았고 단점에 대해 기독교 세계관적 대안을 제시해 보았다. 이 힌두교 세계관은 다른 종교나 세계관에 대해 매우 관용적이며 윤리적인 삶을 추구하고 예술을 발전시키는 등의 긍정적인 요소가 있다. 하지만 동시에 이 세계관은 사회 불평등을 초래한 카스트 전통이 여전히 남아 있으며, 카르마 세계관이 사람으로 하여금 숙명론적 결정주의에 빠지게 하고 혼합주의적 사고방식을 가지고 있으며, 역사의식과 도덕성이 결여되기 쉽고 윤리적 기준이 상대적이며, 현실도피적이고 다신교 내 일신교라는 모순점도 있다.

이에 대해 기독교 세계관은 인간은 다른 모든 피조물보다 더 뛰어난 만물의 영장으로 창조주를 대신하여 이 세계를 잘 다스리며 발전시켜 나가야 할 청지기로서 한 영혼은 천하보다 더 귀한 존재로 인간이 가진 분명한 가치와 존엄성을 강조하여 평등성을 주장한다. 동시에 인간의 자유의지와 책임성을 강조하므로 본인이 처한 현실을 숙명적으로 받아들이지 않고 보다 나은 상태로 개선 및 발전시키려는 의지와 노력이 더 강할 수 있는 가능성을 열어 준다. 나아가 우리의 삶이 이 세상에서 단 한 번이며 죽음 이후에는 그 삶에 대해 책임을 묻는 최후의 심판이 있다고 보기에 체념적 윤회사상에 빠지지 않고 보다 더 진지하게 사명감을 가지고 세상을 개혁하려는 노력을 하게 된다.

또한 힌두교에서 말하는 목샤, 즉 해탈에 이를 수 있는지 없는지에 대해서는 누구도 장담하지 못하지만 기독교 세계관은 믿음에 의한 구원의 확실성을 성령이 보장하므로 구원받은 사실에 감사하여 더욱 선행을 하게 된다. 동시에 종교혼합주의라는 단점에 대해서도 기독교 세계관은 보다 일관성 있는 대안을 제시한다. 나아가 역사의식과 도덕성이 결여되기 쉬운 부분에 대해서 순환적 역사관을 넘어서는 직선적 역사관을 대안으로 제시하여 미래를 위한 창의적 준비가 가능하다. 도덕성에 대해서도 인간의 무지만을 죄로 보게 되는 것이 아니라 십계명과 양심 등과 같은 도덕성이 분명한 세계관을 제시한다. 또한 윤리적 기준이 상대적이며 현실 도피적이라는 점에 대해서도 분명하고 절대적 기준을 대안으로 제시하여 보다 투명한 사회로 발전시켜 나갈 수 있다. 마지막으로 힌두교에는 다신교와 유일신교가 공존하는 내적 모순에 대해서도 기독교 세계관은 삼위일체라는 매우 독특한 신관을 대안으로 제시한다.

하지만 현대인에게 힌두교는 계속해서 적지 않은 영향력을 발휘하고 있다. 그러므로 기독학자들은 이 세계관을 계속 예의주시하면서 적절한 대안을 제시하며 올바르게 대응해야 할 것이다.

10. 불교(Buddhism)

서론

불교(佛敎)는 약 2,500년 전에 고타마 싯타르타(Gotama Siddhattha)에 의해 시작되었다. 하지만 인도에서는 힌두교에 압도당하여 발전하지 못하다가 다른 아시아 국가에서 크게 확장하여 수적으로는 힌두교도가 불교도보다 많지만 실제로 아시아를 지배하는 세계관은 불교라고 해도 과언이 아닐 것이다. 전 세계 불교도는 약 5억 2천만 명 정도로 추산된다.

석가모니는 주전 560년 인도 카필라비두 가까운 루비니에서 왕족으로 태어났는데 지금 네팔 남부에 있는 다라이다. 그는 풍족하게 살다가 29세에 삶이 고통임을 깨닫고 왕궁을 떠나 수행자가 되었다. 그는 많은 고행을 거치면서 해탈에 이르기 위해 노력했지만 육신이 너무 쇠약해지면서 그러한 노력도 허무하다는 것을 깨닫고 수행을 포기했다. 그의 동료들이 이를 비난하면서 그의 곁을 떠나자 홀로 보리수나무 아래에서 수도하다 각도하여 부처가 되었다.

진리를 깨달은 후 그는 모든 속박과 번뇌로부터 해방을 얻었다고 선언하면서 불교를 전파하기 시작했다.

석가모니가 제자를 조직하여 '밀접한 결합'을 뜻하는 승가(僧迦 Sangha)를 만드는 데 대부분 부유층의 젊은 귀족이었다. 하지만 이 공동체의 구성원은 모두 평등하다고 강조했는데 이것은 당시 힌두교적 카스트 제도가 일반화된 사회에서는 매우 혁명적인 개혁 사상이라고 말할 수 있다. 일본의 불교학자 마즈다니 후미오는 이것을 마치 수많은 큰 강이 바다로 흘러 들어가면 작은 강의 물은 흡수되어 없어지는 것과 같다고 설명한다(增谷文雄(마즈다니 후미오. 1990:55-56).

불교는 일반적으로 개조(開祖)인 부처, 가르침으로서의 법(法), 이를 따르는 공동체인 승(僧), 이렇게 삼보(三寶)로 이루어져 있다고 할 수 있다(송현주. 2008). 20세기 이후부터 불교는 아시아를 넘어 아메리카 대륙과 유럽 지역에까지 활발하게 전파되고 있다. 그렇다면 왜 지금도 이렇게 많은 사람이 이 불교적 세계관을 추종하고 있는지 나아가 기독교 세계관은 이 세계관을 어떻게 평가해야 하는지를 이 장에서 다루고자 한다. 먼저 이 세계관의 내용을 구체적으로 분석한 후 대표적 한국 불교 사상가를 언급하고 이 세계관이 매력적으로 보이게 된 장점이 무엇인지 생각해 보며, 이 사상이 자체적으로 드러내는 내적 모순이나 단점은 무엇인지 살펴보겠다. 그 후 이 문제점에 대해 기독교 세계관은 어떤 대안을 제시할 수 있는지 언급함으로써 이 세계관을 어떻게 극복할 수 있는지 결론을 맺도록 하겠다.

불교에 대한 기독교 세계관적 고찰

1. 불교의 내용

불교의 상징은 아래 그림과 같이 윤회사상(輪回思想)을 의미하는 바퀴(乘)다(사진 10-1). 그래서 지금도 불교권 국가를 방문해 보면 신도가 작은 불경이 담긴 기도바퀴를 한 손으로 돌리거나 순례하면서 불경이 새겨진 원통을 돌리면서 기도하는 모습을 쉽게 볼 수 있다.

나아가 불교는 크게 대승불교(大乘佛敎)와 소승불교(小乘佛敎)로 구분된다. 이것이 분리된 정확한 연대는 알 수 없지만 먼저 소승불

사진 10-1
출처: upload.wikimedia.org/wikipedia/commons/thumb/e/e8/
　　　DharmaWheelGIF.gif/800px-DharmaWheelGIF.gif

교를 보면 산스크리트어로 '히나야나(Hinayana)'인데 '작은 바퀴'를 뜻한다. 주로 스리랑카, 미얀마, 태국 등 동남아 국가로 퍼졌으며 각 나라에서 왕과 귀족 및 부자의 보호를 받아 국가권력과 공생의 관계를 형성한다. 소승불교를 '테라바다(Theravāda)'라고도 부르는데 이것은 '장로의 교리'라는 의미다. 이 소승불교는 인간은 자기 자신밖에 없으며 자신의 노력으로 해탈에 이르고 이 해탈을 위해서는 지혜가 필요함을 가르치면서 의식보다는 명상을 강조한다. 따라서 이 소승불교는 보수성이 강하고 구원론은 힌두교처럼 귀족적 성격을 지니게 된다. 따라서 '작은' 바퀴인 것이다. 이에 대해 독일의 사회학자 막스 베버(Max Weber, 1864–1920)는 인도의 불교가 이런 귀족화로 인해 평신도에게 심각한 저항을 받았고 결국 인도에서 불교는 회교와 힌두교의 힘에 대항하는 세력이 없어졌다고 지적한다(Weber, 홍윤기 역, 1986 : 325–26).

대승불교는 산스크리트어로 '마하야나(Mahayana)'라고 하는데 '큰 수레바퀴'를 뜻한다. 이 대승불교는 구원을 소수의 승려에게 국한시키는 소승불교에 반발하여 일반 대중에 확대시키고 교리도 진보적으로 해석, 적용한다. 그래서 '큰' 바퀴다. 소승불교는 석가모니를 우상화하는 것을 거부한 반면 대승불교는 그를 신격화하여 숭배하였고 중국, 티베트, 몽고, 한국, 일본 등지에 전파되었다. 특히 중국에서는 유교(儒敎)가 대중적 지지를 얻지 못하자 불교가 환영을 받았으며 샤머니즘(shamanism)과 도교(道敎)를 흡수하여 혼합적 성격을 띠고 있다.

대승 및 소승불교의 공통적 내용을 살펴보면 먼저 핵심은 열반(涅槃, Nirvana)이다. 이것은 궁극적 상태로, 부정적으로는 윤회에서 해방되는 존재의 종식을 의미하며 윤리적으로는 가장 행복한 상태를 뜻하므로 힌두교의 '목샤(Moksha)' 및 '브라만(Brahman)'과 같다. 따라서 불교는 우주가 어떻게 시작되었는가 하는 기원이나 구세주 등에 대해서는 관심이 없고 최고의 궁극적 존재인 이 니르바나에 도달하는 방법에 주된 관심이 있다. 불교는 이 열반에 들어가기 위한 방법에 치중함으로 의식과 윤리를 발전시켰다.

그렇다면 어떻게 열반에 이를 수 있을까? 그것은 사성제(四聖諦, Āryasatya)와 팔정도(八正道 āryāṣṭāṅgamārga)를 행함으로 가능하다고 말한다.

먼저 사성제는 무엇인가? 이것은 고(苦), 집(集), 멸(滅), 도(道)를 말하는데 첫째, 괴로움에 대한 명확한 인식, 즉 고성제(苦聖諦)다. 부처는 생로병사(生老病死)로 이어지는 삶이 곧 고통이며 따라서 인생은 고해(苦海)라고 이해했다. 불교 수행은 바로 이러한 인식에서 출발하며, 괴로움의 실상을 바로 보는 순간 고통을 여의고 안락함을 얻을 수 있다고 주장한다. 다시 말해 불교는 사실 현실에 대해 매우 부정적인 세계관이라고 말할 수 있다.

둘째, 괴로움의 원인에 대한 확실한 인식, 즉 집성제(集聖諦)다. 집이란 함께 모여 일어난다는 뜻으로, 번뇌와 욕망 그리고 존재에 대한 애착이 바로 괴로움의 원인이라는 것이다. 소위 108 번뇌는 인간의 모든 번뇌를 의미하며 이 모든 것은 감각적 욕망과 자아에 대한 욕망 때문에 일어난다는 것이다. 따라서 석가모니는 최초의 설법을 통해 "진리란 괴로움의 인식이고 괴로움의 원인을 여실히 관찰하고 인식한 사람이 있다면 그는 이미 괴로움에서 벗어난 사람"이라고 강조했다(www.ibulgyo.com/news/articleView.html?idxno=86362).

셋째, 고통을 끝내려면 욕망을 중단해야 한다. 이것을 멸성제(滅聖諦)라고 하는데 괴로움이 소멸된 상태, 즉 괴로움의 원인이 모두 사라진 평온의 경지를 나타낸다. 괴로움이 없는 인생, 이는 이미 중생의 삶이 아니라 열반과 해탈을 성취한 성자의 삶이다. 이렇게 괴로운 존재 현상의 시작과 끝을 올바로 관찰하면 해탈 열반의 세계를 성취하게 된다고 주장한다. 즉 괴로운 존재 현상을 떠나 어떤 열반적정의 세계가 따로 존재하는 것이 아니라 삶의 모습을 바로 보면 열반적정이며 해탈이고, 잘못 보면 괴로움이고 번뇌라는 것이다.

그리고 마지막으로 고통을 끝내는 방법은 팔정도를 행하는 것이다. 이것을 도성제, 즉 고멸도성제(苦滅道聖諦)라고 하는데 이는 괴로움을 소멸하는 길 또는 여덟 가지 수행방법을 말한다. 즉 팔정도(八正道)는 바른 견해(正見), 바른 사유(正思), 바른 말(正語), 바른 행위(正業), 바른 생활(正命), 바른 노력(正精進), 바른 마음 챙김(正念) 그리고 바른 선정(正定)이 그것이다. 이 중 도덕에 관한 것은 정어, 정업, 정정진이며 정신 집중에 속한 것은 정명, 정념, 정정이고 지혜에 속한 것은 정견과 정사다. 이러한 팔정도는 불교의 각종 수행법의 토대가 된다.

이와 같이 팔정도 수행의 완성은 괴로움의 소멸(滅聖諦)이며, 모든 것은 연기적으로 존재해 있음을 확연히 체득한 상태다. 이러한 연기법의 체득은 지혜의 완성이며, 이는 팔정도의 첫 번째 덕목인 바른 견해를 온전히 갖춘 것이다. 모든 존재가 긴밀한 상호의존관계로 연기해 있음을 확실히 깨달았기에 이를 지혜(智慧)라 하고, 지혜는 자비(慈悲)의 실천을 전제로 하며 지혜의 성취와 자비의 실천은 불교 수행의 완성을 의미한다(www.ibulgyo.com/news/articleView.html?idxno=86362).

불교적 세계관에서 또한 중요한 내용은 법(法, Dharma)이다. 힌두교의 다르마가 주로 사람의 신분에 적용한 점에서 사회적이지만 불교의 법은 존재론적으로 만물을 존재케 하고, 보존하는 법칙을 의미한다. 나아가 이 불교의 다르마는 석가가 가르친 진리를 뜻하며 승려가 되려면 "나는 불법에 귀의한다."라고 고백해야 한다. 불교학자 리차드 드루몬드(Richard Drummond)는 이 다르마를 헬라 철학의 '로고스(logos)', 구약성경의 '지혜' 나아가 심지어는 '성령'과도 유사한 개념이라고 말하였다(Drummond, 1974 : 136-37).

나아가 불교는 우주론보다는 인간론에 더 비중을 두는데 인간은 한마디로 '비자아(非自我, Non-Self, Anatman)'다. 인간은 무상한 존재이며 고(苦)이므로 자기는 존재할 수 없고 존재하려는 것 자체가 모순이라고 본다. 이것을 '제행무상(諸行無常)', '제법무의(諸法無義)', '일체개고(一切皆苦)'라고 하며 이를 통틀어 3법인(法印)이라고 한다. 나아가 불교도 인간의 도덕적 책임은 강조하고 있는데 인간이 죽은 후에는 염라대왕 앞에 가서 심판을 받는다고 말한다.

마지막으로 불교적 세계관에서 중요한 내용은 보통 '업보(業報)'라고 불리는 카르마(Karma)로서 인과응보(因果應報)라고도 한다. 모든 생물은 탄생과 죽음 그리고 재탄생의 영원한 바퀴에 매여 있다고 본다. 이것을 힌두교에서처럼 '윤회'라고 한다. 인생은 마치 당구공이 다른 공을 맞추는 것과 같이 두 번째 공은 첫 번째 공에 의해 속도와 방향이 결정된다는 것이다. 이처럼 카르마와 윤회는 동전의 양면처럼 원인과 결과가 서로 연결되어 있음을 강조한다. 이러한 세계관은 사실상 힌두교와 큰 차이가 없다고 말할 수 있다.

현재 대표적인 불교 사이트는 힌두교보다 훨씬 더 많은데 먼저 전 세계에 불교 센터를 두고 있는 thebuddhistcentre.com과 호주의 시드니에서 시작되어 전 세계로 퍼진 www.buddhanet.net 그리고 티베트 불교를 전하는 www.diamondway-buddhism.org과 영국 런던에 본부를 두고 활동하는 www.thebuddhistsociety.org가 있다. 물론 이 외에도 각 나라별로 다양한 웹사이트가 있어 적지 않은 영향력을 미치고 있다.

2. 대표적인 한국 불교 사상가

한국에도 삼국시대부터 불교가 신라로 유입되어 발전하다가 고려시대에는 국교로 지정될 정도로 찬란한 문화의 꽃을 피웠으며 위대한 불교 사상가도 많이 배출했다. 그중에서도 교리를 강조한 대승불교 또는 교종(敎宗)의 가장 유명한 대가로는 신라시대에 활동한 원효(元曉)를 언급하지 않을 수 없다. 원효는 화엄종(華嚴宗)을 창건하였는데 원효의 사상은 중국이나 일본에서도 인정할 정도로 탁월했다(Choi, 2006:275-296).

원효는 당시에 전래된 거의 모든 불경에 대해 주석(註釋)을 하여 100여 종의 저술을 한 것으로 알려져 있지만 현존하는 것은 20부 22권뿐이다. 이 중 대표적인 작품을 든다면 《대승기신론소(大乘起信論疏)》2권, 《금강삼매경론(金剛三昧經論)》3권, 《십문화쟁론(十門和諍論)》2권 등이라 할 수 있다. 이 저술을 보면 그의 핵심 사상인 화쟁론(和諍論)이 잘 나타나 있는데, 즉 그는 모든 것이 서로 조화롭게 하나 되는 통달사상(通達思想)을 강조했고 나아가 사물의 본질과 기능을 의미하는 체용(體用, Essence-Function) 사상도 더욱 발전시켰다.

반면에 참선을 강조한 소승불교 또는 선종(禪宗)의 창시자이며 대가로는 고려시대 지눌(知訥)을 들 수 있다. 하지만 그는 교종을 배척하지 않고 오히려 포용하여 선종과 조화를 이루려고 노력하여 정혜쌍수(定慧雙修) 및 돈오점수(頓悟漸修)를 주장하였다. 정혜쌍수는 선정(禪定), 즉 깊은 명상과 지혜(智慧)를 함께 닦는 수행법이며, 돈오점수의 돈오는 중생의 본성이 본래 깨끗하여 부처와 다름이 없음을 깨치는 것이고 점수는 그렇다 하더라도 번뇌는 쉽게 없어지지 않으므로 꾸준히 수양해야 한다는 것이다.

그러면서 지눌은 《권수정혜결사문(勸修定慧結社文)》, 《원돈성불론(圓頓成佛論)》, 《간화결의론(看話決疑論)》, 《진심직설(眞心直說)》, 《계초심학입문(誡初心學入門)》, 《법집별행록절요병입사기(法集別行錄節要竝

入私記)》,《화엄론절요(華嚴論節要)》,《염불요문(念佛要門)》,《수심결(修心訣)》,《육조혜능대사법보단경발(六祖慧能大師法寶壇經跋)》등을 저서로 남겼으며(Choi, 2006:275-296) 고려 말에 조계종(曹溪宗)을 창건하였는데 이 종단은 지금도 한국 불교에서 제일 큰 규모다.

3. 불교적 세계관의 장점

그렇다면 불교적 세계관에는 어떤 장점이 있기에 많은 사람이 추종할까? 크게 네 가지로 살펴보겠다.

먼저 불교는 자신을 깊이 돌아보면서 우리의 삶에 고통을 제거하기 위해 노력한다. 이 고통을 제거하는 방법 중 하나는 '선(禪 Zen)'이다. 선은 불교적 명상의 한 종류로 이를 통해 불교도는 자신 안에 있는 불성(佛性)을 발견하고 고통을 제거할 수 있다고 주장한다. 나아가 팔정도를 통해 잘못된 언행심사를 바로 잡으려고 노력하는 부분은 매우 긍정적인 부분이라고 말할 수 있다.

둘째, 불교는 윤리적 삶을 추구한다. 불교의 기본 원리는 사회 내에서 윤리를 행하는 것이다. 특히 '카르마'나 '윤회' 사상은 우리로 하여금 이생에서 더욱 도덕적인 삶을 살도록 유도한다. 왜냐하면 현세에서 선을 많이 쌓아야 다음 생애에서 더 좋은 신분으로 태어날 수 있다고 믿기 때문이다. 이와 관련하여 불교는 힌두교의 카스트 제도와는 달리 신자의 구성원을 특정 국가나 인종 또는 계급에 국한시키지 않고 모두 평등하게 본다는 점은 분명 장점으로 지적할 수 있다.

셋째, 불교는 모든 생물을 존중하면서 살생을 금한다. 여기에는 두 원리가 있는데 하나는 연기(緣起)이고 다른 하나는 불살생정신(不殺生精神. Ahimsa)이다. 연기는 만물이 서로 연결되어 있다는 것이며 불살생정신은 모든 생명을 귀하게 여기고 폭력을 거부하면서 자비를 베푸는 것을 말한다. 여기서 불교의 방생(放生)이 나왔으며 따라서 인도에는 길에 소들이 여유롭게 걸어 다니며 자동차도 소가 지나갈 때 기다렸다 가는 것을 쉽게 볼 수 있다. 물론 이것은 힌두교와도 관련이 있다고 말할 수 있을 것이다. 따라서 불교도 육식을 금하고 채식을 하는 것을 볼 수 있다.

마지막으로 불교는 원래 다른 종교에 대해서도 관대하다. 불교는 하나의 신만 믿는 사상이 아니라 자의식(self-consciousness)을 강조하는 세계관이다. 심지어 부처도 신이 아니며 단지 인류의 위대한 스승일 뿐이다. 따라서 예수 그리스도, 공자, 모하메드도 모두 나름대로 성불한 성자로 간주한다. 따라서 이들을 배척하지 않으며 종교간 분쟁을 일으키지도 않는다. 나아가 기독교 세계관과 유사한 점도 있다. 가령 창설자의 권위를 인정한다든지, 각각의 신도를 공동체로 형성하여 발전시킨다든지 사후에는 현세에서 행한 대로 심판을 받아 천당 또는 극락 그리고 지옥에 간다는 것 등이다.

이러한 점 때문에 특별히 서양인에게 불교는 매우 매력적인 세계관으로 보인다. 그래서 가령 티베트 불교의 지도자인 달라이라마가 방문할 경우 수많은 인파가 몰려 그를 환영하며 그의 연설에 경청하는 모습을 볼 수 있다.

4. 불교적 세계관의 단점

하지만 불교적 세계관에 단점은 없을까? 크게 다섯 가지를 생각해 볼 수 있다.

무엇보다 먼저 불교는 인격적인 신의 존재를 부인하며 범신론적 성향이 강하여 신과 피조물 간의 경계나 차이도 없다. 따라서 한국 불교의 경우 자연을 신격화하는 샤머니즘과도 혼합되어 여러 귀신을 섬기는 '만신전(萬神殿 pantheon)'이 사찰 내에 있는 것도 간혹 볼 수 있다. 이로 인해 불교는 한국에서 큰 저항 없이 퍼질 수 있었지만 타협에 의해 순수성을 일부 상실하게 된다. 그 결과 어떤 불교도는 물질적 공양을 통해 자신의 소원을 이루려고 하는 것도 볼 수 있다.

불교는 라투렛(Latourette)이 지적한 것처럼 힌두교와 샤머니즘이 강한 아시아 문화권에서 성장하여 이러한 세계관과 공존하는 방식으로 영향을 미쳤다(Latourette, 1956:57-58). 중국, 일본 그리고 한국이 그 대표적 실례라고 할 수 있는데 특히 한국의 경우 불교가 전래되기 이전에는 샤머니즘이 가장 지배적인 세계관이었는데 불교가 소개되면서 이 샤머니즘과 어느 정도 타협하여 혼합적 형태를 띠게되었고 그 결과 샤머니즘을 완전히 극복하지는 못했던 것이다. 나아가 아시아에서 불교가 강한 나라가 쉽게 공산화된 것은 무신론적 불교가 공산주의 이데올로기에 제대로 저항할 능력을 보이지 못하였음을 보여 준다.

둘째, 불교는 인간의 모든 '욕망(desire)'을 부정적으로 본다. 불교에서 욕망은 고통의 원인으로 이것을 억누르고 비움으로 해결하려고 한다. 물론 잘못된 욕심은 죄와 파멸의 길로 인도하겠지만 선한 욕심은 오히려 우리의 삶이 더욱 도덕적이 되도록 동기 부여를 하는 경우도 있다. 따라서 불교적 세계관을 가지면 어떤 창조적 활동이나 생산이 이루어지기 힘들어 경제적으로 발전하거나 산업에 새로운 혁신이 일어나기란 쉽지 않을 것이다.

셋째, 불교적 세계관에는 과학 정신이 결여되기 쉽다. 불교가 문학, 교육, 건축 및 예술 분야에서는 나름 공헌하였다고 하더라도 불교적 세계관이 과학을 발전시키는 것에는 한계가 있다고 말할 수 있다. 왜냐하면 불교 자체가 만물의 존재 자체를 부정적으로 보며 존재로부터의 해방을 궁극적인 목표로 삼기 때문이다. 따라서 만물의 형성에 대한 합리적이고 과학적인 연구는 사실상 불가능하다. 물론 연기(緣起)사상을 말하지만 이것은 결국 우연 내지 결정론에 불과하다. 그 결과 실제로 불교사상을 가진 탁월한 자연과학자는 거의 없음을 볼 수 있다.

넷째, 만물의 무상함과 인생무상을 가르치는 불교적 인간관은 역사와 문화에 대한 인간의 기여를 부정적으로 보며 인간 자신도 비하시켜 다른 피조물과의 차이를 없애는 경향이 있다. 따라서 인간의 존엄성이 약화되기 쉽고 진정한 승려가 되려면 속세를 떠나야 하므로 세상에 어떤 공헌을 하는 것은 어렵다. 조선시대 초기인 14세기 말에 성리학자(性理學者)였던 정도전(鄭道傳)은 《불씨잡변》(佛氏雜辨)이라는 책을 통해 불교적 세계관이 궁극적으로 인간성을 파괴한다고까지 비판하였다. 특히 그는 승려가 되기 위해 먼저 '출가(出家)'해야 하는 것을 지적하면서 이것은 뒤에 남겨진 가족에 대해 매우 무책임하다고 지적했다. 가장이 돌보아야 할 가족을 버려 두고 홀로 출가하면 그 모든 부담은 아내와 자녀에게 돌아갈 것이기 때문이다. 또한 그는 고려 말에 불교가 타락하여 많은 문제점을 드러내자 이를 비판하며 이조는 성리학이 국가 이념이 되어야 한다고 주장했다. 이에 대해 기화(己和)라는 승려는 현정론(顯正論)을 통해 이를 반박하면서 불교와 유교는 서로 조화를 이룰 수 있다고 주장했다.

다섯째, 불교적 세계관은 다분히 귀족주의적 요소가 있다. 왜냐하면 불교에서 구원은 소수의 승려에게 제한되기 때문이다. 특히 소승불교는 도를 전문으로 닦는 승려에 비해 대중이 니르바나에 이르는 것이 매우 어렵다. 물론 이에 대한 반발로 대승불교가 나와 대중에게 문호를 개방하였으나 실제 대중의 신앙은 불교적 가르침과 거리가 먼 경우가 많다. 따라서 소승불교가 강한 동남아시아에서는 승려에게 보시나 공덕을 행하는 것을 더 중시한다. 이 점은 태국의 불교 사회학자 부낙(J. Bunnag)도 인정하고 있음을 볼 수 있다(Bunnag, 1973:19-20).

불교적 세계관에서 말하는 열반은 관념적으로는 가능할지 모르지만 현실적으로 대중이 이해하기는 매우 어려운 철학적이고 사변적 개념으로 보인다. 따라서 이것을 구체적으로 이룬다는 것은 매우 어렵다고 말할 수 있을 것이다. 불교에서 이 열반에 이르기 위한 수단으로 도의 실행을 강조하기는 하지만 많은 규율과 금기로 대중화하기에는 쉽지 않다고 볼 수 있다. 나아가 여성에 대해서도 어느 정도 차별이 있는데 가령 수도 생활에서도 비구승은 남성인 승려에 비해 적지 않은 차별적 요소가 있다.

5. 불교적 세계관의 단점에 대한 기독교 세계관적 대안

그렇다면 불교적 세계관이 가진 이런 단점에 대한 기독교 세계관은 어떤 대안을 제시할 수 있는가?

먼저 불교적 세계관이 삶의 본질을 고통으로 보면서 모든 욕망을 고통의 원인으로 간주하여 이것을 억누르고 비움으로 해결하려고 하는데 이것은 현실에 대해 지나친 부정적 세계관이라고 지적했다.

하지만 기독교 세계관에서는 한 생명의 탄생을 고통의 출발이라기보다는 축하하고 기뻐해야 할 일로 받아들인다. 창세기 1장을 보면 매일 창조주께서 새로운 것을 창조하실 때마다 보시기에 좋았다는 긍정적 평가로 마치고 있다. 나아가 제일 마지막에는 전체적으로도 보시기에 매우 좋았다고 결론짓고 있다. 물론 타락을 통해 죄가 이 땅에 들어와 생로병사가 고통으로 보일 수도 있고 비록 인생을 살아가면서 나이가 들지만 그것이 고난이라기보다는 성숙함으로 받아들일 수도 있다. 병들어 아플 때도 있지만 그것이 오히려 전

화위복의 계기가 될 수 있을 것이다. 하나님을 사랑하는 사람에게 는 모든 것이 합력하여 선을 이룬다고 로마서 8장 31절에서 바울 사도는 강조한다. 그도 생애 가운데 여러 가지 어려움을 당했으나 그것을 부정적으로 받아들이지 않고 오히려 긍정적인 믿음으로 승화한 것을 볼 수 있다. 예수 그리스도도 비천한 출생과 생애 가운데 큰 고난을 겪으셨고 마침내 십자가에 죽으시는 어려움을 당하셨으나 부활을 통해 그 모든 것을 이기시고 우리에게 소망을 주셨다. 따라서 죽음은 인간적으로 슬플 수 있으나 부활과 천국의 소망을 받아들인다면 더 완전한 하나님의 나라로 가는 관문으로 볼 수 있다. 결국 기독교 세계관은 이 점에서 불교적 세계관보다 더 긍정적이면서도 설득력 있는 대안을 제시한다고 말할 수 있을 것이다.

또한 불교적 세계관에서 승려가 되기 위해서는 '출가'해야 하는데 이것은 가족에 대해 무책임함을 지적했다. 물론 결혼하지 않은 상태에서 출가하는 것은 문제가 되지 않으나 결혼한 이후 가장이 돌보아야 할 가족을 버려 두고 홀로 출가한다면 무책임하다고 볼 수 있다. 기독교 세계관에서는 가정을 부정적으로 보지 않고 창조주의 섭리와 축복으로 이해하면서 가장은/;;제 가정을 충실히 돌보면서 아내를 사랑하고 자녀를 올바로 키워 낼 책임이 있음을 강조한다. 자녀들은 짐(burden)이 아니라 축복(blessing)이며 선물(gift)이라고 시편 127편 3절은 말한다. 다시 말해 가정을 부정적으로 볼 것이 아니라 사회의 기본 단위로 긍정적으로 보면서 가장은 더 큰 책임의식이 있음을 강조함으로 대안을 제시한다.

둘째, 잘못된 욕심은 분명히 죄와 파멸의 길로 인도하지만 세상에는 선한 욕심도 있을 수 있다. 선행을 하려는 좋은 동기는 강할수록 자신과 사회에 도움이 될 것이다. 왜냐하면 우리의 삶이 더욱 도덕적이 되도록 동기 부여를 하기 때문이다. 따라서 세상을 '고해'로만 보게 되면 너무 지나치게 소극적이고 부정적인 세계관을 가지게 되어 보다 나은 세상으로 개혁하고 변화시키려는 의지는 약화될 것이다. 속세를 떠나 산속 사찰로 가기보다 오히려 세상으로 들어가 잘못된 점을 바로 잡으려는 노력이 필요하다. 물론 기독교의 역사에도 수도원 전통이 있었으나 대부분의 교회는 세상 속에서 '빛과 소금'이 되어(마 5:13-16) 세상을 변화시켜야 함을 강조했다. 실제로 기독교 세계관을 가진 사람에 의해 세상은 많은 변화와 개혁이 일어났다. 중세 교회가 타락했을 때 종교개혁을 일으킨 마르틴 루터(Martin Luther, 1483-1546)와 장 깔뱅을 통해 단지 교회만 개혁한 것이 아니라 총체적인 사회 개혁을 통해 새로운 패러다임인 근대 시민 사회를 열었던 것을 우리는 볼 수 있다. 한국도 20세기 전후에 선교사들이 들어와 교회를 세움과 동시에 많은 학교와 병원을 세워 사회 전체가 발전하는 데 큰 공헌을 했다(손봉호, 2012).

셋째, 불교적 세계관에 결여되기 쉬운 과학정신을 하나의 대안으로 생각해 볼 수 있다. 불교가 경전, 건축 및 예술 등의 분야에서는 큰 공헌을 하였으나 만물 자체를 부정적으로 보며 이로부터의 해방을 궁극적인 목표로 삼기 때문에 만물의 형성에 대한 합리적이고 과학적인 연구나 기술의 발전은 매우 어렵다. 따라서 불교계에서 세계적으로 탁월한 과학자를 배출한 경우는 거의 없다. 반면에 기독교 세계관은 이 세상을 창조주의 계획에 의한 매우 좋은 작품으로 보면서 이 세계를 올바로 탐구하여 개발하는 동시에 잘 보전하는 것을 강조한다(창 1:28). 이러한 문화명령을 따라 책임의식을 가진 청지기임을 인식한 그리스도인 과학자들은 계속해서 창조된 세상을 올바로 이해하고 발전시키려 노력했다. 따라서 역사적으로 볼 때 이러한 기독교 세계관을 가진 수많은 학자에 의해 과학이 발전할 수 있고 따라서 이들에 의해 과학기술이 서양에서 먼저 발달했음을 볼 수 있다(www.youtube. com/watch?v=IIvpT0Fr1fo).

넷째, 만물의 무상함과 더불어 인생의 무상을 가르치는 불교적 인간관은 역사와 문화에 대한 인간의 기여를 부정적으로 보기에 세상에 어떤 공헌을 하기 어렵다. 물론 한국 불교의 경우 임진왜란 때 승려가 군대를 조직하여 저항운동을 빌인 호국 불교인 것은 잘 알려져 있지만 일단 속세를 떠나야 하는 승려가 세상의 모든 면에 다양한 공헌을 하는 것은 쉽지 않다. 또한 불교는 인간의 고(苦)의 원인을 욕망으로 보므로 욕망을 억제하여 문제를 해결하려고 한다. 하지만 기독교 세계관은 인간에 대해 긍정적인 면과 부정적인 면을 동시에 강조한다. 즉 하나님의 형상이라는 창조적 관점에서 인간의 가치와 존엄을 충분히 인정하는 동시에 완전히 타락한 죄인의 모습도 동시에 인정한다. 나아가 이러한 타락에서 구속된 이후에는 성령의 인도하심을 따라 긍정적인 열매를 맺으며 살아갈 수 있는 길을 제시하므로 자신이 하는 일에 대해 강력한 동기 부여가 되어 보다 창조적인 활동 및 생산을 촉진할 수 있다. 따라서 역사적으로 보면 불교적 세계관이 강한 나라가 근대 역사에서 경제적으로 발전하거나 산업에 새로운 혁신이 일어나지는 않았던 반면 오히려 기독교적 세계관이 지배했던 서구 국가가 이런 점에서는 앞섰던 것을 볼 수 있다.

다섯째, 소승불교에는 다분히 귀족주의적 요소가 있음을 지적했다. 소승불교는 도를 전문으로 닦는 승려에 비해 대중이 니르바나에 이르는 것은 매우 어렵기에 대승불교가 대중에게 문호를 개방하였으나 실제 대중의 생활은 불교적 가르침과 거리가 먼 경우가 많다. 이에 대해 기독교 세계관은 모든 사람은 창조주 하나님 앞에서 평등하며 존중되어야 함을 강조한다. 바울 사도는 갈라디아서 3장 28절에서 예수 그리스도 안에서는 어떤 계급적, 인종적 그리고 남녀의 차별도 없음을 천명한다. 나아가 불교적 세계관에서 말하는 열반, 즉 니르바나는 관념적으로는 가능할지 모르지만 현실적으로 대중이 이해하기는 매우 어려운 개념이며 나아가 이것을 구체적으로 이룬다는 것은 거의 불가능하다고 말할 수 있다. 과연 어느 정도 수도와 정진을 해야 '성불(成佛)'했다고 할 수 있을지 자신 있게 말하기가 쉽지 않기 때문이다. 하지만 인간의 어떤 노력이나 선행이 아니라 믿음으로 구원을 받을 수 있다는 기독교 세계관은 분명히 대안이 될 수 있을 것이다(엡 2:8-9).

나아가 불교적 세계관은 신적 존재에 대해 침묵한다. 따라서 현세에 잘못한 것이 있으면 용서받을 수 있는 방법이 없고 오히려 그

것이 업이 되어 다음 세상에 다른 열등한 존재로 태어나게 될 가능성이 많다. 반면에 기독교 세계관은 이러한 잘못을 진심으로 뉘우치면 용서받을 수 있다고 말한다(요일 1:9). 예수 그리스도의 대속적인 죽으심을 믿고 온전히 회개하면 누구든지 용서받고 죄의 권세에서 해방될 뿐만 아니라 하나님의 자녀가 되며 천국 백성이 될 자격을 갖게 되는 것이다.

불교적 세계관은 본질적으로 무신론이다. 신이 존재하지 않는다고 보므로 믿을 대상이 없다. 석가모니도 원래는 사람이다. 그는 죽어 무덤에 묻혔으며 공자나 맹자 또는 소크라테스처럼 제자를 두었던 탁월한 선생이지만 그를 신으로 경배하거나 그에게 복을 빌지는 않는다. 석가모니도 생전에 자신이 구원자라고 주장하거나 신이라고 언급한 적이 없다. 그러므로 불상에게 절하면서 개인적이고 현세적인 복을 빌거나 석가모니를 신처럼 경배하는 것은 불교적 세계관의 본질과는 다르다고 말할 수 있을 것이다. 나아가 불교적 세계관은 자아의 깨달음을 통해 열반에 이른다고 말한다. 따라서 사람이 공덕을 통해 신에게 이를 수는 없다. 또한 불교에는 죄에 대한 개념이 전혀 없다고 할 수는 없지만 크게 비중을 두지는 않는다. 따라서 죄의식에 대한 개념이 다소 약할 수밖에 없고 그 결과 속죄의 방법도 확실하지 않다. 석가모니는 스스로 깨달아 구원하라 말하지만 그 가능성은 낮아 보이며 이 부분에 대한 대안적 세계관이 필요해 보인다. 여기서 기독교 세계관은 우리 자신의 노력이 아니라 예수 그리스도라는 절대 타자의 도움으로 구원받을 수 있고 그것이 확실하므로 분명한 대안이 될 것이다.

나아가 원래 불교에는 극락과 지옥의 개념이 없었다고 한다. 석가모니가 설파하지 않은 이 개념은 나중에 유입되었는데 아마 다른 세계관의 영향을 받았을지도 모른다. 극락이나 지옥의 개념은 신이 존재해서 누구를 극락에 보낼 것인지 아니면 지옥에 보낼 것인지 결정해야 하지만 무신론적 불교에서 누가 결정할 수 있을까? 염라대왕이 있기는 하지만 이는 하나의 가상의 군주다. 전생이나 환생도 마찬가지다. 신이 존재하지 않으면 누가 다음 세상에 어떤 모습으로 태어날 것을 결정할 수 있을지 의심스러운 것이다. 반대로 이러한 신이 분명히 존재한다면 이것은 쉬운 문제일 것이다. 기독교 세계관에서 창조주 하나님은 이 우주만물을 다스리는 분인 동시에 역사를 완성하시는 분이다. 그런 의미에서 사도 요한은 그분을 "알파와 오메가"요, "처음과 나중"이며, "시작과 끝"이라고 말한다(계 1:8, 21:6, 22:13). 하지만 불교적 세계관은 역사의 시작과 끝에 대해 언급하지 않는다. 만물의 시초와 종말 같은 개념이 약하며 우연히 물질에서 생명이 시작되었다는 진화론도 상관하지 않으며 후에 다른 교리가 추가되어 혼합되어도 크게 문제 되지 않는다. 좋은 의미에서 포용성과 수용성이 증가한다고 말할 수 있지만 진정한 진리에서는 점점 멀어지는 것이다. 이 부분에 대해서도 역사의 처음과 마지막을 분명히 말하는 기독교 세계관은 분명히 대안을 제시한다고 말할 수 있을 것이다.

불교에서는 불상을 크게 만들어 세운다. 하지만 그 불상 자체가 능력을 베풀 수는 없다. 따라서 그 불상에게 기도하는 것은 사실 무의미한 것이다. 불교의 금강경에 보면 여래는 "과거의 마음도 얻을 수 없고 현재의 마음도 얻을 수 없으며 미래의 마음도 얻을 수 없다(過去心不可得, 現在心不可得, 未來心不可得)."고 한다(최기표, 2014). 과거, 현재, 미래의 마음은 허상이고 인생은 허공이며 마음도 허상이니 영원한 것이 없고 모든 것은 소멸한다고 한다. 이처럼 삶의 의미를 설명하기 위해 수많은 명상과 참선으로 많은 법을 생성해 내지만 그것도 결국 모래 위에 지어진 허상일 수 있다. 하지만 지금도 적지 않은 분이 인간이 만든 불상에게 현세적인 복을 빌고 있으나 그는 아무런 대답도 할 수 없다. 높은 산에 돌로 만들어진 부처상이 소원 한 가지는 반드시 이루어 준다고 믿으며 많은 분이 그 산에 올라가 빌지만 사실 그 안에는 어떤 생명도 없다. 이것은 샤머니즘적인 세계관의 영향을 받은 것으로 보인다. 기독교 세계관은 이러한 행위는 잘못이라고 분명히 지적한다. 특히 십계명을 보면 참된 하나님을 올바로 섬기게 된다면 인간이 만든 모든 형상은 우상이며, 아무런 능력이 없고 따라서 그것을 신으로 섬기는 것은 큰 잘못임을 분명히 지적하면서(출 20:3-6; 신 5:7-10) 오히려 참되신 하나님을 신령과 진정으로 예배하는 것이 대안임을 제시하고 있다(요 4:24). 이렇게 기독교 세계관은 불교가 가진 단점에 대해 설득력 있는 대안을 보여 준다고 말할 수 있다.

결론

이 장에서는 불교에 대해 기독교 세계관적으로 고찰해 보았다. 이 세계관이 어디서 어떻게 일어나게 되었으며 그 기본적인 내용과 주된 한국의 사상가를 살펴본 후 이 세계관의 장·단점을 비판적으로 분석해 보았고 단점에 대해 기독교 세계관적 대안을 제시해 보았다. 이 불교적 세계관은 자신을 깊이 돌아보면서 우리의 삶에 고통을 제거하기 위해 노력하며 윤리적 삶을 추구하고 모든 생물을 존중하면서 살생을 금하며 다른 종교나 세계관에 대해서도 관대한 긍정적인 요소가 있다. 하지만 동시에 이 세계관은 인격적인 신의 존재를 부인하며 범신론적 성향이 강하여, 신과 피조물 간의 경계나 차이도 없다. 한국 불교의 경우 자연을 신격화하는 샤머니즘과도 혼합되어 있는 경우가 있고, 인간의 모든 '욕망(desire)'을 지나치게 부정적으로 보는 경향이 있으며 따라서 과학 정신이 결여되기 쉽고, 만물의 무상함과 인생무상을 가르치므로 역사와 문화에 대한 인간의 기여를 부정적으로 본다. 인간 자신도 비하시켜 다른 피조물과의 차이를 없애는 경향이 있어 인간의 존엄성이 약화되기 쉽고, 나아가 진정한 승려가 되려면 속세를 떠나야 하므로 세상에 어떤 공헌을 하는 것은 어렵다. 그리하여 다분히 귀족주의적 요소가 있다는 단점도 지적했다.

이에 대해 기독교 세계관은 한 생명의 탄생을 고통의 출발이라기보다는 축하하고 기뻐해야 할 일로 받아들이며 하나님을 사랑하는 사람에게는 생로병사 등 모든 것이 합력하여 선을 이룬다고 강조함으로 긍정적이면서도 설득력 있는 대안을 제시한다. 또한 가정을 부정적으로 보지 않고 창조주의 섭리와 축복으로 이해하면서 가장은 가정을 충실히 돌보면서 아내를 사랑하고, 축복이며 선물인 자녀를 올바로 키워 낼 책임이 있음을 강조한다.

둘째, 잘못된 욕심은 분명히 죄와 파멸의 길로 인도하지만 세상에는 선한 욕심도 있을 수 있음을 기독교 세계관은 지적한다. 즉 그리스도인은 세상 속에서 '빛과 소금'이 되어(마 5:13-16) 세상을 변화시켜야 하며 실제로 기독교 세계관을 가진 사람에 의해 세상은 많은 변화와 개혁이 일어났음을 환기시킨다.

셋째, 기독교 세계관은 이 세상을 창조주의 계획에 의한 매우 좋은 작품으로 보면서 이 세계를 올바로 탐구하여 개발하는 동시에 잘 보전하는 것을 강조하여 역사적으로 볼 때 이러한 세계관을 가진 수많은 학자에 의해 과학과 기술이 발전할 수 있었음을 볼 수 있다.

넷째, 기독교 세계관은 인간에 대해 하나님의 형상이라는 창조적 관점에서 인간의 가치와 존엄을 충분히 인정하는 동시에 완전히 타락한 죄인의 모습도 동시에 인정하며, 나아가 이러한 타락에서 구속된 이후에는 성령의 인도하심을 따라 긍정적인 열매를 맺으며 살아갈 수 있는 길을 제시하므로 보다 창조적인 활동 및 생산을 촉진할 수 있고 역사적으로도 이를 확인할 수 있다.

마지막으로 기독교 세계관은 모든 사람은 창조주 하나님 앞에서 평등하며 존중되어야 함을 강조한다. 나아가 불교적 세계관에서 말하는 열반에 이르는 것이 현실적으로 대중이 이해하고 구체적으로 이룬다는 것은 매우 어렵지만 인간의 어떤 노력이나 선행이 아니라 믿음으로 구원을 받을 수 있다는 기독교 세계관은 분명히 대안이 될 수 있다. 또한 불교적 세계관은 현세에 잘못한 것이 있으면 그것이 업이 되어 다음 세상에 다른 열등한 존재로 태어나게 될 가능성이 많지만 기독교 세계관은 예수 그리스도의 대속적인 죽으심을 믿고 온전히 회개하면 누구든지 용서받고 죄의 권세에서 해방될 뿐만 아니라 하나님의 자녀가 되며 천국 백성이 될 자격을 갖게 된다고 말한다.

불교적 세계관은 본질적으로 무신론이므로 불상에게 절하면서 개인적이고 현세적인 복을 빌거나 석가모니를 신처럼 경배하는 것은 모순이다. 그러나 기독교 세계관은 예수 그리스도의 도움으로 구원받을 수 있고 그것이 확실하고 분명한 대안이 된다. 나아가 원래 불교에는 극락과 지옥의 개념이 없었고 신이 존재하지 않으므로 누가 다음 세상에 어떤 모습으로 태어날 것을 결정할 수 없다. 그러나 기독교 세계관에서 창조주 하나님은 우주만물을 다스리는 분인 동시에 역사를 완성하시는 심판주이므로 이 점에 대해서도 분명히 대안을 제시한다. 또한 불교에서는 불상을 크게 만들어 세우지만 그 불상이 능력을 베풀 수는 없고 따라서 그 불상에게 기도하는 것은 무의미하다. 기독교 세계관은 이러한 행위는 잘못이라고 분명히 지적하면서 참되신 하나님을 신령과 진정으로 예배하는 것이 대안임을 제시한다. 하지만 현대인에게 이 불교는 계속해서 적지 않은 영향력을 발휘하고 있다. 그러므로 앞으로도 기독학자들은 이 세계관을 계속 예의주시하면서 적절한 대안을 제시하며 올바르게 대응해야 할 것이다.

11. 뉴에이지(New Age)

서론

뉴에이지는 인간이 우주의 중심이며 진리와 가치를 결정하는 궁극적 기준이라고 주장하는 세계관이다. 다시 말해 모든 실재와 삶의 중심이 인간에게 있고 나아가 인간은 신과 같다고 보는 인본주의적 세계관이다. 뉴에이지는 사실 고대 힌두교와 불교적 세계관에 그 뿌리를 두고 있다. 특히 힌두교의 범신론 사상과 불교적 명상에 기반을 두면서 서양 세계관 중에는 진화론과 범신론의 영향을 받아 매우 혼합주의적인 사상이지만 신비롭고 새로운 시대를 연다고 주장하며 웰빙(well-being)을 선호하는 현대인에게 큰 관심과 인기를 모으고 있다. 이는 그동안 자연주의(naturalism) 및 마르크스주의(marxism)가 인간의 이성과 과학을 지나치게 신뢰하며 정신적이고 영적인 부분을 무시한 것에 대한 하나의 반작용이라고도 볼 수 있다.

힌두교적 범신론은 인간의 중심인 아트만(atman)이 곧 우주의 중심인 브라만(brahman)임을 주장하면서도 후자에 방점이 있는 반면 뉴에이지는 같은 주장을 하지만 전자에 더 강조점이 있다. 즉 힌두교는 브라만이 아트만을 흡수하는데 비해 뉴에이지는 아트만이 브라만을 통합한다고 본다. 나아가 뉴에이지 세계관의 궁극적 목적은 우주적 의식(cosmic consciousness)에 도달하는 것인데 이를 위해서는 초자연적 경험이 매우 중요하다고 말한다. 이를 위해서는 개개인이 명상을 통해 깨달음(enlightenment)을 얻는 것이 필요하다고 이들은 주장하는데 이것은 불교적인 요소라고 말할 수 있다.

이 세계관을 처음 제안한 사람은 1875년 뉴욕(New York)에서 신지학협회(Theosophical Society)를 설립한 러시아 출신의 헬레나 블라바츠키(Helena Blavatsky, 1831-1891)다. 블라바츠키는 동서양을 두루 여행하면서 동양의 힌두교 및 불교와 서양의 신플라톤주의 등을 혼합하여 *Isis Unveiled*(1877), *The Secret Doctrine*(1888), *The Key to Theosophy*(1889) 및 *The Voice of the Silence*(1889) 등 나름대로 신비학적인 책을 출판하면서 새로운 진리를 추구하는 운동을 일으켰는데 이것이 뉴에이지로 발전하였다. 지금도 뉴에이지 주창자는 여러 곳에서 활발하게 활동하고 있으며 그중 대표적인 도시 중 하나는 미국 애리조나(Arizona)의 세도나(Sedona)다. 이곳은 지형 자체가 붉은 색 산으로 둘러싸여 매우 신비롭게 느껴지며 따라서 다양한 뉴에이지 센터와 가게가 있어 주민과 전 세계에서 오는 방문객에게 이 세계관을 운동으로 확산시키고 있다. 이 운동의 세계적인 리더인 존 프라이스(John R. Price)는 이미 1981년에 전 세계적으로 약 5억 명이 뉴에이지를 신봉하고 있다고 말했다(Price, 1981:51).

"매트릭스(*The Matrix*)"같은 뉴에이지 영화도 많이 제작되고 있으며 앵커인 오프라 윈프리(Oprah Winfrey)는 뉴에이지를 설파하고 있고 *Science of Mind*를 비롯한 많은 뉴에이지 잡지도 발행되고 있다. 미국에서 2주마다 발행되는 「포브스」(*Forbes*) 잡지에 의하면 매년 미국에서 뉴에이지 시장 규모는 34억 불로 뉴에이지 도서들만 매년 10억불씩 판매되고, 교육 분야에서도 명상하는 기술이 매우 유행하고 있으며, 어떤 학교는 심지어 "지구의 날"을 만들어 지구에게 기도하는 곳도 있다고 한다. 이런 의미에서 뉴에이지는 세계관인 동시에 하나의 운동으로 현재 미국 문화 전반적으로 큰 영향을 주고 있다고 말할 수 있다(youtube.com/2IysV4TTYOE).

「포춘」(*Fortune*)에서 선정된 500대 기업은 정기적으로 그들의 매니저를 뉴에이지 세미나에 보내어 그들의 정신력을 강화하고 생산성을 높이고 있으며, 여배우 셜리 멕클레인(Shirley MacLaine)도 *Out on a Limb*이라는 책을 출판하여 자신이 어떻게 뉴에이지로 개종했는지 설파하고 있다(MacLaine, 1983). 의사와 치료사는 점점 더 이 범신론적 원리에 기초한 치료법을 적용하고 있으며, 라디오와 텔레비전 광고에도 뉴에이지 사상이 나오면서 우리 인간은 무한한 가능성을 가지고 있다고 주장한다. 또한 조지 윈스톤(George Winston)과 같은 음악가를 통해서도 뉴에이지는 전 세계적으로 강력한 영향력을 미치고 있는데 명상음악, 힐링(healing) 음악 등은 매우 유명하며 한국에도 많이 보급되어 있다.

하지만 이 뉴에이지 운동은 기독교 세계관으로 볼 때 적지 않은 문제점이 있다. 이런 관점에서 뉴에이지를 다룬 학자 중에 대표적으로 더글라스 그로트하우스(Douglas R. Groothuis), 제임스 사이어(James Sire) 그리고 제프 마이어스와 데이비드 노에벨(Jeff Myers & David A. Noebel) 등이 있다.

그로트하우스는 뉴에이지에 대해 두 책을 출판했는데 먼저 *Unmasking the New Age*에서 이 세계관의 실체를 잘 드러내면서 이 운동이 어떻게 동양의 신비주의와 서양의 낙관론을 결합했는지 그리고 왜 이 운동이 인기가 많은지 예리하게 분석하며 기독교 세계관과 비교하고 있고(Groothuis, 1986), 이어 *Confronting the New Age: How to Resist a Growing Religious Movement*에서는 이 뉴에이지 사상의 문제점에 대해 어떻게 대처해야 하는지 제시하고 있다(Groothuis, 1988). 사이어도 뉴에이지를 '종교가 없는 영성(Spirituality Without Religion)'이라고 깊이 분석하고 있으나 그 장단점을 비교하여 기독교 세계관적인 대안을 제시하고 있지는 않다(Sire, 2009: 166-213). 마이어스와 노에벨은 *Understanding the Times: A Survey of Competing Worldviews*에서 현대에 가장 중요한 세계관을 여섯 가지로 분류하는데 그중 하나가 뉴에이지이며 이 세계관을 '새로운 영성(New Spirituality)'이라고 부르면서 이 사상이 각 학문(신학, 철학, 윤리학, 생물학, 심리학, 사회학, 법학, 정치학, 경제학, 역사학 등) 분야에 어떤 영향을 미치는지 자세히 분석하고 있다.

이것을 정리해 보면 뉴에이지는 신학적으로는 범신론이며, 철학적으로는 비자연주의이고, 윤리학적으로는 도덕적 상대주의이며,

생물학에서는 우주적 진화론을 주장하고, 심리학적으로는 인간을 중심으로 한 우주적 의식을 강조하며, 사회학적으로는 비전통적인 가정과 사회 및 국가를 주장하고, 법학에서는 자율(self-law)을 강조하며, 경제학에서는 물질보다 정신을 앞세우고, 역사학에서는 계속해서 신의식(God-consciousness)으로 나아간다고 본다(Myers & Noebel, 2015:123-146).[12] 한국어로 된 논문 중에 주목할 것은 임헌만의 "개혁주의 문화관으로 본 비판적 뉴에이지 운동(New Age Movement)사상 고찰"인데 뉴에이지 운동의 역사적 배경과 위험성에 대해 매우 깊이 있는 분석을 하고 있으나 대안 제시는 거의 없다(임헌만, 2006:171-193). 한국어로 된 도서로는 CLC(Christian Literature Crusade, 기독교문서선교회)에서 1992년에 뉴에이지 운동 비판 시리즈로 11권을 출판했는데 이 중에는 앞서 언급한 그로트하우스의 책도 번역되어 있으며 특히 박영호는 뉴에이지 사상에 대해 성경적 관점에서 다각도로 분석, 비판하고 있다.

이 장에서는 이러한 선행 연구를 참고하면서 기독교 세계관으로 뉴에이지 세계관 및 운동을 보다 깊이 고찰하되 먼저 이 세계관의 내용을 구체적으로 분석한 후 대표적 사상가를 언급하고 이 세계관이 매력적으로 보이게 된 장점이 무엇인지 생각해 봄과 동시에 이 사상이 자체적으로 드러내는 내적 모순이나 단점은 없는지 살펴

---

12 류현진, 류현모 역, 『충돌하는 세계관』 서울: 꿈을 이루는 사람들(DCTY), 2013. 나머지 다섯 가지 세계관은 기독교 세계관, 세속적 인본주의, 마르크스주의, 이슬람 및 포스트모더니즘이다. 이에 관해서는 www.allaboutworldview.org도 참고.

보겠다. 그 후 이 단점에 대해 기독교 세계관은 어떤 대안을 제시할 수 있는지 언급함으로써 이 뉴에이지 운동을 어떻게 극복할 수 있는지 결론을 맺도록 하겠다.

뉴에이지에 대한 기독교 세계관적 고찰

1. 뉴에이지 세계관의 내용

그렇다면 뉴에이지의 내용은 무엇인가?

첫째, 진정으로 참된 최고의 실재는 무엇인가에 대해 뉴에이지 사상가는 자아(自我)라고 대답한다. 앞서 말한 것처럼 힌두교가 "아트만은 브라만"이라고 하면서도 브라만을 더 강조하지만 뉴에이지는 아트만을 더 강조한다. 이렇게 개별 자아를 강조하는 것은 개인을 중요하게 여기는 실존주의의 영향이라고 말할 수도 있다(Bellah et. 1985). 또한 뉴에이지 주창자는 이 브라만을 우주적 에너지(cosmic energy)라고도 부르며 이는 신적이지만 비인격적인 힘이며 하나의 과정이라고 본다. 이들은 평화와 계몽의 '새로운 시대'가 오고 있는데 이것을 점성술적 용어로 '물병자리의 시대(Age of Aquarius)'라고도 부른다(Ferguson, 1980).[13] 하지만 문제는 이 자아가 정확히 무엇인지 설

---

13 물병자리의 시대(Age of Aquarius)는 현재 또는 곧 도래할 시대를 의미하는 점성술의 기간이다. 점성가들은 이 시대는 평균 2,150년씩의 지구의 느린 세차 회전의 산물이라고 본다. 이 점성학적 시대의 길이를 계산하는 방법은 여러 가지다. 태양궁 점성술에서 별자리는 양자리, 황소자리, 쌍둥이자리, 게자리, 사자자

명하기는 쉽지 않다는 것이다. 뉴에이지 사상가는 각기 다른 설명을 하지만 공통점은 이 자아가 궁극적으로 우주의 중심이라고 본다는 것이다. 모든 것은 자아를 위해 존재하며 우주는 자아에 의해 조정된다고 본다. 가령 존 릴리(John Lilly)는 "상상할 수 있는 모든 것은 존재한다."고 말하며(Lilly, 2017:51) 켄 윌버(Ken Wilber)는 스스로 만물과 동등하다고 주장한다(Wilber, 1996:156).

둘째, 외부의 실재, 즉 우리를 둘러싼 세계의 본질은 무엇인가에 대해 뉴에이지 운동가는 이 세상의 모든 것은 영적이고 하나이며 이 하나는 곧 신이라고 본다. "신이란 존재의 본질이며 만물에 존재하는 생명력"이라는 것이다(Halverson, 1990:91). 모든 것이 하나의 동일한 본질 또는 실체이며 이것을 신이라고 부르므로 이 세계관은 사실상 범신론이며 따라서 여기에 포함된 인간도 신적이라고 엘리엇 밀러(Elliot Miller)는 주장한다(Miller, 1989:15-16). 이러한 세계관은 사실 자연주의나 마르크스주의와 같은 이전의 세계관이 세계의 본질을 물질로 보았던 것과는 정반대로 만물의 영적인 면을 절대화한다고 말할 수 있다. 물질은 단지 영의 표현일 뿐이며 따라서 이 세계관을 비자연주의(non-naturalism) 또는 비물질주의(non-materialism)라고도 부른다. 심지어 지구도 하나의 살아 있는 유기체로 보는데 이를 '가

리, 처녀자리, 천칭자리, 전갈자리, 사수자리, 염소자리, 물병자리 그리고 물고기자리의 순서로 이어지는데, 점성학적 시대는 반대 방향으로 진행하며 따라서 물병자리의 시대는 물고기자리의 시대의 다음이다. 미국에서 이 물병자리 시대는 1960년대와 1970년대에 뉴에이지 운동으로 나타났다고 뉴에이지 사상가는 주장한다.

이아 가정(Gaia hypothesis)'이라고 한다(Lovelock, 2000). 따라서 우주는 하나의 닫힌 체계가 아니라 열린 체계이며 평범한 의식을 통해 도달할 수 있는 가시적 우주도 있지만 새로운 의식 상태를 통해 접근 가능한 비가시적 우주도 있다는 것이다. 자연주의 및 물질주의는 가시적 세계를 강조했으나 뉴에이지는 비가시적이고 영적 세계가 훨씬 더 중요하다고 보는 세계관이다. 그러므로 뉴에이지 운동가들은 초월 명상, 요가, 마약, 신접(trance), 침술 및 특정한 음악 등을 강조하는 것이다.

셋째, 인간은 무엇인가에 대해서도 뉴에이지 주창자는 인간이 잠재적인 신이 아니라 이미 신이라고 주장한다. 룻 몽고메리(Ruth Montgomery)는 다음과 같이 강조한다.

> 신이 우리의 한 부분이듯 우리도 신이다. … 우리 각자가 신이며 … 함께 우리는 신이다. … 이 모든 것이 하나이며 하나는 모든 것(all-for-one-and-one-for-all)이 우리를 신으로 만든다(Montgomery, 1972:12).

즉 우주의 중심인 브라만과 인간의 중심인 아트만은 하나이며 우주는 자아 속에서 통일되어 있다고 본다. 뉴에이지 신봉자들이 요가나 명상 등과 같은 행동을 통해 궁극적으로 추구하는 것은 결국 이러한 우주적 인식(cosmic consciousness)에 도달하여 진정한 자기실현을 이루는 것이다. 따라서 기도하는 것도 알고 보면 자신에게 하는 것이라고 디팍 초프라(Deepak Chopra)는 말한다(Chopra, 2000:9). 결국 나중에는 기도가 필요 없고 단지 명상(meditation)만 필요할 뿐이다. 심지어 뉴에이지 세계관은 기독교 세계관에서 말하는 하나님의 형상을 인간에서 찾는 것이 아니라 우주 자체에서 찾는다. 가령 미국의 부통령이었던 앨 고어(Al Gore)는 "하나님의 형상은 우주의 구석구석에서 발견된다고 나는 믿는다."라고까지 말한다(Gore, 1992:264-265). 이러한 의미에서 뉴에이지는 "우주적 인본주의(cosmic human-ism)"라고 말할 수도 있다. 또한 올더스 헉슬리(Aldus Huxley)는 모든 인간 집단을 '섬 우주의 모임(a society of island universes)'으로 설명하였다. 즉 각 자아는 우주라는 바다에 떠 있는 하나의 섬 우주라는 것이다(Huxley, 1963:13). 나아가 멕클레인도 각자는 매일 하루를 시작하면서 자신이 신임을 확인해야 한다고 주장한다(Smith, 1986:181).

넷째, 인간의 죽음에 대해 뉴에이지 신봉자는 힌두교나 불교와 같이 윤회(reincarnation)를 믿는다. 따라서 인간의 육체는 죽어도 영혼은 다른 형태로 계속해서 존재한다고 보면서 죽음은 종말이 아니며 우주 의식을 경험하면 죽음에 대한 공포는 사라진다고 강조한다. 인간은 몸을 능가하는 개체이며 죽음은 또 다른 생명 형태로의 전이에 불과하다고 본다. 인간의 우주 의식은 신체적 현상의 현시 그 이상이며 인간이 전체의 창조자이고 이 사실을 안다면 죽음을 전혀 두려워할 필요가 없다는 것이다(Moody, Jr., 1976).

다섯째, 인간이 지식을 가질 수 있는 근거로 자연주의가 이성 및 과학적 방법을 강조하는 것과 반대로 뉴에이지 사상가는 직관 및 감성이 더 중요하다고 주장한다. 인간의 합리적 생각은 제한적이지만 감각과 감정은 무한하므로 이를 더 중시한다. 따라서 외부적이고 객관적인 세계에 관심을 갖기보다는 자신의 내부적이고 주관적인 직관에 더 집중한다. 닐 왈쉬(Neale Walsch)는 "당신의 지성에서 나오라. 당신의 감각으로 돌아가라! 당신의 생각은 단지 생각일 뿐이다. 당신의 감정이야말로 진정한 것이다."라고 말한다(Walsch, 1996). 멕클레인도 "삶의 여러 가지 이슈에 대해 엄격한 지적 관점을 지양하고 당신 자신의 감정을 신뢰하는 법을 배워야 한다. 지성은 제한되어 있으나 감정은 무제한적이다. 당신의 마음을 신뢰하라."고 강조한다(MacLaine, 1983:203). 여기서 중요한 경험은 우주적 의식인데 여기에서는 공간과 시간 그리고 도덕성 같은 보통의 범주는 사라진다. 보통 보이는 우주에 대한 의식은 통상 의식, 깨어 있는 의식 및 '직관적 사고'라고 불린다. 반면에 새로운 의식은 우주 의식으로 자신이 우주와 합일된 상태다. 이처럼 뉴에이지 세계관에서 진리란 느낌이며 경험이고 지식은 삶의 의미를 포함하지 않는다.

여섯째, 뉴에이지 윤리는 상대주의적이다. 왜냐하면 신학적으로는 범신론을 그리고 철학적으로는 일원론에 기초해 있으므로 우리 각자가 신이라면 궁극적인 권위는 우리 안에 있으며 따라서 우리는 내적인 진리와 조화를 이루도록 행동하는 자유를 추구해야 한다고 강조하기 때문이다. 따라서 인간 자신이 실재(reality)를 창조할 뿐만 아니라 자신의 법(self law)과 도덕(morality)도 창조하는 것이다. 즉 개인의 자율성(autonomy)만 인정하는 것이다. 심지어 더 높은 의식의 세계로 나아가면 선과 악의 구분조차 사라진다고 주장한다. 초프라는 "선과 악의 본성이 무엇인가? 신은 이 모든 것의 연합이다. 악이란 더 이상 존재하지 않는다."고 말한다(Chopra, 2000:170). 심지어 왈쉬는 이런 위험한 발언도 한다.

> 우주에는 '옳거나' '그른 것'이 없다. 사물은 단지 존재할 뿐이다. …히틀러(Adolf Hitler)는 '잘못'을 범한 것이 아니라. 그는 그저 한 일을 했을 뿐이다(Walsch, 1996:2-36, 55).

이처럼 자신이 마치 절대자처럼 선악을 결정하게 된다는 것이다. 따라서 어떤 법을 어겼을 때 경험하는 죄책감을 단호히 거부한다. 뉴에이지 사상가인 루이스 헤이(Louise Hay)는 이렇게 주장한다.

> 전통적인 종교는 죄책감에 사로잡히게 만들며 사람을 통제하기 위해 만들어졌다. 우리가 그런 종교를 필요로 할 때가 있기는 있었지만 이제는 그것을 초월하여 진화했다(D'Antonio, 1992:95).

따라서 이 뉴에이지 사상가는 최후의 심판도, 나아가 지옥의 존재도 부인한다. 앞서 왈시의 말을 인용했지만 심지어 그는 지옥이 없으므로 히틀러는 천국에 갔다고까지 주장하는데 그 이유는 그가 이 땅에서 한 일은 단지 덜 진화한 실수이기 때문이며 따라서 그를 영원히 정죄할 수 없고 오히려 그에게는 수정하고 진보할 수 있는 기회가 주어지고 그에 의해 죽은 사람들은 마치 번데기에서 나비가 나오듯 이 세상의 속박에서 벗어났다고 강조한다(Walsch, 1997:42). 그러므로 이들은 자신의 행동에 대해서는 스스로 판단할 수 있으나 다른 사람의 행동은 절대로 옳고 그름을 판단할 수 없으며 해서도 안 된다고 주장한다. 그 결과 이들은 당연히 기독교에서 말하는 십계명과 같이 외부에서 인간에 명령하는 그 어떤 권위도 부정할 수밖에 없고 스스로 도덕적 기준을 만들어야 한다고 강조한다. 뉴에이지 신봉자였다가 그리스도인이 된 랜달 베르(Randall Baer)는 뉴에이지의 기본 신념을 이렇게 표현한다.

> 당신 자신이 옳다고 느끼는 것에 따라 자신의 현실을 창조하라(Baer, 1989:88).

따라서 내가 동성애든 이성애든, 일부다처제이든 일부일처제이든, 옳다고 생각하는 것을 사랑의 동기로 선택하고 다른 사람에게 해가 되지 않으면 그만이라는 것이다. 이는 분명히 인간이 자율적으로 설계한 윤리임을 알 수 있다.

마지막으로 인간의 역사에 대해 뉴에이지 주창자는 순환적 시간관을 주장한다. 뉴에이지의 뿌리는 힌두교이며 이를 개혁한 것이 불교인데 특히 힌두교의 카스트제도를 철폐했다. 하지만 힌두교, 불교 및 뉴에이지의 공통점은 윤회사상이다. 즉 우리는 인과율이라는 법칙에 매여 다시 태어날 때 전생의 업보(karma)에 따라 그 신분이 결정된다는 것이다. 그러나 뉴에이지는 서양 사상의 영향도 받았기 때문에 역사는 발전하고 진보한다고 보는데 이는 특히 찰스 다윈(Charles Darwin, 1809-1882)의 진화론으로부터 영향을 받은 것이며 따라서 미래에 대해 낙관적이며 이러한 과정을 "진화적 신성(Evolutionary Godhood, Amano & Geisler, 1989:18)" 또는 "우주적 진화(Cosmic Evolution)"라고 부른다(Myers & Noebel, 2006:196). 즉 우리 인간은 모두 신이므로 역사는 점점 더 개선되는 방향으로 나아가며 세계는 새로운 질서를 향하여 간다는 것이다.

따라서 뉴에이지 신봉자들은 전통적인 기독교에서 진화하여 뉴에이지가 추구하는 역사의 완성으로 나아가야 한다고 주장한다. 이러한 새로운 세계관은 개개인에게 보다 더 큰 힘을 가져다준다고 루이스 헤이는 말한다(D'Antonio, 1992:95). 즉 낮은 개인의 의식 수준에서 높은 집단적 의식 수준으로 나아가는 것이 진화이며 그 종착점은 신성(godhood)에 도달하는 것이다. 따라서 이들은 사회의 전통적인 결혼이나 가정, 교회 및 국가도 이러한 신성에 이르기 위한 진화에 방해가 된다고 간주하면서 새로운 패러다임에 의해 대체되어야 하고 다음 세대가 전통적 한계를 초월하여 더욱 높은 의식을 성취하도록 가르쳐야 한다고 본다. 결국 의미 있는 사회적 변화를 가져오려면 개인이 충분히 변해야 하는데 미국의 작가 게리 주카브(Gary Zukav)는 이렇게 말한다.

당신이 책임 있는 선택을 통해 의식적으로 진화하기로 선택한다면 당신은 당신 자신의 진화뿐만 아니라 당신이 참여하는 인류의 진화에도 공헌하는 것이다(Zukav, 1989:162).

2. 대표적인 뉴에이지 사상가 및 저작

대표적인 뉴에이지 사상가로는 앞서 언급한 초프라와 멕클레인이 있다. 그 외에도 데이비드 스펭글러(David Spangler)는 1977년에 *Revelation: The Birth of a New Age*라는 책을 그리고 마크 새틴(Mark Satin)은 1979년에 *New Age Politics: Healing Self and Society*라는 책을 출판하여 뉴에이지라는 이름을 보편화시켰다. 나아가 매릴린 퍼거슨(Marilyn Ferguson)이 1982년에 출판한 책 *The Aquarian Conspiracy*는 뉴에이지 운동이 발전하게 된 결정적인 계기였다. 조셉 캠벨(Joseph Campbell)은 *The Power of Myth*라는 책을 1988년도에 출판했는데 뉴에이지 사상을 대변하는 가장 영향력 있는 도서 중의 하나다. 이 책에서 그는 "우리는 언제나 양 극단의 존재를 전제로 사고한다. 그러나 궁극적인 존재, 즉 신은 양 극단을 넘어선 존재다. 그것이 전부이다."라고 주장한다(Campbell, 1988:49).

그 외에도 제임스 레드필드(James Redfield)는 1993년에 *The Celestine Prophecy*라는 책을 출판했는데 전 세계 32개국에서 8백만 부 이상 판매되어 베스트셀러로 뽑혔으며 2018년에 개정판이 나왔다. 왈쉬 또한 15권의 책을 2017년에 출판하였는데 *Conversations with God*이라는 시리즈로 출판된 첫 다섯 권은 「뉴욕 타임즈(New York Times)」에서 베스트셀러로 지정되었다. 그의 책들은 27개국 언어로 번역되어 7백만 부 이상 판매되었다. 그는 "모든 것은 하나다. 오직 하나만 존재하며, 모든 것은 그 하나의 일부이다"라고 강조한다(Walsch, 2002:360).

3. 뉴에이지 세계관의 장점

그렇다면 뉴에이지 세계관에는 어떤 장점이 있기에 그토록 많은 사람이 매력을 느끼는 것일까? 크게 세 가지로 생각해 볼 수 있겠다.

먼저 이 세계관은 지금까지 과소평가된 인간의 영성과 이 세상의 정신적이고 비가시적인 면의 중요성을 회복했다는 점을 지적할 수 있다. 뉴에이지는 인간의 합리성을 거의 절대적으로 확신하던 인류가 양차 세계대전을 통해 인간이 얼마나 비합리적인 존재임을 깨닫고 깊은 절망에 빠졌을 때 하나의 대안으로 강력히 부상하였으며 따라서 지금도 적지 않은 서구인이 이 세계관을 추종하고 있다. 즉 과학과 기술이 더 이상 전능하지 않음을 자각한 많은 사람이 다시금 인간의 논리를 초월하는 뉴에이지로 회귀하고 있는 것이다. 인간의 정신과 영성을 강조한다는 의미에서 뉴에이지는 매우 신비롭게 보이므로 많은 이들의 관심을 끌고 있다. 또한 자신을 강조하므로 자신감을 잃지 않을 수도 있는 장점이 있다. 인간의 의식에 대해서도 낙관적이며 나아가 신적 의식을 부여하여 우주의 본질과 합일한다는 주장은 적지 않은 사람에게 매력적으로 보이는 것이다. 따라서 이러한 세계관은 현재 하나의 운동이 되어 다양한 저술과 음악 그리고 영화에서도 큰 영향을 미치고 있으며 일부 사람은 심지어 신비주의적인 주술과 마약을 통한 환각에 빠져들기도 한다.

둘째, 뉴에이지는 인간 스스로 자신에 대해 돌아보는 것(self-reflection)을 격려한다. 이를 통해 자신 안에 있는 잠재적인 능력을 개발하려고 하며 참된 자아를 회복하려는 노력 자체는 긍정적으로 볼 수 있을 것이다. 이는 자신에 대한 믿음을 회복시켜 주고 강화하여 자존감을 높여 줄 수 있다. 현대인은 이것을 '마인드 컨트롤(mind-control)'이라고도 부르는데 이를 통해 궁극적 목표인 우주적 의식에 도달하려고 하는 것이다. 가령 뉴에이지 음악도 이 과정에 도움을 준다고 믿는 많은 사람이 이를 통해 심신의 휴식과 안정을 찾는 동시에 명상을 통해 신적 우주와의 합일을 추구한다. 이처럼 인간이 자신에 대해 깊이 반성하면서도 우주 의식을 통해 브라만과 합일을 이루는 동시에 우주의 중심에 설 수 있다는 사상은 적지 않은 사람에게 설득력이 있어 보여 현대인의 구미에 맞는 세계관이라고 할 수 있을 것이다. 나아가 뉴에이지 사상가는 신적인 세계와의 접촉이 가능하다고 가르치므로 여러 가지 영매나 환상을 강조하면서 이 세계를 초월하는 새로운 시대가 열리는 것처럼 주장한다.

마지막으로 뉴에이지 세계관은 만물에 대한 경외심을 느끼게 해 준다. 그것이 생명체이든 아니든 간에 모든 것을 신적으로 해석하기 때문이다. 이는 힌두교 및 불교적 세계관과도 연결되는 것이며 환경이 심각하게 파괴되는 이 시대에 우주와 나는 하나라는 사상을 통해 환경에 대한 인간의 책임의식을 높여 함부로 자연을 파괴하지 않도록 해 준다는 점에서 긍정적인 요소라고 말할 수 있을 것이다. 가령 뉴에이지 세계관에 기반을 둔 웹사이트 aquariusnewageplay-ground.com을 보면 이들의 미션을 '건강을 증진하고, 복지를 향상시키며, 새로운 발견을 격려하고, 정신을 확장하며, 영들을 밝혀 주는 동시에 삶에서 최선을 추구하는 사람을 지원하면서도 즐기게 해 주는 것'이라고 말한다. 그러면서 이를 위한 구체적인 방법으로 춤, 피트니스, 웰빙, 요가, 음악, 예술 및 명상을 제시한다. 이처럼 다양한 방법으로 현대인에게 육체적, 정신적 그리고 영적 건강과 행복을 제공한다고 주장한다. 이러한 접근은 일상에 지치고 피곤한 현대인에게 어느 정도는 휴식과 회복을 줄 수 있을 것이다.

4. 뉴에이지 세계관의 단점

하지만 이 뉴에이지 세계관은 적지 않은 단점도 분명히 드러내고 있는데 크게 네 가지로 나누어 살펴보겠다.

무엇보다 뉴에이지 세계관은 자기기만의 위험에 빠지기 쉽다. 자아가 우주의 중심이라고 말하면서 자신이 신이 되고, 상상이 현실이 되며, 보는 것이 존재하는 것이라면 상상하고 보는 이 자아는 엄밀히 말해 사적인 우주에 갇혀 있는 셈이다. 스스로 자기가 상상하는 내용을 만족스럽게 여기고 진정 자신이 생각하는 것을 통제한다면 '외부'에 있는 다른 사람은 아무것도 해 줄 수 있는 것이 없다. 따라서 자신의 내적 실재에 부합하는 선택은 무엇이든 합법적이며 다른 어떤 외부적 권위에 의해 강요되는 행동은 모두 불법적이고 나아가 집단의식에 도달하면 함께 실재를 창조하며 각자가 자신의 권위에 따라 일하게 된다고 주장한다. 그런데 여기서 문제는 이 자아가 늘 긍정적인 존재만이 아니라 간혹 매우 부정적인 욕심을 내기도 한다는 점이다. 이럴 경우 우리는 스스로의 욕망을 정당화하는 모순을 범할 수 있다. 다시 말해 이 또한 실존주의와 같이 유아론으로 빠질 수 있다는 것이다. 이것은 뉴에이지 사상이 실제로는 인간에 대해 매우 낙관적인 견해를 가지고 있음을 보여 준다(MacLaine, 1989:204). 하지만 현실 사회를 보면 그렇지 않은 범죄 사건이 자주 일어나고 있다. 이에 대해 뉴에이지 세계관이 적절한 답변을 주기는 어려울 것이다.

둘째, 뉴에이지는 매우 혼합적이고 절충적인 세계관이다. 동양의 힌두교와 불교 및 서양의 범신론이 혼재하여 혼란스러운 사상임을 알 수 있다. 뉴에이지만큼 동서양의 여러 세계관이 섞여 있는 것도 별로 없을 것이다. 실제로 세도나에 많이 있는 뉴에이지 가게를 방문해 보면 전 세계의 온갖 세계관을 모아 놓은 잡화점이라는 인상을 지울 수 없다. 그럼에도 이 세계관의 초점은 다름 아닌 나 자신이 우주의 중심이므로 매우 자기중심적인 세계관이다. 따라서 초월적인 신은 인정하지 않고 인간이 신이며 우주로 자기가 편한 대로 여러 세계관과 영을 활용하는 것이다. 하지만 우리가 상식적으로 알고 있듯이 인간은 유한한 존재이며 결코 신이 될 수 없다. 오히려 인간의 마음 깊은 곳에는 아직도 탐욕이나 이기심이 있음을 부인할 수 없을 것이다. 따라서 인간이 신이라는 주장은 사실상 스스로 속는 착각이라고 말할 수 있다. 나아가 온갖 영을 인정하므로 더 큰 영적 혼란에 빠질 수 있다. 따라서 뉴에이지 세계관은 이신론이나 자연주의 및 마르크스주의와 같은 세계관보다 사실상 인간을 더 높이는 매우 극단적인 인간 중심주의인 동시에 신비주의적 세계관이라고 말할 수 있다.

셋째, 뉴에이지는 신과 피조물을 동일시하는 범신론 사상인 동시에 철저히 주관적인 세계관이므로 결국은 도덕적으로도 상대주의에 빠질 수밖에 없다. 뉴에이지 주창자는 우리가 우주적 의식에 도달하는 순간 시간과 공간 그리고 도덕성은 사라진다고 주장한다. 따라서 이들의 비도덕적 행동에 대해 도덕적인 비판을 하는 것은 매우 어렵다. 만일 절대적 도덕 기준이 없다면 모든 것이 가능해지며 따라서 어느 누구에게도 도덕적 책임을 물을 수 없게 되기 때문이다. 그러므로 이 세계관은 아무도 다른 사람의 선택이나 행동에 대해 판단할 수 없게 된다. 자신이 곧 신이므로 다른 초월적 신을 인정할 수도 없고 다른 초월적인 규범을 받아들일 수도 없기 때문이다. 이런 세계관에서는 내가 곧 신이므로 내가 하는 어떤 일도 윤리적이라고 주장할 수 있게 된다. 하지만 이것이 얼마나 위험한 생각인지는 우리가 상식적으로도 금방 알 수 있는데 이러한 주장은 결국 유아론적 이기주의를 정당화하게 될 것이기 때문이다. 이런 면에서 뉴에이지 세계관 또한 윤리적으로 심각한 문제와 위험성을 안고 있다고 말할 수 있다.

마지막으로 뉴에이지 세계관에서는 결국 삶의 진정한 의미를 찾기가 어려워진다. 스스로 신이라고 주장하는 사람과는 토론이나 논쟁이 불가능하다. 자기가 임의로 정한 기준이 다른 사람의 그것과 모순될 때 합의나 대화가 가능하지 않을 것이다. 실제로 뉴에이지를 신봉자 중 적지 않은 사람이 명상을 돕고 우주적인 의식에 도달하기 위해 다양한 마약을 사용한다고 한다. 이럴 경우 심각한 사회 문제가 발생할 수 있으며 나아가 자칫 이로 인해 이차적인 범죄가 일어날 수도 있다. 가령 1960-70년대에 명성을 떨치던 티모티 리어리(Timothy Leary)는 죽기 전까지 LSD(Lysergic Acid Diethylamide)라는 환각제를 복용했다. 그를 따른 사람들은 환각 상태에서 정상적인 자아를 상실한 채 스스로 신이라고 착각했다. 한 정신과 연구센터에서 일하던 스타니슬라브 그로프(Stanislav Grof)도 환자에게 LSD를 주어 그들이 우주적 합일의 느낌을 가질 수 있게 도와줌으로써 죽음을 준비하는 실험을 했다고 한다(Sire, 2009:174). 그 외에도 여러 추종자가 이와 유사한 방법을 사용하고 있다. 이런 현상을 그로트하우스는 '테크노샤머니즘(technoshamanism)'이라고 부르며 비판한다(Groothuis, 1997:105-120).

5. 뉴에이지 세계관의 단점에 대한 기독교 세계관적 대안

그렇다면 이 뉴에이지가 가진 단점에 대해 기독교 세계관은 어떤 대안을 제시할 수 있는가?

첫째, 뉴에이지 세계관이 자기기만의 위험에 빠지기 쉽다는 점에 대해 기독교 세계관은 인간이 결코 신이 될 수 없음을 분명히 강조한다. 사실 뉴에이지 사상은 창세기 3장에서 뱀이 하와를 유혹했던 내용과 매우 유사하다. 즉 이 선악과를 따 먹으면 결코 죽지 않고, 오히려 진정한 눈이 뜨여져, 선악을 분별하게 되며 마침내 신이 될 수 있다는 네 가지 거짓말인데, 뉴에이지는 이 모두를 포함하고 있음을 알 수 있다. 이런 의미에서 뉴에이지는 결코 새로운 것이 아니다. 자아가 우주의 중심이라고 말하면서 자신이 신이 되고, 상상이 현실이 되며, 보는 것이 존재하는 것이라면 내가 어떤 것을 상상해도 아무런 문제가 없을 것이고 그럴 경우 실제로는 큰 문제가 발생할 수 있다. 왜냐하면 실제로 인간의 자아는 엄밀히 볼 때 항상 긍정적인 상상만 하는 것이 아니라 매우 잘못된 욕심을 내기도 하기 때문이다.

따라서 자기가 원하는 것을 마음대로 해도 그것을 통제하거나 막을 방법이 없으며, 이것은 결국 우리 자신의 욕망을 정당화하는 모순에 빠지는 오류를 범할 수 있다. 반면에 기독교 세계관은 창조주와 피조물을 분명히 구별하며 인간은 분명 한계가 있는 피조물이므로 결코 신이 될 수 없음을 분명히 한다. 하나님의 형상을 가진 존재로 자유의지가 있는 인격체이지만 그 모든 생각과 행동에 대해서는 책임도 져야 하는 존재다. 나아가 타락한 이후에는 전적으로 부패한 죄인인 것도 강조한다. 따라서 인간 스스로는 결코 신이 될 수 없으며 생각과 행동에 죄성이 있음을 지적하면서 예수 그리스도에 의한 구속이 절대적으로 필요함을 대안으로 제시한다.

둘째, 뉴에이지는 매우 혼합적이고 절충적이며 신비적인 세계관이다. 우리의 정신 세계 및 일상생활을 더 큰 혼돈으로 인도할 가능성에 대해 기독교 세계관은 창조 및 문화명령에 바탕을 둔 진정한 삶의 의미와 십계명과 같은 객관적인 삶의 기준을 명확히 제시한다. 나아가 뉴에이지 신봉가가 사용하는 여러 마약의 후유증과 부작용이 매우 심각함을 비판하고 영적, 육적으로 건강하게 살 수 있는 대안을 제안한다. 가령 구약성경을 보면 모세가 곧 가나안 땅에 들어갈 이스라엘 백성에게 "자기 아들이나 딸을 불 가운데로 지나가게 하는 사람과 점쟁이와 복술가와 요술객과 무당과 주문을 외우는 사람과 귀신을 불러 물어보는 사람과 박수와 혼백에게 물어보는 사람"을 결코 허용해서는 안 된다고 분명히 말한다(신 18:10). 나아가 이런 일을 하는 사람은 모두 사실상 사탄의 조종을 받기 때문에 심판을 피할 수 없다고 사도 요한은 강조한다(계 21:8, 27, 22:11, 15).

뉴에이지는 동서양의 세계관이 혼합되어 혼란스러운 사상이며 그 초점은 인간 자신이 우주의 중심이므로 매우 자기중심적 세계관이다. 따라서 초월적인 신은 인정하지 않고 인간이 신이며 우주로 자기가 편한 대로 여러 세계관과 영을 활용한다. 하지만 기독교

세계관은 인간이 우주의 중심이 아니라 하나님께서 만물의 근원이
시며 주관자이시고 마침내 완성하시는 분이심을 천명하고 있다(롬
11:36).

셋째, 뉴에이지의 무규범적 상대주의 윤리관에 대해 기독교 세
계관은 십계명과 같은 절대적인 윤리 기준을 제시한다. 뉴에이지는
범신론인 동시에 철저히 주관적인 세계관이므로 결국 도덕적으로도
상대주의에 빠질 수밖에 없다. 모든 것이 하나이면 선과 악도 하나
이고 따라서 옳고 그른 것도 하나가 되고 말 것이다. 그러므로 뉴에
이지 사상가는 우리가 우주적 의식에 도달하는 순간 시간과 공간 그
리고 도덕성은 사라진다고 주장한다. 심지어 슈펭글러는 이렇게까
지 말한다.

> 그리스도는 루시퍼와 같은 힘이다. … 루시퍼는 인간에게
> 그리스도 되는 경험을 준비시켜 주는 것이다. … 루시퍼는
> 우리 각자 안에서 일하여 우리로 하여금 온전히 새로운 시
> 대로 들어가도록 인도한다(Spangler, 1977:40-44).

따라서 이들의 비도덕적 행동에 대해 도덕적인 비판을 하는 것은
불가능하다. 만일 절대적 도덕 기준이 없다면 모든 것이 가능해지
며 어느 누구에게도 도덕적 책임을 물을 수 없게 되기 때문이다. 그
러므로 이 세계관은 아무도 다른 사람의 선택이나 행동에 대해 판단
할 수 없게 된다. 자신이 곧 신이므로 다른 초월적 신을 인정할 수

도 없고 다른 초월적인 규범을 받아들일 수도 없기 때문에 내가 하는 어떤 일도 윤리적이라고 주장할 수 있게 된다. 하지만 이것이 얼마나 위험한 생각인지는 우리가 상식적으로도 금방 알 수 있다. 즉 이러한 주장은 결국 유아론적 이기주의를 정당화하게 될 것이다. 특히 히틀러의 행동을 비판할 수 없다고 말하는 것은 그 희생자들의 고통을 너무나 무시하는 더 비인간적인 잔인함이라고 말할 수 있다. 이처럼 우리가 절대적 윤리 규범을 상실하면 어떤 것도 합리화될 수 있는 위험과 내적인 모순 및 혼돈에 빠지므로 인간에게는 절대적 기준이 반드시 필요하다. 이것을 인간이 만들어 낸다면 이것 또한 상대주의적 비판에서 벗어날 수 없고 결국 이 세상은 더 혼란스러워질 것이다.

결국 뉴에이지는 창세기 11장에 나타난 것처럼 인간이 다시금 바벨탑을 세우는 것과 같으며 인간에 대해 너무나 낙관적인 입장을 취하기 때문에 인간이 얼마나 타락한 죄인인가에 대해 간과한다. 인간이 철저히 타락한 존재라는 사실을 부인하고 스스로 유토피아를 건설할 수 있다고 가르치므로 진정한 구속의 필요성도 부인할 수밖에 없다. 하지만 기독교 세계관은 인간이 하나님의 형상으로 창조된 존재로 선과 악이 무엇인지 이미 알고 있음을 지적한다. 가령 살인은 잘못된 행위임을 우리 모두는 양심과 본능적으로 안다. 이와 동시에 기독교 세계관은 인간이 타락하여 전적으로 부패한 죄인이된 것도 분명히 지적한다. 그러므로 십계명과 같은 절대적인 윤리 기준이 있어 인간이 자신의 죄성을 깨닫는 동시에 예수 그리스도를 통한 구속으로 회복되어 삶을 더욱 거룩하고 경건하게 인도하며 성령의 능력으로 하나님과 이웃을 사랑할 수 있도록 도와준다.

마지막으로 기독교 세계관은 뉴에이지 세계관에서 찾을 수 없는 삶의 진정한 의미를 보여 준다. 스스로 신이라고 주장하는 사람과는 논쟁이 불가능하며 자기가 임의로 정한 기준이 다른 사람의 그것과 모순될 때 합의나 대화가 가능하지 않을 것이다. 이처럼 뉴에이지는 사실상 인간을 신의 위치에 두고 스스로 인간의 운명을 결정하려고 한다. 하지만 결국 인간은 신이 아니므로 이러한 세계관은 언제든지 상호 간에 부딪힐 수 있는 내적 모순을 드러낸다. 이와 반대로 기독교 세계관은 하나님께만 온전히 영광을 돌려 드리면서 예수를 주와 그리스도로 고백하고 이웃에게 복음을 전하는 동시에 참된 사랑을 실천하며 섬기는 것이 인생의 진정한 의미라고 제시한다. 그렇게 되면 우리는 자기중심주의에 함몰되지 않고 더불어 행복을 추구하는 삶을 살아갈 수 있을 것이다. 나아가 마약을 통해 출구를 모색하기보다는 성령의 충만을 받아 구체적인 삶에서 성령의 열매들을 맺을 수 있다(갈 5:22-23).

결론

이 장에서는 뉴에이지 운동이 어떻게 일어나게 되었으며 그 기본적인 내용과 주된 주창자를 살펴본 후, 이 세계관의 장단점을 비판적으로 분석해 보았고 단점에 대한 대안을 기독교 세계관으로 제시해 보았다. 이 세계관은 다분히 서구인이 동양의 신비주의적 세계관에 대한 관심이 커지면서 발전했다고 말할 수 있다. 그래서 주로 미국을 중심으로 하여 다양한 지역과 영역으로 빠르게 확산되고 있다.

이 세계관은 지금까지 과소평가된 인간의 영성과 이 세계의 정신적이고 비가시적인 면의 중요성을 회복했으며, 인간 스스로 자신에 대해 돌아보는 것(self-reflection)을 격려하면서 이를 통해 자신 안에 있는 잠재적인 능력을 개발하여 참된 자아를 회복하려는 노력 그리고 만물에 대한 경외심을 느끼게 해 주는 등 나름대로 여러 가지 긍정적인 요소를 생각할 수 있다.

하지만 동시에 이 뉴에이지는 자기기만의 위험에 빠지기 쉬우며, 매우 혼합적이고 절충적인 세계관이고, 신과 피조물을 동일시하는 범신론 사상인 동시에 철저히 주관적인 세계관이므로 결국은 도덕적으로도 상대주의에 빠질 수밖에 없고 따라서 삶의 진정한 의미를 찾기가 어려워진다고 하는 부정적인 측면도 있음을 살펴보았다. 그 로트하우스가 말한 대로 이 세계관은 기독교 세계관에 대한 하나의 위조(counterfeit)라고 할 수 있을 것이다(Groothuis, 1988:15-34).

이에 대해 기독교 세계관은 인간은 결코 신이 될 수 없음을 강조하며, 진정한 삶의 의미가 무엇인지 분명하게 보여 주고, 보다 절대적인 윤리 기준을 제시하며 마지막으로 뉴에이지 세계관에서 찾을 수 없는 삶의 다른 면을 보여 줄 대안적 세계관이 됨을 제시했다. 결국 이 뉴에이지 세계관은 물질적인 면보다는 비물질적이고 정신적인 면을 강조했는데 기독교 세계관은 이 두 가지 모두를 동시에 균형 있는 시각으로 바라보게 해 준다고 말할 수 있겠다. 또한 인간에 대해 지나친 낙관주의를 경계하고 하나님의 형상으로 지음 받았으나 철저히 타락한 죄인이며 동시에 구속을 받음으로 새로운 삶을 살 수 있음을 제시하였다. 앞으로도 기독학자들은 이 뉴에이지 운동을 계속 예의주시하면서 적절한 대안을 제시하며 올바르게 대응해야 할 것이다.

12. 이슬람(Islam)

서론

오늘날 이슬람(الإسلام)은 매우 중요한 세계관으로 등장하고 있다. 이 세계관은 유일신 알라(الله), 최후의 선지자로 믿는 무함마드(محمد, 570-63) 및 그가 알라로부터 받았다는 꾸란(القرآن)에 기초한다. 이슬람이란 알라에게 복종한다는 의미이며 한자로는 회교(回敎)라고 한다. 무슬림(مسلم)은 알라에게 복종하는 사람이라는 뜻이고 여자는 무슬리마(مسلمة)라고 하는데 전 세계 인구의 약 1/5을 차지한다.

이슬람은 7세기에 무함마드에 의해 사우디아라비아에서 시작되었는데 그는 610년에 알라신이 보낸 천사 가브리엘의 계시를 받아 이슬람의 경전인 꾸란을 적었다고 한다. 이슬람의 배경을 살펴보면 아라비아에 이미 있던 애니미즘, 즉 정령숭배 사상과 유대교 및 기독교 등 여러 세계관의 영향을 받았다고 볼 수 있으나 무슬림은 이를 단호히 부인하며 이슬람이 다른 세계관의 영향을 받았다고 말하는 것 자체를 신성모독으로 간주한다. 그만큼 이 세계관은 배타적이며 자신에 대한 어떤 비판도 결코 용납하지 않는다.

무함마드가 이슬람을 창시할 때 아라비아는 근대 국가가 아닌 부족 사회였다(Hamade, 1990). 당시 부족 간의 갈등이 심해 전쟁이 많았으며 형벌도 매우 엄했는데 이것이 지금까지 이어져 오고 있다. 무함마드가 계시를 받기 전까지 그가 속한 부족은 이미 메카 (مكة المكرمة)의 카바(الكعبة)라는 사원에서 수많은 신을 섬기고 있었다고 한다. 하지만 그는 이러한 민속 종교에 회의를 품고 그가 알던 유대교와 기독교를 비교하여 이슬람을 창시한 것으로 보인다(Ross & Hills, 1956:162-163).

따라서 많은 이슬람 학자는 알라는 성경의 하나님과 같다고 주장하지만 실제로는 전혀 다르다. 알라신은 초월적인 신이지만 성경의 신은 초월적인 동시에 내재적인 분이며 특히 삼위일체성이 있기 때문이다. 나아가 무슬림은 유대교나 기독교로 개종하는 동족을 결코 용납하지 않으며 죽여도 된다는 '명예 살인(honor killing)'도 허용한다. 이는 분명히 두 신이 다름을 보여 주는 것이다.

이슬람의 상징은 초승달이다(사진 12-1). 따라서 대부분의 회교국의 국기에 이 초승달이 있는데 이것은 과거에 그들이 달 신을 숭배했다는 흔적으로 보인다(Morey, 1920:62-64). 무함마드가 속해 있던 쿠라쉬 부족도 달 신을 섬겼다. 일반적으로 이 달 신은 여신인데 아라비아에서는 남신이며 이 신이 메카의 카바 신전에 있다고 믿었다. 따라서 이슬람에는 애니미즘, 즉 정령 숭배적 요소가 있다고 말할 수 있다.

사진 12-1
출처: upload.wikimedia.org/wikipedia/commons/thumb/a/aa/
　　　IslamSymbol1.svg/220px-IslamSymbol1.svg.png

　나아가 무함마드는 유대교와도 접촉이 있었던 것으로 보인다. 당시 아라비아에는 유대인도 많이 있었으며 회당에서 토라를 읽었다고 한다. 따라서 꾸란에 나오는 토라와 비슷한 내용은 그 영향으로 본다. 하지만 유대인이 무함마드를 무시하자 그는 유대교의 안식일인 토요일을 이슬람에서 금요일로 바꾸었고 음식에 대한 금지조항도 돼지고기만으로 최소화했다. 그러나 금식이나 자선 그리고 메카를 향한 기도는 유대교 의식과 유사하며 빌려온 것으로 볼 수도 있다. 하지만 그는 메카를 정복한 후 많은 유대교도를 살해하고 이슬람만 인정했다.

무함마드가 기독교의 영향도 받았다고 보이는데 그가 40세의 과부 카디야와 결혼했을 때 그녀의 전 남편과 사촌은 그리스도인이었다고 한다. 또한 그가 메카 근처의 히라 산에서 명상하며 계시를 받을 때 이러한 의식은 당시 시리아 기독교인의 의식과 유사했다고 한다. 하지만 당시 기독교는 네스토리우스(Nestorius)의 영향을 받아 경교(景敎)라고 불리는 혼합적 세계관으로 신학 논쟁이 지나쳐 무함마드는 이에 실망하였고 결국 등을 돌렸다고 한다.

현대 이슬람에는 크게 수니파(اهل السنة)와 시아파(شيعة)가 있다. 수니파는 전체 무슬림의 87-90%를, 시아파는 10-13%를 차지한다. 역사적으로 볼 때 수니파와 시아파는 632년에 분리되었는데 무함마드가 죽으면서 수니들은 그의 장인인 아부 바크르(ابو بكر)가 후계자라고 믿는 반면 시아파는 그의 조카이며 사위인 알리 이븐 아비 탈립(علي ابن ابي طالب)이 다음 칼리프라고 주장한다. 이 두 그룹 사이에는 종교적, 정치적 그리고 군사적 갈등이 있는데 대표적인 경우가 이란과 이라크 간의 분쟁이다.

이슬람 국가 중에는 인도네시아가 가장 많은 무슬림 인구(2억)를 보유하고 있으며 다음이 파키스탄(1억 7천만) 그리고 인도(1억 6천만)다. 이슬람 국가는 국제 테러조직으로 이라크와 시리아에서 활동하고 있으며 원래 알카에다에 기원을 두고 있다. 이들은 수니파로만 구성된 이슬람 독립 국가를 설립하는 것을 목표로 한다. 한국에도 이슬람이 급속도로 확산되고 있지만 유럽의 상황은 훨씬 더 심각하다고 말할 수 있다. 물론 유럽에 살고 있는 무슬림 내에도 인종, 종파, 철학 그리고 정치면에서 상당한 차이가 있지만 어쨌든 이슬람은 현재 유럽에서 두 번째 큰 종교로 급증하고 있다. 2000년에는 무슬림들이 유럽에서 5% 증가했으나 2050년에는 16% 증가할 것으로 예상한다. 현재 9개의 대표적인 유럽 국가에 약 7,000여 개의 모스크와 이슬람 예배장소가 있는데 그중 80%가 독일(2,500개), 프랑스(2,000개) 및 영국(1,500개)에 집중되어 있다. 유럽에는 무슬림으로 개종하는 백인이 매년 10,000명에서 50,000명에 이른다고 한다. 무슬림이 타 종교로 개종할 경우 그들의 공동체에서 추방되어 각종 불이익을 감수해야 하며 심지어 생명의 위협까지 느끼기에 절대 소수다. 그러므로 이런 추세로 갈 경우, 2050년이 되면 이슬람이 유럽 최대의 종교가 될 것으로 학자는 예측하고 있다.

이슬람은 세계를 둘로 나눈다. 하나는 정치적인 힘이 무슬림에게 있으며 '샤리아'라는 이슬람 법(الشريعة)이 강제되는 '이슬람의 집(دار الإسلام)'과 무슬림이 소수로 정치적인 힘이 없는 '전쟁의 집(دار الحرب)'으로 구분되며, 무슬림은 심판의 날까지 이 전쟁의 집이 이슬람의 집으로 전환되기 위해 싸워야 한다고 가르친다. 따라서 이슬람은 공동체의 환경을 이슬람 법으로 전환시킴으로써 전체를 이슬람 집으로 바꾸는 데 초점을 맞추고 있으며, 실제 역사적으로도 그러한 면을 볼 수 있다. 이슬람에 있는 '샤리아'라는 법은 모든 사람이 따라야 할 '밝은 길'이라는 뜻이며 단지 종교에 국한되지 않고 사생활은 물론 공적 생활, 정치, 경제, 사회 등 모든 분야를 망라하고 있다. 따라서 이슬람에서는 법과 종교가 구분되지 않는 신정정치를 추구한다. 샤리아의 근원은 꾸란, 무함마드의 언행록인 하디스(حديث نبوي), 대표적 신학자들의 의견이 일치한 이즈마(إجماع) 그리고 과거 결정에 기초가 되는 원리에 입각하여 유추한 끼야스(قياس) 등이다(윤 승용, 1991:654).

현재 이슬람은 중동을 넘어 전 세계에 활발하게 전파되고 있다. 그렇다면 왜 지금도 이렇게 많은 사람이 이 이슬람을 추종하고 있으며 기독교 세계관은 이 세계관을 어떻게 평가해야 하는지를 이 장에서 다루고자 한다. 먼저 이 세계관의 내용을 구체적으로 분석한 후 대표적 사상가를 언급하고 이 세계관이 매력적으로 보이게 된 장점이 무엇인지 생각해 봄과 동시에 이 사상이 자체적으로 드러내는 내적 모순이나 단점은 무엇인지 살펴보겠다. 그 후 이 문제점에 대해 기독교 세계관은 어떤 대안을 제시할 수 있는지 언급함으로써 이 세계관을 어떻게 극복할 수 있는지 결론을 맺도록 하겠다.

이슬람에 대한 기독교 세계관적 고찰

1. 이슬람 세계관의 내용 및 대표적 사상가

무슬림이 믿는 내용을 크게 여섯 가지로 요약할 수 있다.

첫째로는 오직 유일신 알라만 믿는다. 둘째, 선지자에게 보내진 거룩한 경전을 믿는다만 그중에도 꾸란이 가장 권위가 있다고 주장한다. 셋째, 선지자를 믿는다. 이중에는 성경에 나오는 아담, 노아,

아브라함, 모세, 예수 등도 있으나 무함마드가 가장 중요한 예언자다. 넷째, 천사들을 믿는다. 알라 신의 보좌에 여덟 천사가 있고 가브리엘이 최고의 천사다. 다섯째, 죽음 이후에 알라가 최후 심판하는 날이 있음을 믿는다. 그리고 마지막으로 알라가 모든 것을 주관한다는 신적 섭리를 믿는데 이것은 하나의 운명론(fatalism)이라고 말할 수 있다.

이슬람에는 구체적인 신앙생활의 기준이 있는데 이것은 이슬람의 다섯 기둥이라고 부른다. 첫째, '샤하다(الشهادة)'라는 신앙 선언으로 오직 한 분 알라신만 있으며 무함마드는 그의 사자라는 것이다. 둘째, '살라트(الصلاة)'라는 예배로 기도를 매일 새벽, 낮, 오후, 일몰 직후, 야간 이렇게 다섯 번 한다. 셋째, '자카트(الزكاة)' 즉 구제로 자선을 베푸는 것으로 대체로 수입의 2.5%다. 넷째, '사움(الصوم)'은 단식으로 일 년에 아홉 번째 달 라마단 기간에는 해 뜰 때부터 해질 때까지 금식한다. 마지막 '하즈(الحج)'는 적어도 일생에 한번 메카의 성지를 순례하는 일로 정규 순례를 마친 자를 '하지(الحاج)'라고 한다.

또한 이슬람에는 특별한 관습이 있는데 먼저 포도주와 같은 술을 마시지 않는다. 둘째, 식습관에도 엄격한 기준이 있는데 이것은 주로 위생과 관련되어 있다. 가령 오른손은 음식을 먹는데 사용하며 돼지고기나 호랑이 등과 같이 발톱이나 이빨을 사용하여 먹이를 공격하는 야생동물 등은 먹지 않는다. 무슬림에게 허용된 음식을 '할랄'이라고 하는데 주로 초식 동물들로 알라의 이름으로 도축되어야 한다. 셋째, 이슬람은 도박 또는 헛된 스포츠를 허용하지 않는다.

마지막으로 유혹을 부추기는 행동을 금하며 대부분의 여성은 유혹을 불러일으킬 수 있는 부분을 노출하는 것이 금지된다.

이슬람 교리에 의하면 천사에게도 위계서열이 있는데 가브리엘은 진리의 천사로 무함마드에게 꾸란을 계시하였고 미카엘은 선행을 보상해 주는 천사장이며, 라파엘은 심판을 선포하는 천사라고 믿는다. 무슬림도 심판의 날이 있음을 믿는다. 하지만 구원은 행위로 받는 것이며 예정도 믿는다. 이슬람의 세계관은 무슬림의 삶의 모든 면을 포함하는, 종교 그 이상이며 이슬람 국가(IS: Islamic State)는 정교일치를 지향한다.

이슬람 세계관의 내용을 살펴보면 첫째, 진정으로 참된 최고의 실재는 무엇인가에 대해 알라만이 유일한 참 신으로 창조자인 동시에 우주의 주관자라고 주장한다. 따라서 무슬림은 제일 먼저 "오직 한 알라신만 있으며 무함마드는 그의 메신저이다."라고 선포한다. 이들은 이 알라신이 그리스도인과 유대인이 섬기는 신과 같다고 말하지만 실제로 기독교의 삼위일체와는 분명 다른 단일신관이다. 즉 성부, 성자, 성령 하나님을 인정하지 않으며 창조주인 동시에 심판자인 알라신의 절대적 권위만 강조한다.

둘째, 외부의 실재 즉 우리를 둘러싼 세계의 본질은 무엇인가에 대해 이슬람은 기독교와 유사하게 모든 만물은 알라신의 피조물이라고 주장한다. 이 부분은 기독교 세계관과 크게 다르지 않다고 볼 수 있다. 하지만 여기에도 차이점은 있다. 기독교 세계관은 창조주의 초월성과 내재성을 동시에 인정한다고 앞에서 설명했다. 하지만 이슬람은 알라의 내재성을 인정하지 않는다. 즉 알라신은 만물의 창조주이기는 하지만 피조물과 함께 하며 특히 인간과 동행한다는 사상은 없고 다만 심판주로서 두려워해야 할 대상이다.

셋째, 인간은 무엇인가에 대해서도 이슬람은 알라의 피조물로 기독교 세계관과 유사하지만 인간이 하나님의 형상이라는 개념은 없다. 여기서 남녀에 대한 차별, 특히 여성에 대한 차별을 볼 수 있으며 공동체 일원이 이슬람을 떠나 개종할 경우 그 사람을 죽여도 좋다는 명예 살인과 같은 인권 유린이 나타나는 것을 볼 수 있는데 이것은 나중에 다룰 예정이다. 또한 기독교 세계관에서 말하는 것처럼 인간의 전적 타락은 받아들이지 않는다. 나아가 이슬람은 기독교 세계관과 마찬가지로 육체의 죽음 이후에도 사람의 영혼은 존재한다고 가르친다.

넷째, 인간이 지식을 가질 수 있는 근거에 대해 이슬람은 꾸란에 나타난 계시가 그 기본이며 동시에 인간의 이성도 무시하지 않는다. 이는 기독교적 세계관이 특별계시인 성경과 함께 일반계시인 자연과 이성을 중시하는 것과 크게 다르지 않다. 따라서 이슬람도 나름대로 과학을 발전시켰으며 특별히 수학에서 사용하는 아라비아 숫자는 여기서 나왔음을 알 수 있다. 하지만 꾸란의 번역은 인정하지 않고 아랍어로 된 원전만 권위를 인정하여 다른 민족이 꾸란을 이해하는 데에는 한계가 있다고 말할 수 있다.

다섯째, 윤리 또한 꾸란이 그 기준이다. 알라신에게 복종하는 맥락에서 모든 도덕적 기준이 설정된다. 모든 인간은 삶의 모든 영역에서 "선을 행하고 악을 금해야 한다."고 주장하면서 신의 뜻을 분별할 수 있는 수단을 가지고 있다고 말한다. 하지만 실제 상황에서 무슬림은 "인샬라(ان شاء الله)"는 말을 자주하는데 그 말의 뜻은 '알라의 뜻대로 하소서.'라는 의미다. 자신이 한 행동을 정당화하거나 앞으로 될 일에 대해서도 이런 표현을 쓰지만 자신이 잘못해 놓고도 이것은 신의 예정이므로 자신에게 책임이 없다고 변호할 때 흔히 사용되기도 한다.

마지막으로 역사에 대해서도 이슬람은 일련의 우연적 사건이 결합이 아니라 알라신의 창조와 자신의 뜻에 따른 섭리에 의해 진행된다고 주장한다. 따라서 우연은 없으며 결국 알라의 뜻이 이루어진다고 보는 직선적인 역사관이다. 이것은 기독교적 세계관과 크게 다르지 않는다. 하지만 방금 언급한 '인샬라'처럼 실제 상황에서 이 단어는 자신의 책임을 알라신에게 전가하거나 운명으로 체념하는 의미로 남용되는 경우도 있음을 볼 수 있다.

이러한 세계관을 바탕으로 이슬람은 교단 내지 공동체를 형성하는데 이것을 '움마(امة)'라고 부른다. 이는 이슬람의 유대를 성립케 하는 결합이며 샤리아에 의하여 통합되는 보편적인 공동체로서 이슬람은 이 '움마'에 카리스마를 부여하고 있다. 꾸란에 나타난 움마는 윤리적 공동체로서 서로 선행을 격려하며 악을 미워하는 곳으로 나온다. 하지만 나아가 이 움마는 정치와 종교가 하나인 신정국가의 공동체이므로 공과 사의 분리가 없다(Kateregga & Shenk, 1980:49-50).

현대의 대표적인 이슬람 웹사이트로는 www.islamreligion.com

및 www.islamicity.org을 들 수 있다. 특히 전자는 영어, 스페인어, 불어, 독어, 러시아어, 포르투갈어, 이태리어, 중국어, 일본어, 한국어, 타갈로그어 및 히브리어로 웹사이트를 운영하면서 다양한 논문과 비디오 등을 통해 이슬람을 활발히 전파하고 있다.

대표적 사상가는 먼저 바다위(A.-R. Badawi)가 있는데 그는 아리스토텔레스의 저작을 아랍어로 번역하였고 아스-사드르(M. B. as-Sadr)는 *Our Philosophy*라는 책을 출판하였다(1989). 무타하리(A. M. Mutahhari)는 *An Introduction to Ilm al-Kalam*(2014)을, 나스르(S. H. Nasr)는 *Islam, Science, Muslims and Technology*를 출간하였다(2009).

2. 이슬람 세계관의 장점

그렇다면 이슬람 세계관의 장점은 무엇이 있을까? 크게 세 가지로 살펴보겠다.

먼저 언급하고 싶은 것은 무슬림의 '강력한 단결성'이다. 무슬림의 예배를 보면 매우 독특한데 이것은 특히 꾸란 때문이기도 하다. 전 세계의 수많은 무슬림이 일정한 시간에 함께 엎드려 기도하고 꾸란을 암송하는 모습에서 그들의 단결력을 충분히 느낄 수 있다. 무슬림은 꾸란이 선과 악을 분별하게 해 준다고 믿기에 그들에게 어떤 문제가 생기면 꾸란에 의존하여 해결하려 하며 나아가 꾸란은 모든 사람을 무슬림으로 만들어야 할 사명이 있다고 가르친다.

둘째, 이들은 가난한 사람을 잘 돌아본다. 꾸란은 구제가 신앙의

한 기둥이라고 강조하면서 모든 무슬림은 가난한 사람을 도와주어야 한다고 말한다. 이처럼 약자, 병자 및 가난한 자를 잘 돌아보는 것은 물론 기독교 세계관 및 다른 세계관에서도 강조하고 있지만 이슬람도 신앙의 핵심 활동으로 규정하는 것은 분명히 좋은 점으로 인정할 수 있다. 보다 구체적으로 소득의 일부로 구제하는 것이 일상화되어 사회적 약자를 배려하는 것은 누구도 비판할 수 없는 부분일 것이다.

마지막으로 그들은 신앙의 완전함과 철저함을 추구한다. 가령 신앙생활에 있어 다섯 가지 의무를 강조하면서 장소를 가리지 않고 기도하는 무슬림을 보면 그들의 진지함과 경건함에 놀라지 않을 수 없다. 세계 여러 공항에도 최근에는 무슬림을 위한 기도처를 마련해주는 것이 일반화되었고 심지어 비행기를 타고 가면서도 기도 시간이 되면 의자에서 내려와 기도하는 무슬림이 있다고 한다. 하루에 다섯 번 기도하는 이들의 신앙생활은 다른 신앙인에게도 분명 자극이 되고 도전이 된다고 말할 수 있다.

마지막으로 이슬람은 수학, 건축 및 예술 방면에서도 공헌을 하였다. 특히 아라비아 숫자는 근대 수학의 발전에 큰 기여를 하였으며 아름다운 모스크의 건축 양식 및 실내장식 등은 예술적 가치가 매우 높아 인류 공통의 문화유산으로 인정할 수 있을 것이다.

3. 이슬람 세계관의 단점

하지만 이슬람 세계관에는 장점만 있는 것이 아니다. 그렇다면 이슬람의 단점은 무엇인가? 무엇보다 먼저 폭력을 정당화한다는 것이다. 가령, IS는 전 세계에서 장소와 시간을 불문하고 많은 사람의 생명과 안전을 위협하고 있다. 이슬람 극단주의자들은 IS의 폭력을 알라에 대한 충성이며 '성전(聖戰)', 즉 '지하드(جهاد)'라고 정당화한다. 가장 대표적인 경우는 2001년 9월 11일 뉴욕 맨해튼에서 일어난 소위 9·11 테러다. 그 후에도 크고 작은 테러가 극단주의 무슬림에 의해 계속해서 일어나고 있다. 하지만 이러한 폭력은 어떤 경우에도 합리화될 수 없는 명백한 잘못이다.

둘째, 획일화되고 배타적인 문화관을 지적할 수 있다. 이슬람은 문화적 다양성을 인정하지 않는 경직된 관점을 유지한다. 가령 여성이 착용하는 히잡이나 차도르는 더운 사막 지방에서 여성에 대한 차별의 일환으로는 적합할 수 있을지 모르나 서구 유럽에서도 이것을 그대로 따르는 것은 전혀 적절하지 않아 유럽 내 국가들에서 마찰을 빚고 있다. 또한 꾸란이 아랍어가 아닌 다른 언어로 번역되면 영적 권위가 손상된다고 주장하면서 번역을 좀처럼 허용하지 않는다. 이것은 아랍어 및 아랍문화 중심주의로 보편주의를 상실한 모습이라고 지적하지 않을 수 없다.

셋째로 이슬람은 여성의 권리를 침해한다. 이슬람의 여성은 남성과 동일한 자유와 권리를 누리지 못한다. 심지어 꾸란에 "순종하지 않는 여성은 매로 쳐도 된다(4:34)."는 구절도 있으며 나아가 아들은 두 딸의 몫을 유산으로 가질 수 있다(4:11). 또한 남성이 여성보다 우월하다고 가르친다(2:28). 결혼할 경우에도 무슬림 남성들은 유대인이나 그리스도인 여성과 결혼할 수 있으나 무슬림 여성은 절대로 무슬림이 아닌 남성들과 결혼할 수 없다. 또한 무슬림 남성은 최대한 네 명의 아내를 거느릴 수 있으며 한 여성과 일시적으로 결혼할 수도 있다. 심지어 어린 여아들과도 결혼하는 것이 아무 문제가 되지 않는다. 이런 남녀 불평등은 매우 심각한 단점이다.

넷째로 남녀 불평등과 더불어 인권 침해적 요소가 있다. 가령 이슬람은 소위 '명예 살인(honor killing)'도 정당화한다. 직계 가족 중 한 명이 집안끼리 약속한 혼인을 거부하거나 외도를 할 경우 또는 강간을 당했거나 부적절한 옷을 입는 경우, 나아가 이슬람을 버리고 다른 종교로 개종할 경우 등 이슬람의 규율을 어겨 집안의 명예를 훼손했을 경우 가족이 그를 살해할 수도 있으며 이에 대해서는 아무런 법적 책임을 묻지 않는다. 이는 기본적인 인권에 대한 심각한 침해가 아닐 수 없다.

마지막으로 이슬람은 다른 세계관에 대해 매우 비관용적이다. 이슬람 사회는 무슬림에게 다른 종교를 허용하지 않으며 그 사회 내 다른 신앙을 가진 사람들에 대해서도 관용적이지 않다. 특히 기독교에 대해서는 오히려 매우 적대적이다. 가령 유럽에 사는 무슬림은 모스크를 짓고 나름대로 신앙생활을 할 수 있는 자유가 보장된다. 하지만 이슬람 국가들에 사는 많은 그리스도인은 심각한 박해를 받고 있다. 이것은 전혀 공평하지 않다고 말할 수 있다.

4. 이슬람 세계관의 단점에 대한 기독교 세계관적 대안

먼저 폭력을 정당화하는 부분과 관련하여 이슬람 국가에서 기독교인은 가장 많은 박해를 받고 있다. 그러면서도 동시에 무슬림은 이슬람의 알라와 기독교의 신은 같다고 주장한다. 그렇다면 왜 기독교인을 박해하는가? 기독교인으로 개종하는 무슬림을 왜 죽이려고 하는가? 이것은 모순이 아닐 수 없는 것이다. 이슬람은 발전과정에서 십자군 전쟁 등 수많은 전쟁을 치렀으며 다른 나라를 무력으로 정복하여 세력을 확장해 왔다. 따라서 전쟁과 무력을 오히려 미화하는 데 이것은 상식적으로도 설득력이 없다. 목적을 위해 수단과 방법을 가리지 않는 세계관은 성숙한 세계관이라고 할 수 없기 때문이다.

따라서 이슬람은 다른 세계관에 대해서도 보다 관용하면서 상생할 수 있는 방안을 모색해야 할 것이다. 기독교 세계관은 진정한 평화만이 유일한 대안이라고 제시하면서 그리스도인은 부당한 전쟁과 테러에 대해서는 단호히 반대하면서 세계의 평화를 위해 노력해야 함을 강조한다. 성경에서 하나님께서 주시는 가장 궁극적인 축복은 '샬롬(שׁלוֹם)', 즉 평화이다(민 6:26). 예수 그리스도는 평화의 왕으로 이 땅에 오셨고 칼을 쓰는 사람은 모두 칼로 망할 것임을 분명히 말씀하셨다(마 26:52). 따라서 하나님의 백성은 이 땅에서 평화를 이루어가는 사람(peace maker)이 되어야 함을 강조한다(마 5:9). 하나님의 나라가 완성될 때 이 평화는 완전해질 것이라고 성경은 말한다(계 21:1-4. 최용준. 2019).

둘째, 획일화되고 배타적인 문화관에 대해서도 기독교 세계관은 보다 개방적이고 관용적 문화관을 대안으로 제시한다. 이것은 첫째 내용과도 연결되는 것으로 이슬람 문화는 나름대로의 장점이 없지 않으나 다른 문화에 대해 용인하지 않는다. 가령 꾸란도 아랍어로 된 것만 신적 권위를 인정하고 다른 언어로 번역된 것은 열등한 것으로 간주한다. 다른 문화에 대해 배타적이라는 말은 뒤집어 말하면 자신이 없다고 볼 수도 있다. 자신의 문화에 대해서 자긍심을 갖는 동시에 다른 문화도 존중할 수 있어야 성숙한 사회일 것이다.

인도네시아의 경우를 보면 이슬람이 다른 세계관과 공존을 추구하는 것을 볼 수 있다. 전 세계에서 무슬림 인구가 가장 많은 이 나라의 수도 자카르타에는 세계에서 두 번째로 큰 모스크가 있지만 바로 옆에 천주교 성당이 있으며 필요시 주차장을 공유하며 평화롭게 지낸다고 한다. 이런 모습이 아랍권 국가에도 실현되는 것이 바람직하겠다. 기독교 세계관은 성경을 가장 많은 언어로 번역하여 모든 민족이 가능한 자신의 언어로 성경을 읽을 수 있도록 많은 노력을 기울이고 있다. 나아가 한 민족이나 문화를 절대시하지 않고 각 민족의 고유한 문화를 존중하면서도 하나님 나라의 관점에서 올바른 방향으로 발전시켜 나가야 함을 강조한다. 이러한 보편주의적인 문화관과 구원관은 분명히 이슬람과 대조된다고 말할 수 있다.

셋째, 여성의 권리 침해에 대해 기독교 세계관은 여성도 남성과 평등함을 강조한다. 이슬람권에서는 한 남편이 4명까지 아내를 거느릴 수 있으며 심지어 미성년자와 결혼하는 것도 아무런 문제가 되지 않는 것은 무함마드가 그렇게 했다고 정당화하지만 현대에 이를 계속 유지하는 것은 누구도 쉽게 이해할 수 없을 것이다. 나아가 아내가 마음이 들지 않을 경우 쉽게 남편이 이혼할 수 있는 것 또한 여성의 삶을 매우 위태롭게 만들 수 있는 것이다. 또한 자기 결정권이 아직 없는 미성년 소녀를 아내로 취하는 것은 어린이의 권리를 무시하는 것이라고 볼 수 있다. 이와 반면에 남녀가 평등하다는 것은 기독교적 세계관이 가장 강조하는 부분이다. 가령 창세기 1-2장을 보면 남자와 여자가 모두 하나님의 형상으로 창조되었는데 특별히 여자는 남자의 갈비뼈에서 만들었다고 말한다. 이것은 여자가 남자보다 열등하지 않고 남성의 몸 중간 부분에 있는 곳에서 만들어졌으므로 동등하며 서로 돕고 사랑하는 관계임을 암시한다고 말할 수 있다. 바울 사도 또한 남편과 아내도 평등함을 강조하면서 서로 사랑하면서 존중하라고 권면한다(엡 5:21). 실제로 기독교 세계관이 실현된 국가를 보면 남성과 여성 간의 차별이 가장 적음을 볼 수 있다.

넷째, 인권 침해에 관하여도 기독교 세계관은 인권을 강조한다. 창세기 1장 27절에 보면 모든 인간은 남녀 차별 없이 하나님의 형상으로 창조되었지만 이슬람의 꾸란에는 이 부분이 없다. 하나님의 형상을 지닌 인간이기에 모든 인권과 생명은 존중되어야 한다. '명예살인'과 같은 제도는 자칫 남용될 수 있으며 사법적인 절차 없이 한 인간의 생명을 쉽게 죽일 수 있는 것은 현대 문명화된 사회에서 상식적으로도 받아들이기 어렵고 기독교 세계관에서도 결코 용납될 수 없다. 역사적으로 볼 때에도 가령 신실한 그리스도인이었던 영국의 윌리엄 윌버포스(William Wilberforce, 1759-1833)와 미국의 에이브러햄 링컨(Abraham Lincoln, 1809-1865) 대통령에 의해 노예제가 폐지된 것을 예로 들 수 있다. 이슬람이 진정 인류 모두에게 인정받는 보편적인 세계관이 되려면 가장 기본적인 인권이라는 가치에 동의하고 이것부터 준수해야 할 것이다.

보도에 의하면 IS에 납치된 사람들 중 적지 않은 사람이 그곳에서 인권을 유린당하며 심지어 억울하게 죽음을 당한 경우를 많이 보게 된다. 이것 역시 인권을 침해하는 일이 아닐 수 없다. 아무리 자신의 세계관을 반대하는 사람이라 할지라도 그들의 인권을 무자비하게 침해하고 심지어 그것을 동영상으로 촬영하여 공개하는 것은 어떤 사람에게도 공감을 얻지 못할 것이다. 따라서 이슬람이 진정 평화와 인권을 존중하는 세계관임을 보여 주기 원한다면 이런 부분부터 바꾸어야 할 것이다. 자신의 세계관을 받아들이지 않는 모든 사람을 적으로 생각하여 인권을 침해할 것이 아니라 사랑의 방법으로 설득해야 할 것이다. 이와 반면에 예수 그리스도는 "원수를 사랑하고, 너희를 박해하는 사람을 위하여 기도"하라는 위대한 가르침을 주었고(마 5:44) 사도 바울도 "악에게 지지 말고 선으로 악을 이기"라고 권면하고 있다(롬 12:21).

마지막으로 이슬람 세계관이 다른 세계관 및 종교에 대해 관용적이지 못한 부분에 대해 가령 유럽 지중해의 작은 섬나라 키프로스를 생각해 보겠다. 이 나라는 원래 하나의 국가였으나 1974년 이후 북쪽이 터키 정부에 의해 강점되어 한반도처럼 남북으로 분단되어 있다. 남쪽은 전 세계적으로 인정받는 자유민주주의 국가로 이곳에서는 무슬림을 포함한 모든 국민이 자유롭게 자신의 세계관을 선택할 수 있다. 따라서 이곳에는 다양한 세계관이 평화롭게 공존하는 것을 볼 수 있다.

　　하지만 북쪽은 터키 정부에 의해서만 인정되고 있으며 그곳에 있던 오래된 교회당은 파괴되거나 모스크로 바뀌었으며 수많은 소중한 비잔틴 예술품이 훼손되거나 비밀리에 채취되어 유럽의 암시장에 팔리고 있다고 한다. 나아가 특히 그곳에 있는 그리스도인은 터키 정부의 다양한 박해로 인해 각종 불이익을 당하고 있으며 더 이상 자유롭게 신앙생활을 할 수 없어 대부분 그곳을 탈출하고 있는 실정이다. 또한 그리스 정교회에 속해 있던 수도원이나 교회당 등 역사적으로 매우 소중한 문화유산이 훼손되어 큰 문제가 되고 있다고 한다. 그러므로 이슬람 세계관이 모든 사람으로부터 존중받기 위해서는 다른 세계관에 대해서도 보다 열린 자세와 관용적인 자세로 상생하려는 노력이 매우 필요하다고 말할 수 있다. 자신의 확신을 타협하지 않고도 얼마든지 이러한 자세를 견지할 수 있다고 본다. 다른 세계관과 진정성 있는 대화를 하면서 자신의 입장을 설득력 있게 제시하는 노력이 필요하다. 물론 일부 무슬림 지식인들은 이러한 태도를 가지고 있다고 말할 수 있겠지만 전체적으로 볼 때 이 부분은 아직 개선되어야 할 여지가 많다고 볼 수 있다. 그렇다면 이러한 무슬림에 대해 그리스도인은 어떤 태도를 가져야 하는가? 적지 않은 사람이 이슬람을 잘 모르는 동시에 테러리즘 등으로 인해 무작정 그들을 두려워하는 것을 볼 수 있다. 이런 자세도 바람직하다고 말할 수 없다. 무슬림도 개인적인 친분을 쌓게 되면 얼마든지 좋은 관계를 가질 수 있기 때문이다. 따라서 이 분을 사랑하고 친절하게 대하며 신뢰를 쌓아가는 것이 중요한다. 그러면서 서로 이해가 되지 않는 부분에 대해서는 보다 신중하고 진지하게 접근한다면 건설적인 대화가 가능할 것이다.

마지막으로 한국의 이슬람 상황에 대해 잠시 생각해 보겠다. 한국에 이슬람 세계관이 처음 소개된 것은 6·25 동란이 일어났을 때 터키 군이 참전하면서였다고 한다. 그 후 서울의 이태원에 최초의 회교 사원이 건립되었고 한국의 경제가 발전하고 중동 수출 붐이 일어나면서 아랍의 무슬림과의 교류가 더욱 증가하였다. 그러면서 한국 내 주요 도시마다 모스크가 건립되었고 꾸란이 한국어로 번역되기도 하였으며 대학마다 이슬람에 관한 강좌가 개설되기 시작하였다. 또한 중동에서 한국으로 온 근로자들이 한국 여성과 결혼하면서 가족이 무슬림이 되기도 하며 한국 유학생이 중동에 가서 공부할 경우 산유 부국이 그들에게 전액 장학금을 주면서 무슬림으로 개종시킨 후 다시 한국에 이슬람 선교사로 파송하기도 한다. 나아가 이슬람 자본이 한국 금융시장에 들어오려고 시도하고 있으며 심지어 한국에 이슬람식 학교도 설립할 움직임을 보이고 있다. 이러한 모든 현상에 대해 우리가 무조건 반대할 수는 없지만 보다 신중하면서 분별력을 가지고 대처할 필요가 있다.

나아가 중요한 점은 무슬림은 어디든지 자녀를 많이 낳는다는 것이다. 유럽으로 진출한 무슬림 여성은 유럽의 백인과는 달리 일찍 결혼하여 자녀를 많이 낳는다. 그러면 대부분 그 나라로부터 자녀 양육비를 받을 뿐만 아니라 다양한 복지 혜택을 받게 된다. 따라서 시간이 지날수록 무슬림 인구는 급증하여 최근에는 2세들이 지역 사회에 국회의원으로 진출하기도 하고, 중앙 정부에도 서서히 영향력을 미치고 있음을 볼 수 있다. 이런 현상은 전 세계적으로도 동일하므로 계속해서 이슬람이 배타성을 가지고 이렇게 수적으로 증가할 경우 우리는 경각심을 가져야 할 것이다. 동시에 그리스도인도 더욱 건강한 가정을 가꾸면서 경건한 자녀를 많이 낳고 올바로 키워 진정한 천국 같은 가정의 모습을 이 세상에 보여 주어야 할 것이다.

결론

이 장에서는 이슬람에 대해 기독교 세계관적으로 고찰해 보았다. 이 세계관이 어디서 어떻게 일어나게 되었으며 그 기본적인 내용과 주된 사상가를 살펴본 후 이 세계관의 장단점을 비판적으로 분석해 보았고 단점에 대해 기독교 세계관적 대안을 제시해 보았다. 이 이슬람 세계관은 무슬림의 강력한 단결성과 가난한 사람을 잘 돌아보는 것 그리고 신앙의 완전함과 철저함을 추구하는 긍정적인 요소가 있다. 하지만 동시에 이 세계관의 단점으로는 폭력을 정당화하며 획일화되고 배타적인 문화관을 가지고 있으며 여성의 권리를 침해하고 보편적 인권도 위반하는 요소가 있으며 다른 세계관에 대해 매우 비관용적임을 지적할 수 있다.

이에 대해 기독교 세계관은 진정한 평화를 대안으로 제시하며 한 민족이나 문화를 절대시하지 않고 각 민족의 고유한 문화를 존중하면서도 하나님 나라의 관점에서 올바른 방향으로 발전시켜 나가야 함을 강조하는 보편주의적인 문화관과 구원관을 보여 준다. 나아가 여성도 남성과 평등함을 강조하며 인권도 매우 강조한다. 나아가 그리스도인은 무슬림을 사랑하고 친절하게 대하며 신뢰를 쌓아 가면서 보다 신중하고 진지하게 접근하여 건설적인 대화를 시도해야 할 것이다. 마지막으로 무슬림은 어디든지 자녀를 많이 낳는다는 점에 대해 그리스도인이 더더욱 건강한 가정을 가꾸면서 경건한 자녀를 많이 낳고 올바로 키워 진정한 천국 같은 가정의 모습을 이 세상에 보여 주어야 할 것임을 강조했다. 하지만 현대인에게 이슬람은 계속해서 적지 않은 영향력을 발휘하고 있다. 그러므로 앞으로도 기독학자들은 이 세계관을 계속 예의주시하면서 적절한 대안을 제시하며 올바르게 대응해야 할 것이다.

13. 유교(Confucianism)

서론

유교(儒敎, Confucianism)는 동양의 대표적 세계관 중 하나이며 중국의 춘추전국시대(春秋戰國時代, 주전 770-403) 말기에 공자(孔子, Confucius, 주전 551-479)가 체계화하였고 그 후 맹자(孟子, Mencius, 주전 372-289) 및 순자(荀子, Xunzi, 주전 298?-238?)가 더욱 발전시켰다. 나아가 이 유교는 나중에 당(唐, 618-907)나라 시대의 주희(朱熹, Zhu Xi, 1130-1200)에 의해 신유교(新儒敎, Neo-Confucianism) 또는 성리학(性理學)으로 발전하였다.

유교 등장의 배경을 살펴보면 수천 년 전부터 중국(中國)은 이미 고대문명의 발상지였다. 당시 중국의 황제는 분명한 도덕적인 기준으로 나라를 다스렸다. 따라서 중국인은 지금도 그때를 가장 이상적인 사회라고 생각한다. 하지만 춘추전국시대가 도래하면서 중국은 여러 나라로 분열되었고 역사상 가장 혼란스러운 시대가 되었다. 군주는 계속 바뀌었으며 정치 및 사회도 혼돈스러웠고 도덕성이 땅에 떨어지게 되었다.

이때 유교가 나타나게 되는데 노(魯)나라에서 태어난 공자는 정치인인 동시에 철학자로서 당시 혼란한 시대를 극복하기 위해 노력했다. 그러면서 그는 수기치인(修己治人), 즉 개인의 도덕적 실천의 중요성을 강조했다. 당시는 일곱 왕이 중국의 패권을 차지하려고 각축을 벌이고 있을 때였는데 이때 공자의 제자인 맹자가 나타나 공자의 교훈에 더하여 인간은 천성적으로 선하며 따라서 인의예지(仁義禮智)라는 덕을 따라야 한다고 주장했다.

그 후 중국에 한(漢)나라 왕조가 등장하면서 최초로 유교를 국시(國是)로 삼게 되었고 사회가 안정되고 도덕적 기준도 분명해졌다. 또한 과거제도가 시행되면서 인재를 등용할 수 있었고 따라서 이 한나라 시대는 가장 성공적인 왕조 중 하나로 평가받고 있다. 한반도에도 유교가 소개된 후 조선시대(朝鮮時代, 1392-1897)에 국시로 채택되면서 유교적 세계관은 거의 절대적인 영향을 미쳤으며 그중에서도 특히 신유교인 성리학(性理學)은 크게 꽃피울 정도로 발전했다.

유교적 세계관은 사서삼경(四書三經)이라는 일곱 권의 경전에 집약되어 있다. 사서는 공자가 제자들과의 대화 형식으로 정치 및 도덕에 관한 사상을 밝힌『논어(論語)』, 맹자의 책인『맹자(孟子)』, 공자의 제자인 증자(曾子)가 쓴 교과서인『대학(大學)』및 유교의 철학적 도를 강조하는『중용(中庸)』을 말하고, 삼경은 중국 고대의 시집인『시경(詩經)』, 고대의 역사적 전설과 도덕적 교훈을 종합한『서경(書經)』및 우주 만상의 원리인 음양 이론을 논하는『주역(周易)』또는

『역경(易經)』을 말한다. 나아가 사서오경(四書五經)을 말하기도 하는데 이런 경우에는 삼경에 노나라의 역사서인 『춘추(春秋)』와 예법(禮法)의 이론과 실제를 풀이한 『예기(禮記)』를 더하게 된다.

유교적 세계관은 주로 사회의 평화와 질서를 가져오는 도덕적 가치를 주장하는 신념체계 또는 철학사상이라고 할 수 있으며 그중에 인의예지신(仁義禮智信)이 가장 중요한 도덕적 속성이다. 또한 충효(忠孝) 사상도 매우 강조되며 이를 정리한 삼강오륜(三綱五倫)이 유교의 가장 핵심적인 가르침이라고 할 수 있다. 삼강은 군위신강(君爲臣綱), 부위자강(父爲子綱) 그리고 부위부강(夫爲婦綱)이며 오륜은 군신유의(君臣有義), 부자유친(父子有親), 부부유별(夫婦有別), 장유유서(長幼有序) 및 붕우유신(朋友有信)이다. 이처럼 유교적 세계관은 주로 수직적 위계질서를 강조하는 것을 볼 수 있다.

조선시대 성리학에는 대표적으로 두 학파가 있었는데 퇴계 이황(退溪 李滉, 1502-1571)을 중심으로 한 주리파(主理派)와 율곡 이이(栗谷 李珥, 1537-1584)를 중심으로 한 주기파(主氣派)다. 그 후 이 두 학파는 소위 사단칠정론(四端七情論)이라는 매우 복잡하고 추상적인 학문적 논쟁을 수백 년간 이어 왔다. 사단은 맹자의 측은지심(惻隱之心)은 인지단(仁之端), 수오지심(羞惡之心)은 의지단(義之端), 사양지심(辭讓之心)은 예지단(禮之端), 시비지심(是非之心)은 지지단(智之端)이라고 한 인의예지(仁義禮智)의 단(端)을 말하며, 칠정은 예기에 나오는 사람이 가진 일곱 가지 감정, 즉 희·노·애·구·애·오·욕(喜怒哀懼愛惡欲)을 말한다. 이 사단과 칠정의 관계를 철학적으로 설명하는 주장이 학자마다 의견을 달리하며 조선시대의 성리학은 오랫동안 논쟁 대상이 되었다. 나아가 이 사변적이고 추상적 논쟁은 단지 학문적 논쟁으로 끝나지 않았고 정치적 파당으로 연결되어 소위 사색당파(四色黨派)를 형성하면서 국론이 분열되었으며 그 결과 국력이 쇠잔하여 결국 20세기 초에는 일제의 식민지로 전락하게 되는 결과를 낳게 되었던 것을 볼 수 있다.

하지만 지금도 유교는 중국, 한국 및 일본 같은 동아시아 지역에 적지 않은 영향력을 미치고 있다. 그렇다면 왜 지금도 이렇게 많은 사람이 이 유교적 세계관을 추종하고 있는지 나아가 기독교 세계관은 이 세계관을 어떻게 평가해야 하는지를 이 장에서 다루고자 한다. 먼저 이 세계관의 내용을 구체적으로 분석한 후 대표적 한국의 사상가를 언급하고 이 세계관이 매력적으로 보이게 된 장점이 무엇인지 생각해 봄과 동시에 이 사상이 자체적으로 드러내는 내적 모순이나 단점은 없는지 살펴보겠다. 그 후 이 문제점에 대해 기독교 세계관은 어떤 대안을 제시할 수 있는지 언급함으로써 이 세계관을 어떻게 극복할 수 있는지 결론을 맺도록 하겠다.

유교적 세계관에 대한 기독교 세계관적 고찰

1. 유교적 세계관의 내용

유교적 세계관의 내용을 살펴보면 첫째, 진정으로 참된 최고의 실재는 무엇인가에 대해 하늘(天)이라는 개념을 가지고 있으나 이는 하나의 추상적인 이념으로 사실상 숭배나 신앙의 대상은 아니다. 하늘의 뜻에 순응하는 것을 강조하지만 하늘을 인격적인 신으로 섬기는 것은 아니다. 금장태는 이것을 이렇게 설명한다.

> 유교인은 하늘을 불신하지 않는다. 그러나 하늘을 믿으려고
> 노력할 필요도 없다. 이에 비하여 인간 사이에는 끊임없이
> 믿음을 길러 가지 않으면 서로 무관심하거나 적대적인 될
> 위험이 있다(금장태. 1990:29).

둘째, 외부의 실재, 즉 우리를 둘러싼 세계의 본질은 무엇인가에 대해 유교는 음양이원론(陰陽二元論)을 말한다. 이것은 주역의 기본 사상으로 만물은 남성과 여성, 밝음과 어두움, 선과 악, 높음과 낮음, 삶과 죽음, 강함과 약함 등의 상호 보완 및 균형을 이룬다고 본다. 이러한 음양론은 중국의 송(宋)나라 때 체계화된 것으로 이것을 흔히 신유교 또는 성리학이라고 부른다. 신유교에서는 이것을 '이(理)'와 '기(氣)'라는 두 단어로 설명하는데, '이'는 만물의 원리이며 '기'는 이 원리가 구체적으로 나타나는 것을 의미한다.

셋째, 인간은 무엇인가에 대해 유교적 세계관은 개인, 가정 그리고 정부의 도덕적 성실성을 강조한다. 유교의 중요한 경전인 중용의 첫 세 줄은 다음과 같이 말하고 있다.

하나님에게서 주어진 것을 인간의 본성(本性)이라고 부른다. 그 본성을 실현하는 것을 도덕률(道德律)이라고 부른다. 그 도덕률을 양성하는 것을 교양(敎養)이라고 부른다(동양고전연구회. 2016).

여기서 인간의 본성은 '인의예지'를 의미하며, 인은 어진 것, 의는 의로운 것, 예는 바른 예절 그리고 지는 지혜를 뜻한다. 결국 인간의 본성은 원래 선한 것으로 보며, 악은 본성이 아닌 것으로 이해한다. 따라서 맹자는 수신제가치국평천하(修身齊家治國平天下)를 강조하는 것이다. 즉 군자(君子)는 자신을 먼저 잘 수양한 후 가정을 돌보고 나라를 다스린 후 천하를 평정해야 한다는 것이다.

넷째, 인간이 지식을 가질 수 있는 근거에 대해 유교는 이 세상이 질서 있게 만들어져 있으므로 인간이 '격물치지(格物致知)' 할 수 있다고 가르친다. 즉 사물의 이치를 궁구하여 지식을 획득할 수 있다는 의미다. 이 말은 『대학』에서 제시된 '8조목' 가운데 처음 두 조목인데 『대학』의 주석인 주희의 『대학장구(大學章句)』에 의하면 "사물의 이치를 궁극에까지 이르러 나의 지식을 극진하게 이른다."고 해석한다. 이는 학문과 수양에서 기초로 중시되었고 유학의 인식론을 이루는 기본체계인 동시에 도덕적 인식의 근거를 밝혀 준다(encykorea.aks.ac.kr/ Contents/Index?contents_id=E0002132).

다섯째, 윤리는 유교적 세계관이 가장 자세한 기준을 가지고 있다. 하지만 유교의 윤리는 서구적인 개인 및 사회윤리가 아니라 국가와 가정에서 인간의 행동 규범을 제시하는 관계윤리(關係倫理)다. 이런 의미에서 유교는 한마디로 국가와 가정을 중시하는 충효의 윤리사상이라고 말할 수 있다. 즉 삼강오륜을 통해 임금과 신하, 부모와 자녀, 노인과 청년, 부부 그리고 친구 간의 도덕적 기준을 자세히 제시하고 있다. 나아가 공자는 윤리의 기본적 기준으로 논어 위령공(衛靈公)편에 나오는 "기소불욕 물시어인(己所不欲 勿施於人)", 즉 "본인이 원치 않는 것을 다른 사람에게도 행하지 말라."고 말한다(공자, 탁양현 역, 2018:24).

마지막으로 인간의 역사에 대해서는 과거 지향적인데 이는 중국의 과거 요순(堯舜) 황제 시대(주전 2333-2234)를 가장 이상적으로 보면서 이를 회복하는 것이 목표라고 강조하기 때문이다. 이와 관련하여 중요한 주제는 바로 '제사(祭祀)'이다. 중국에서는 예부터 천자(天子)는 상제(上帝)에게, 제후(諸侯)는 사직(社稷)에게 그리고 평민(平民)들은 조상(祖上)에게 제사를 지냈다. 하지만 이 제사는 유교의 독창적인 것이 아니라 공자 이전에 있던 샤머니즘적 풍속을 계승하고 발전시킨 것이다. 독일의 사회경제학자 막스 베버(M. Weber, 1864-1920)도 제사는 자신의 장수(長壽)와 부귀(富貴)와 자손(子孫)을 위함이며, 죽은 조상의 안녕(安寧)을 위한 것은 이차적이고 또한 자신의 내세를 위한 것도 아니라고 지적한다(Weber, 이상률 역, 1990:216).

그렇다면 신유교적 세계관의 핵심 내용은 무엇인가? 기본적으로 이 세계관은 유교가 도교(道敎) 및 불교(佛敎)의 종교적 요소와 합쳐진 것으로 볼 수 있다. 신유교 또는 성리학의 배경을 살펴보면 당나라 때부터 도교와 불교가 강해지고 유교가 약화되자 송(宋)나라 때 주돈이(周敦頤)라는 사람이 『태극도설(太極圖說)』이라는 책을 저술하여 형이상학적 철학을 주창하기 시작했고 그 후 주자라고 불린 주희(朱熹)는 이를 더욱 발전시켜 『주자문집(朱子文集)』이라는 책을 저술하여 성리학을 널리 퍼뜨렸다.

송나라가 성리학을 건국이념으로 삼자 조선도 그렇게 했다. 성리학의 기본개념은 태극(太極)으로 우주의 시작이며 그 원리는 첫째, 동적(動的)이고 정적(靜的)인 면이 있다. 둘째, 음양(陰陽)이 조화를 이루며 모든 것을 만들어 낸다. 셋째, 태극은 보이지 않으며, 넷째, 태극은 만물의 기원인 이(理)와 그 산물인 기(氣)로 이루어진다. 마지막으로 올바른 삶을 살기 위해서는 이(理)에 따라야 한다고 주장한다.

2. 대표적인 한국 유교 사상가

중국의 대표적인 유교 사상가는 이미 앞서 언급했지만 조선시대에 성리학을 꽃피운 두 학자를 좀 더 자세히 소개하겠다.

먼저 퇴계 이황이다. 영남학파의 창시자인 이언적(李彦迪. 1451-1593)의 주리설(主理說)을 계승하여 자신의 사상인 이기호발설(理氣互發說)을 발전시켰는데 우주 만물은 이와 기의 이원적 요소로 구성되어 그중에 하나라도 결핍되면 우주의 만상을 표현할 수 없지만 이·기의 도덕적 가치를 보면, 이는 순선무악(純善無惡)한 것이고 기는 가선가악(可善可惡)하여 이는 절대적 가치를 가졌고 기는 상대적 가치를 가진 것이라 주장하였다. 하지만 이러한 그의 주장은 앞서 언급한 바와 같이 이후에 기대승과 소위 '사단칠정론'이라는 유명한 논쟁으로 이어진다. 또한 이황은 지행일치(知行一致)를 주장하면서 그 기본이 성(誠)이며 그에 대한 노력이 경(敬)이라고 주장하며 이의 실천에 힘썼다. 그의 사상은 후세에 영남학파를 형성하여 유학계에 많은 영향을 주었다. 나아가 이황 선생의 학문은 일본(日本)에도 큰 영향을 끼쳐 메이지시대(明治時代, 1868-1912) 교육 이념의 기본 정신을 형성하기도 하였다.

율곡 이이는 이와 기는 하나이지만 '기'가 더 중요하다고 주장했다. 이이의 사상은 기발이승일도설(氣發理乘一途說)로 대표되며 퇴계의 이기호발설(理氣互發說)을 배격하였다. 즉 이황이 기와 이는 서로 독립되어 있다는 데 반론을 제기하면서 우주의 본체는 이기이원(理氣二元)으로 구성되었지만 이와 기는 공간적으로나 시간적으로나 분리되거나 선후(先後)가 있는 것이 아니며 따라서 이와 기는 최초부터 동시에 존재하며 영원무궁히 떨어질 수 없다고 주장했다. 하지만 율곡도 기의 뿌리가 이라고 말하였기에 이 점에서는 퇴계의 이론과 일치한다고 말할 수 있다. 율곡은 23세 때 안동의 도산서원(陶山書院)으로 직접 퇴계를 방문했고 그 후에도 서신을 교환하며 의견을 나누었고 퇴계가 죽자 만시(輓詩)를 지어 애도했다. 후대 학자들은 퇴계와 율곡 사이가 학문적으로나 정치적으로 적대적 관계인 것처럼 해석하지만 당대에는 서로를 인정한 좋은 선후배로서 율곡은 퇴계를 통해 학문적 연마를 할 수 있었고, 선배가 이루어 놓은 성과를 디딤돌로 해서 자신의 학문적 세계를 구축할 수 있었다. 이 두 학자 이외에도 여러 사상가를 언급할 수 있는데 가령 안향, 정몽주, 조광조, 서경덕, 기대승, 성혼, 김장생, 김집, 송시열, 이항로, 기정진 등을 들 수 있다.

3. 유교적 세계관의 장점

그럼 유교적 세계관의 장점은 어떤 것이 있을까?

먼저 타인에 대한 사랑과 존중이 있다. 유교는 인간이 육체적, 정신적으로 발전해야 한다고 주장하는 동시에 타인에 대해 사랑과 관심을 보여야 한다고 말한다. 이것을 잘 보여 주는 세 가지 개념이 있는데 ① 수기안인(修己安人)으로 자신의 몸과 마음을 잘 돌보는 동시에 다른 사람을 위로한다는 의미이며 ② 충(忠)이다. 이는 자신의 이기적인 이해관계를 극복하고 자신과 다른 사람을 정직과 순수한 마음으로 동등하게 다룬다는 의미다. ③ 서(恕)인데 이는 자신의 이기적인 마음에서 해방되어 다른 사람을 배려한다는 의미다.

둘째, 유교적 세계관은 이상적인 사회를 설계한다. 모든 사람은 사회에서 각자의 역할과 기준이 있다. 따라서 사람이 그러한 기준을 잘 따르면 인(仁)이 확대되어 이상 사회를 이룰 수 있다는 것이다. '오륜(五倫)' 또한 특정한 사람이 맡은 역할 및 각각의 책임을 설명하는 것이다. 역사적으로 볼 때 유교를 국시로 삼은 왕조는 처음에 비교적 평화롭고 안정된 사회를 성공적으로 건설할 수 있었다.

왜냐하면 백성의 자발적인 복종을 이끌어 내었기 때문이다.

셋째, 유교적 세계관은 지도자의 도덕의식 및 시민의 청렴성을 강조한다. 이러한 점은 현대 사회와 같이 근대화되고 물질문명이 발달하면서 세속화의 증가로 인해 전통적 가치관이 무너지고 천륜(天倫)이나 인륜(人倫)이 무시되는 도덕적 무질서(anomie) 상태, 나아가 권위의 상실로 정신적으로 와해된 상황에서 기본적인 윤리를 강조하므로 인간의 도덕성(道德性) 및 인성(人性)을 회복하는 데 분명 도움이 되는 부분이 있다고 말할 수 있다.

마지막으로 유교적 세계관은 예절(禮節)을 발전시키는 데 공헌했다. 유교는 인(仁)과 예(禮)를 실천하는 것이 매우 중요하다고 가르친다. 삼강오륜과 같은 구체적인 기준을 통해 이것을 발전시킴으로 성인식(成人式), 결혼(結婚), 장례(葬禮) 및 제사 문화를 통해 사회의 질서와 안정을 도모했다고 말할 수 있다. 그래서 한국은 예로부터 동방예의지국(東方禮儀之國), 즉 예의를 잘 지키는 동방의 나라라고 칭찬과 인정을 받았던 것이다. 물론 현대에는 이러한 면이 상당히 약화된 것이 사실이지만 이런 점은 분명히 유교의 장점으로 인정할 수 있다.

4. 유교적 세계관의 단점

그렇다면 유교적 세계관의 단점은 무엇인가? 무엇보다 먼저 지나친 권위주의(權威主義)를 지적할 수 있다. 힌두교와 불교적 세계관이 귀족(貴族) 중심적인 반면에 유교적 세계관은 왕(王) 중심적이라고 할 수 있다. 따라서 유교적 사상에는 비민주적 요소가 있다. 임금은 일 년에 한 번씩 하늘에 제사를 지내고, 귀족은 사직과 다른 귀신에게 제사를 지내지만 평민은 조상신에게만 제사를 지내게 함으로 심지어 죽은 영혼에게도 차등이 있다는 것이다. 이런 사상은 불평등하고 수직적인 가치관이므로 사회의 민주화를 어렵게 했던 것이다. 이런 점에서 아직도 동양의 민주주의에는 권위주의적 요소가 많이 남아 있다.

특히 한국 사회에는 정치, 경제, 사회, 교육, 군대 및 예술 등 여러 분야에서 아직도 이 권위주의로 인한 여러 가지 폐단이 남아 있다. 가령 정치 분야에서는 소위 '제왕적 대통령제'로 인해 여러 가지 부작용이 나타나고 있음을 우리는 분명히 보아 왔으며, 경제 분야에서도 특권층의 지나친 '갑질'로 인해 아래 직원이나 하도급 업체는 많은 고통을 받고 있음을 우리는 잘 알고 있다. 교육계에서도 선생이나 교수가 힘없는 약자인 학생에게 여러 가지로 전횡을 일삼는 기사가 자주 나오고 있으며 나아가 군대에서도 상관이 부하에게 다양한 횡포를 저지른 내용이 폭로되고 있다. 이것은 아직도 한국 사회 속에 유교적 권위주의가 영향을 미치고 있다는 증거로 볼 수 있다.

둘째, 유교적 세계관은 다분히 현실 위주이며 정치 지향적이라고 말할 수 있다. 맹자가 강조한 수신제가치국평천하 사상 역시 자신을 먼저 닦고 가정을 잘 다스린 후 나라와 천하를 평정하는 정치를 할 것을 이상으로 강조함으로 유교는 정치사상(政治思想)이 되었으며 이로 인해 학문을 강조하지만 이 학문 또한 주로 출세(出世)하여 자기 이름을 남기는 수단일 뿐, 인류와 사회에 봉사하는 기능은 약화된다. 유교의 경전 중 하나인 효경(孝經)에도 효의 마지막은 몸을 세우고 도를 행하여 후세에 이름을 드날려 부모님을 드러내는 것(立身行道 揚名於後世 以顯父母)이라고 강조한다. 동양 사회에서 쉽게 볼 수 있는 극심한 대학 입시 경쟁은 바로 이러한 면을 보여 주는 단적인 예라고 말할 수 있을 것이다.

셋째, 유교적 세계관의 핵심 개념인 '태극', '이', '기'의 의미가 매우 추상적이고 모호하다는 것이다. 가령 '기'는 모든 생명의 기원인 '태극'에 의해 살아야 하는데 구체적으로 무엇을 의미하는지 이해하기가 어렵다. 따라서 인간의 구체적인 삶의 방향도 애매해진다. 나아가 이러한 점 때문에 유교적 사상은 보다 실제적인 자연과학이나 기술을 제대로 발전시키지 못했고 오히려 자연을 거의 신격화하여 올바르게 개발하지 못했던 것이다. 이 점을 극복하기 위해 17세기 후반에 실학(實學)이 등장했으나 억압당하여 꽃피우지 못했다.

넷째, 인간의 가치가 신분(身分)에 의해 정의된다. '사농공상(士農工商)'이라는 신분제에 의해 조선시대의 사회질서는 수직적 위계사회구조를 가지고 있었다. 양반, 농민, 기술자 그리고 상인은 자신의 신분에 갇혀 그 굴레로부터 헤어 나오는 것은 거의 불가능했다. 가령 조선시대는 양반 중심 사회였으며 아래 계급에 속한 사람은 차별을 받았다. 나아가 여성도 많은 차별을 받았는데 가령 교육기관이었던 서당이나 서원에 여성은 입학이 허용되지 않아 교육을 받을 수 있는 기회를 박탈당했음을 볼 수 있다. 나아가 서자 또한 많은 차별을 받았다. 이는 힌두교의 카스트제도와도 유사하다고 말할 수 있다.

다섯째, 지나치게 가부장적(家父長的)이고 혈연(血緣)을 중시하는 가족중심주의(家族中心主義)를 들 수 있다. 인간은 가족을 통해 출생하고 성장하지만 유교적 세계관은 다소 폐쇄적인 가족이기주의를 낳아 혈연 공동체가 사회 여러 분야에서 다양한 문제를 낳고 있다. 한국은 정치, 경제 등 여러 방면에서 족벌주의(族閥主義)의 폐습으로 진통을 겪고 있다. 재벌기업의 2세, 3세 경영 또한 이런 점에서 적지 않은 비판을 받고 있다. 심지어 이런 유교적 경향이 교회에도 들어와 목회자 세습과 같은 폐단이 나타나고 있는 것 또한 사실이다.

여섯째, 형식(形式)과 체면(體面)을 강조하는 문화를 지적할 수 있다. 기본적으로 유교 윤리는 관계 윤리이며 따라서 공익성이 약하다. 군자의 도란 다스리는 자가 될 때 활용 가치가 있으며 평민이 사회 공익을 위해 봉사하며 양심에 따라 선을 행해야 한다는 대중의 윤리는 존재하지 않는다. 따라서 이러한 관계의 윤리는 체면을 중시하며 양심은 차선에 불과하다. 결국 특정한 관계에 있는 사람에 대한 도덕은 발달하지만 사회 전체에 대한 공중 도덕은 약화되며 약자와 가난한 자를 고려하는 사회윤리는 결여된다. 나아가 형식을 강조하다보니 실용성(實用性)보다는 관혼상제(冠婚喪祭)라는 허례허식(虛禮虛飾)이 아직도 많이 남아 있음을 볼 수 있다.

일곱째, 유교의 낙천적 인간관과 현실관은 사회 문제를 해결하는데 도움을 주지 못한다. 공자는 이 세계란 최선의 세상이며 인간도 본래 선하므로 수양을 쌓아 참된 본성을 개발하면 얼마든지 성자(聖者)가 될 수 있다고 믿었다. 이 점에서 유교는 매우 현실 긍정적 세계관이며 이는 불교와 대조된다고 말할 수 있다. 나아가 인간은 언제나 가정과 국가의 연장선에서 생각하므로 독립된 개체의 인격은 부정되고 국가를 위해 개인이 희생되는 집단이기주의(集團利己主義)의 위험성이 있다(장덕순, 윤태림, 조용만, 1969:141).

마지막으로 유교적 세계관은 본질적 보수성으로 인해 급격히 변화하는 시대 상황에 대해 대응력이 약하여 사회 발전이 지연된다. 이상사회를 미래에서 찾기보다는 과거 요순시대에 두기 때문에 결국 미래지향적이 아니라 과거지향적이 된다. 따라서 한국 사회도 여전히 보수성이 강하며 이런 점에서 유교적 세계관은 사회의 폐단을 개혁하고 첨단 과학을 발전시켜 나가는 데에는 큰 도움이 되지 못하는 것을 볼 수 있다.

5. 유교적 세계관의 단점에 대한 기독교 세계관적 대안

무엇보다 먼저 유교의 지나친 수직적 권위주의에 대해 기독교 세계관은 모든 인간은 하나님 앞에서 평등함을 강조한다. 가령 종교개혁자 마르틴 루터는 중세 가톨릭교회의 수직적이고 권위주의적 질서가 얼마나 잘못된 폐단을 낳았는지를 비판하면서 모든 성도가 제사장이라는 '만인제사장설(Priestertum aller Gläubigen)'을 주장하였다. 이것은 비텐베르크 시립교회(Stadtkirche Lutherstadt Wittenberg)에 루카스 크라나흐(Lucas Cranach)가 그린 제단화(Altarbild)에도 잘 나타나 있는데(사진 13-1) 아래 사진에 보면 교회의 머리이신 예수 그리스도께서 십자가에 죽으시고 부활하신 모습이 중심에 있고 루터는 오른쪽에서 설교하되 왼손은 성경에 얹고 오른손은 그리스도를 가리키고 있으며 회중도 루터와 평등한 위치에서 경청하고 있는 모습을 볼 수 있다. 위의 그림은 성찬식을 하는 장면인데 사제가 높은 자리에서 일반 성도에게 영성체를 주는 방식의 수직적인 가톨릭교회 방식과는 전혀 달리 예수 그리스도께서 행하셨던 것처럼 함께 식탁에 둘러앉아 빵과 포도주를 나누는 수평적인 성례를 보여 준다.

사진 13-1
출처: upload.wikimedia.org/wikipedia/commons/thumb/0/09/
　　　Wittenberg_Stadtkirche_1.jpg/440px-Wittenberg_
　　　Stadtkirche_1.jpg

루터의 이러한 개혁은 중세 봉건사회를 종식하고 근대 시민사회를 열게 되는 결정적인 공헌을 한 것이다. 나아가 스위스 제네바에서 개혁운동을 일으킨 장 깔뱅은 교회에 장로교적 정치제도를 도입하여 영국과 미국의 민주주의 발전에 큰 공헌을 하였다(최용준. 2018). 이처럼 기독교 세계관은 먼저 자신이 겸손을 실천하면서 상대방을 존중하는 수평적이고 평등적인 세계관을 강조하며 진정한 권위는 강압이 아니라 자발적인 존경에 의해서만 이루어져야 한다는 사실을 강조한다.

　　둘째, 다분히 현실 위주이며 출세 지향적인 유교적 세계관에 대해 기독교 세계관은 먼저 수신제가치국평천하 사상을 부정적으로만 보지는 않는다. 자신을 먼저 닦고 가정을 잘 다스린 후 자신이 속한 사회를 개혁하는 것을 틀렸다고 말할 수 없기 때문이다. 하지만 입신양명(立身揚名)과 출세(出世)를 위해 수단 방법을 가리지 않고 학교에서의 시험 내지 대학 입시에서 부정행위를 저지르는 것은 분명 반대하며, 이러한 행동은 단호히 처벌하여 발본색원해야 할 것이다. 특별히 한국 및 동양사회에서 대학 입시가 과열되는 것은 바로 이러한 유교적 세계관에 의한 경쟁심 때문이라고 할 수 있다. 이를 극복하기 위해 기독교 세계관은 루터나 깔뱅과 같이 직업소명설(職業召命設), 즉 모든 직업은 하나님의 부르심임을 강조하면서 우선 한국 사회에 만연한 사교육을 과감히 폐지하고 학교 공교육만으로 충분한 사회 그리고 나아가 실업계 고등학교를 나와도 전문적인 지식과 기술이 있다면 일찍 취업하여 대학 졸업자 못지않은 처우를 받을 수 있는 사회가 된다면 지나친 입시 경쟁은 완화될 것이며, 사교육 문제도 상당히 해결될 수 있을 것으로 본다. 실제로 독일이나 네덜란드는 루터와 깔뱅의 사상적 영향으로 이러한 사회가 되어 있음을 알 수 있다.

셋째, 유교의 핵심 개념인 '태극'이나 '이' 및 '기'가 애매하다는 부분에 대해 기독교 세계관은 무엇보다 먼저 만물의 기원이 누구인지 분명한 대안을 제시한다. 가령 지적 설계(intelligent design)를 인정하는 창조적 세계관에서는 '이'나 '기'의 변증법적 대립이 없으며 세계는 창조주가 부여한 법칙에 의해 만들어졌음을 분명히 말한다(Dembsky, 서울대학교 창조과학연구회 역. 2002). 따라서 창조법칙의 하나로 '이'와 '기' 그리고 '태극'을 이해할 수 있으며 양자는 상호 보완하므로 어떤 갈등적 요소도 발견할 수 없게 될 것이다. 이러한 창조질서를 올바르게 이해하고 이것을 바탕으로 세계를 올바르게 발전시켜 나가는 것이 인간의 청지기적 사명이라고 기독교 세계관은 강조한다. 한국의 역사를 볼 때 조선 사회를 지배한 성리학은 결국 소위 '사단칠정논쟁'으로 학문적으로 뿐만 아니라 정치적으로도 분열되어 결국 국력이 소진되어 일제의 식민지로 전락한 것을 보게 된다. 이것은 성리학적 세계관이 지나치게 추상적이어서 실제 생활에는 큰 도움이 되지 못했기 때문이다. 그리하여 실학사상이 대두되었으나 안타깝게도 이것 또한 역사의 흐름을 바꾸지 못한 채 외세의 침략에 거의 무방비 상태가 되었고 결국 국가의 주권마저 강탈당한 것이다. 따라서 유교적 우주론을 하나의 학문적 이론으로는 인정하되

실생활에서는 보다 실용주의적인 기독교 세계관이 필요하다고 말할
수 있다.

넷째, 유교의 큰 단점인 신분 및 성적 차별을 기독교 세계관은 분
명히 극복되어야 함을 강조한다. 현대의 민주사회는 자유 및 평등
이 기본 가치이며 이것은 사실상 깔뱅 같은 기독교 세계관을 가진
개혁자에 의해 시작된 것이다. 서양의 선교사가 처음 한반도에 들
어와 교회를 세울 때 양반과 노예를 차별하지 않고 하나의 공동체
를 세움으로 계급을 철폐한 것은 이미 잘 알려져 있다. 나아가 남녀
평등 또한 선교사가 여학교를 세우면서 급속히 이루어진 것을 부인
할 수 없다. 나아가 모든 사람은 하나님의 형상으로 창조되었으므
로 어떤 사람도 결코 외모로 판단하지 말아야 함을 강조했다. 그 결
과 개화기에 적지 않은 유교 지도자 및 일반 백성이 기독교인이 되
었고 한국 사회의 민주화와 근대화가 이루어졌음을 볼 수 있다(정희
영, 2012). 하지만 아직도 우리 사회에는 이러한 신분의식 및 남녀 차
별적 요소가 많이 남아 있다. 따라서 각 분야에서 여성이 실력을 갖
추어 보다 더 많이 진출할 수 있도록 각종 법제도를 정비하고 사회
분위기를 계속해서 바꾸어 나가야 할 것이다. 또한 정규직, 비정규
직과 같은 신분 차별적 제도도 점진적으로 개혁하여 누구든지 열심
히 일하면 그 정당한 대가를 누릴 수 있는 정의로운 사회를 만들어
나가야 한다. 나아가 '노블리스 오블리제(noblesse oblige)'와 같이 상류층
에 있는 사람이 더 큰 책임의식을 가지고 사회에 공헌할 수 있도록
노력해야 할 것이며 그리스도인이 더욱 본을 보여야 할 것이다.

다섯째, 지나치게 가부장적이고 혈연을 중시하는 가족 중심주의에 대한 대안으로 기독교적 세계관은 다시금 언약 중심적이며 평등적인 세계관을 강조한다. 물론 인간은 가족을 통해 출생하고 성장하지만 동시에 사회의 한 구성원이므로 폐쇄적인 가족 이기주의를 극복하고 사회 전체가 한 공동체임을 기억해야 한다. 또한 중요한 점은 가정의 핵심이 혈연적이고 수직적인 부자관계가 아니라 계약에 의해 결혼한 수평적 부부관계임을 기독교 세계관은 분명히 주장한다. 나아가 역사적으로 볼 때 기독교 세계관에 기초한 서구 선진국가는 정치 분야에도 삼권분립에 기초하여 정권의 견제와 균형을 갖춘 민주정치를 발전시켜 왔으며 경제 분야에서도 족벌주의를 타파하고 전문 경영인 제도 및 회사의 공공성을 더욱 제고해 나가려고 노력하고 있다. 그러기 위해서 가령 재벌기업의 총수는 직원들을 더욱 존중하면서 상생하도록 노력해야 할 것이다. 물론 가족을 잘 돌아보는 것은 가장으로서 또한 가족 구성원으로서 마땅히 해야 할 책임이지만 이것이 도가 지나치면 문제가 된다. 한 학교의 교사가 자기 자녀에게 시험답안을 유출하여 자녀의 성적을 부정한 방법으로 올려 좋은 대학에 들어가려 한다면 그것이 하나의 단적인 사례가 될 것이다(news.chosun.com/site/data/html_dir/2019/11/22/ 2019112202403. html). 큰 기업을 경영하면서 친인척을 등용하고 실력 있는 사원의 승진을 막는다면 이것 또한 평등의 원칙에 어긋나는 것이다. 사회의 구성원이 모든 면에서 공정성(fairness)을 회복하도록 노력할 때 이 단점은 극복될 것이다. 누가복음 22장 21절에 보면 예수 그리스도를 비판하던 율법학자와 대제사장도 예수를 가장 위대한 선생으로 인정하면서 그분은 사람을 외모로 취하지 않고 모든 사람을 공평히 대했음을 시인하고 있음을 볼 수 있다.

여섯째, 형식과 체면을 강조하는 문화에 대한 대안으로 기독교 세계관은 관계 윤리보다 공익성을 더욱 제고한다. 예수 그리스도께서도 "황제의 것은 황제에게 돌려주고, 하나님의 것은 하나님께 돌려드려라."고 강조하면서(마 22:21; 막 12:17; 눅 20:25) 일반 국민이 정부에 대해 세금을 올바르게 납부하고 사회 공익을 위해 봉사하면서 양심에 따라 선을 행해야 함을 가르치고 있다. 따라서 기독교 세계관은 다른 사람들 앞에서 자신의 체면을 중시하기보다 하나님 앞에서 올바른 양심을 가질 것을 더 중시한다. 그리하여 사회 전체에 대한 공중도덕 및 책임의식을 고양하여 약자와 가난한 자를 배려하는 사회윤리를 확대하였다. 역사적으로 볼 때 한국 사회의 근대화 시기에 개신교 선교사와 교회가 고아와 과부 및 장애인을 돌보는 시설을 가장 많이 세웠으며, 지금도 이들을 사랑으로 섬기고 있다. 나아가 형식보다는 실용성을 앞세우고 허례허식은 과감히 철폐해 나가야 할 것을 제시한다. 한국 사회의 형식주의와 체면문화는 고급 외제 자동차, 명품 및 SKY(서울대, 고려대, 연세대) 대학교를 선호하는 사회 분위기에서 분명히 볼 수 있다. 한국에는 좁은 국토에 자동차 수가 지나치게 많지만 대다수 국민은 큰 차, 나아가 외제 차를 선호한다. 경차를 타면 인정받지 못한다고 생각하는 세계관이 있기 때문이다. 자신의 존재가치보다 소유가치가 자신의 신분을 지켜 준다고 착각하기 때문이다. 고가의 명품을 구입하는 것이 지나쳐 최근에는 한국의 명품가방 시장이 프랑스 시장보다 규모가 더 커졌다는 보도를 보면서(news.joins.com/article/23010516) 아직도 한국인이 얼마나 외형주의와 허례허식이 강한지 볼 수 있다. 이와 반면에 기독교 세계관은 환경을 고려하면서 하나님 나라의 청지기로 검소하게 살면서 오히려 약자를 돌아볼 것을 강조한다.

일곱째, 유교의 낙천적 인간관과 현실관이 사회 문제를 해결하는데 도움을 주지 못하는 부분에 대한 기독교 세계관적 대안은 결국 인간이 본래 선한 모습도 있지만 동시에 타락한 죄성을 가지고 있는 부분도 인정한다. 나아가 현실을 긍정하는 것은 좋으나 독립된 개체의 인격을 부정하고 국가를 위해 개인이 무조건 희생되어야 하는 집단이기주의의 위험성도 경계해야 할 것이다. 그러기 위해서는 개개인의 생명과 가치도 함께 인정하는 성경적 세계관이 필요하다. 예수 그리스도는 한 사람의 생명이 온 천하보다 더 귀중하다고 강조한다(마 16:26). 이와 함께 보다 엄격한 법제도가 확립되어 이러한 가치관을 실현할 수 있도록 노력해야 할 것이다. 유교적 사상가 중에도 순자는 성악설을 주장하기도 했으나 전반적으로 볼 때 낙천적 세계관이 비관적 세계관보다 다소 앞서는 것을 볼 수 있다. 그러므로 우리는 인간의 양면성을 현실적으로 직시하는 기독교 세계관에 주목할 필요가 있다. 특히 한국 사회는 최근 음주 운전으로 인한 교통사고가 빈번해도 처벌이 너무 약하며 교통법규를 위반해도 벌금이 다른 나라에 비해 낮기 때문에 많은 사람이 이를 두려워하지 않는다. 법을 어긴 사람에 대해서 보다 엄격한 처벌이 이루어질 때 더 많은 시민이 각성할 것이며 무고한 희생도 줄어들 것이다. 참고로 루터와 깔뱅의 영향을 받은 독일이나 스위스의 법 제도를 보면 시민이 질서를 잘 지키기도 하지만 교통법규를 어긴 사람들에 대한 처벌이 매우 엄격한 것을 볼 수 있다.

마지막으로 유교는 보수성으로 인해 급격히 변화하는 시대 상황에 대해 대응력이 약하여 사회 발전이 지연된다는 지적에 대한 기독교 세계관적 대안은 미래지향적 역사관으로 과거지향적 역사관을 대체한다. 창조에서 완성을 향하는 기독교적 역사관과 문화관은 인간의 책임성을 매우 강조한다. 창조된 세계는 닫혀진 정적 체계가 아니라 발전 가능성이 무한한 열린 체계임을 지적하면서 이러한 개현 과정의 주체로서 인간의 사명과 그 결과에 대한 심판도 강조한다. 하지만 아직도 유교적 세계관이 많이 남아 있는 한국 사회는 여전히 많은 면에서 보수성이 강하며 이런 점이 사회의 폐단을 개혁하는데 걸림돌이 되고 있는 것이 사실이다. 따라서 보다 현실적이면서도 개혁적인 기독교 세계관을 가지고 첨단 과학을 발전시키는 동시에 보다 성숙한 사회로의 발전을 보다 강력히 추진해 나가야 할 것이다.

사실 유교적 세계관은 원래 기득권층이 사회 질서를 유지하는데 도움이 되는 면이 많다. 반면에 차별받던 계층의 사람이 개혁을 시도할 때마다 강한 탄압을 받기도 했다. 우리가 잘 아는 "홍길동"이라는 소설이 바로 이러한 주제를 다루고 있지 않은가? 한 사회를 보다 발전시키고 개혁하기 위해서는 사실 기득권층에 있는 사람이 자신의 권리를 주장하기보다는 보다 소외된 사회 구성원을 좀 더 배려하면서 그들의 목소리를 경청하면서 자신이 먼저 희생해야 하는 것이며, 그리할 때 오히려 진정한 존경을 받을 것이다. 이러한 점에서 그리스도인은 더욱 진정성 있는 본을 보여야 할 것이다.

결론

이 장에서는 유교에 대해 기독교 세계관적으로 고찰해 보았다. 이 세계관이 어디서 어떻게 일어나게 되었으며 그 기본적인 내용과 주된 한국의 사상가를 살펴본 후 이 세계관의 장단점을 비판적으로 분석해 보았고 단점에 대해 기독교 세계관적 대안을 제시해 보았다. 이 유교적 세계관은 타인에 대한 사랑과 존중이 있고 이상적인 사회를 설계하며 지도자의 도덕의식 및 시민의 청렴성을 강조하고 예절을 발전시키는 데 공헌한 긍정적인 요소가 있다. 하지만 동시에 이 세계관은 지나치게 권위주의적이며 다분히 현실 위주이고 정치 지향적이라고 말할 수 있다. 나아가 유교적 세계관의 핵심 개념인 '태극', '이' 그리고 '기'의 의미가 매우 추상적이고 모호하며 인간의 가치가 신분에 의해 정의되고 지나치게 가부장적이고 혈연을 중시하는 가족중심주의 및 형식과 체면을 강조하는 문화를 지적할 수 있다. 또한 낙천적 인간관과 현실관은 사회 문제를 해결하는 데 도움을 주지 못하며 본질적 보수성으로 인해 급격히 변화하는 시대 상황에 대해 대응력이 약하여 사회 발전이 지연되는 단점도 있음을 지적했다.

이에 대한 기독교 세계관적 대안으로 먼저 권위주의가 아니라 모든 인간은 하나님 앞에서 평등함을 강조하며 현실 위주이며 출세 지향적이 아니라 직업소명설(職業召命設)을 강조한다. '태극'이나 '이' 및 '기'가 애매하다는 부분에 대해서는 만물의 기원이 누구인지 분명히 제시하며 신분 및 성적 차별에 대해 자유 및 평등이 기본 가치임을 강조한다. 지나치게 가부장적이고 혈연을 중시하는 가족 중심주의에 대해서는 언약 중심적이며, 부부평등적인 세계관을 제시하며, 동시에 사람을 외모로 취하지 않고 모든 사람을 공평히 대해야 하고 형식과 체면을 강조하는 문화에 대해서는 관계 윤리보다 공익성을 더욱 제고하며 환경을 고려하면서 하나님 나라의 청지기로 검소하게 살고 약자를 돌아볼 것을 강조한다. 나아가 유교의 낙천적 인간관과 현실관이 사회 문제를 해결하는 데 도움을 주지 못하는 부분에 대해 인간이 본래 선한 모습도 있지만 동시에 타락한 죄성을 가지고 있는 부분도 인정하며 마지막으로 유교의 보수성으로 급격히 변화하는 시대 상황에 대해 대응력이 약하여 사회 발전이 지연된다는 지적에 대해 미래지향적 역사관 및 청지기적 사명과 책임성을 대안으로 제시한다. 또한 이러한 대안은 이미 세계 역사 속에서 상당히 증명된 것도 고찰했다.

하지만 현대인, 특히 동양인에게 이 유교는 계속해서 적지 않은 영향력을 발휘하고 있다. 그러므로 앞으로도 기독학자들은 이 세계관을 계속 예의주시하면서 적절한 대안을 제시하며 올바르게 대응해야 할 것이다.

14. 신천지(Shinchunji)

서론

신천지(新天地)는 한국에서 최근 코로나 19와 관련하여 더욱 분명히 드러나고 있지만 가장 위협적인 기독교 이단 중 하나다. 이는

1984년 3월 14일에 이만희에 의해 시작되었다. 신천지의 원래 전체 이름은 "신천지 예수교 증거장막성전"이다. '신천지'라는 이름은 요한계시록 21장 1절에 있는 '새 하늘 새 땅'에서 따왔으며 '예수교'는 신천지의 교주가 예수라는 의미를 담고 있고, '증거장막성전'은 요한계시록 15장 5절에서 따왔는데, 이만희가 신천지 창립 이전인 과거에 몸 담았던 장막성전에서 있었던 사건이 요한계시록의 예언을 증거한다고 주장하고 있다. 신천지의 표현을 그대로 따르면 "신천지는 뜻을 하늘에서 이룬 것같이 오늘날 이 땅에 이루시고자 하나님께서 창조하신 하나님의 나라요, 6천 년 간 하나님께서 역사해 오신 결과로 이루어진 창작물이며, 주 안에서 함께 구원받을 제사장들과 백성이 소속된 거룩한 성전이다."라고 주장한다. 교육기관은 시온 기독교선교센터이며 이를 약칭하여 센터라고도 한다. 신천지는 사진 14-1과 같은 로고를 가지고 있다.

이 로고는 하늘에서 내려오는 거룩한 성, 새 예루살렘을 상징하는데 요한계시록 4장 및 21장에 나타나며 각 부분은 다른 의미를 담고 있다. 가령 청색 및 적색 원은 우주 및 지구를 뜻하며 가운데 있는 정사각형은 거룩한 성, 새 예루살렘을 의미한다. 중앙의 성경책을 벽옥과 홍보석으로 두른 것은 영생의 말씀인 하나님을 상징하며 중앙에 있는 십자가는 예수님의 십자가로 도(道)와 생수가 솟아나 흐르는 샘을 형상화한 것으로 하나님의 말씀이 나오는 길을 의미한다. 나아가 동서남북 각 세 문씩인 열두 문(계 21:12-13)은 열두 지파의 문이며 성 안의 나무는 영생의 말씀을 받아 달마다 열두 가지 열매를 맺는 영적 새 이스라엘 12지파를 상징한다.

신천지는 자신의 홈페이지(www.shincheonji.kr)[14]와 개인 접촉을 통해 매우 활발하게 포교활동을 하고 있다. 신천지는 자체 성경 교육 기관인 시온기독교선교센터에서 성경교육을 받고 수료시험을 합격해야 입교가 가능하며, 6개월의 교육 기간 동안 창세기부터 요한계시록까지 초·중·고등 과정으로 나눠 진행되고 있다.

조직을 살펴보면 이만희 총회장 아래 7명의 교육장과 12지파장을 두고 있다. 그리고 총회장 아래 24개의 부서가 있어 신천지의 행정을 총괄한다. 이들은 각각 요한계시록 4장에 기술된 존재에 대응시킨 것으로 보좌에 앉은 이는 이만희 총회장, 7명의 교육장은 일곱 등불, 즉 일곱 눈이며, 12지파장은 예수 그리스도의 12사도, 24부서장은 24장로를 뜻한다. 또한 신천지의 교적부는 요한계시록에 기술된 생명책에 대응되며 각 지역을 '교구'와 비슷한 개념인 '지파'로 나눈다. 2016년 12월 기준 총회에 등록된 신자 수는 172,775명이다(조믿음, 2017).

하지만 중국에서 최초로 대련시가 2019년 9월 28일에 이 신천지를 사교 및 불법 단체로 규정하면서 포교를 전면 금지하고 조직을 폐쇄했다. 그러나 독일 베를린에만 신도 500여 명이 활동하는 등 중국, 일본, 필리핀, 캄보디아 등 아시아 16개국, 영국·독일·프랑스 등 유럽 9개국, 호주·뉴질랜드 등 오세아니아 2개국, 남아공 등 아

---

14 2020년 3월 9일 현재 신천지 홈페이지는 점검 중이라고 하면서 폐쇄된 상태다.

프리카 5개국 등 전 세계 40개국 33개 교회 및 109개 개척지로 활발히 확장하고 있다(ko.wikipedia.org/wiki/신천지예수교_증거장막성전).

그렇다면 왜 지금도 이렇게 많은 사람이 이 신천지를 추종하고 있는지 나아가 기독교 세계관은 이 신천지를 어떻게 평가해야 하는지를 본 장에서 다루고자 한다. 먼저 이 세계관의 내용을 구체적으로 분석한 후 대표적 사상가인 이만희를 언급하고 이 세계관이 매력적으로 보이게 된 장점이 무엇인지 생각해 봄과 동시에 이 사상이 자체적으로 드러내는 내적 모순이나 단점은 없는지 살펴보겠다. 그후 이 문제점에 대해 기독교 세계관은 어떤 대안을 제시할 수 있는지 언급함으로써 이 세계관을 어떻게 극복할 수 있는지 결론을 맺도록 하겠다.

신천지에 대한 기독교 세계관적 고찰

1. 신천지 세계관의 내용

신천지 세계관에는 몇 가지 특징이 있다.

먼저 교주 이만희는 자신이 구세주이며 영적 도움을 주는 선지자라고 자칭한다. 신천지의 모든 교리는 그가 만들었는데 사실 여러 종교의 내용을 혼합한 것이다. 신천지 교도들은 그가 죽지 않으며 그들도 교주와 같이 된다고 믿는다. 그는 신천지만이 신약성경에 예언된 유일한 하나님의 성전이라고 가르친다. 증거장막성전은 이만희에 의해 세워졌으며 구원의 유일한 방주라는 것이다. 따라서 신천지는 기존의 전통적인 교회를 부인하며 이만희는 예언된 목자요 보혜사라고 주장한다. 따라서 그의 말을 듣는 사람은 구원을 받는다는 것이다. 그리고 이제는 예수께서 교회에 뿌린 것을 추수할 때가 되었다고 하면서 소위 '추수꾼'을 기존 교회에 보내어 성도를 미혹한다.

둘째, 소위 "복음방"이라고 부르는 그들의 성경공부이다. 여기서 신천지 교리를 배우게 된다. 그들은 교리를 가르치는 책을 별도로 가지고 있다. 이 공부에는 세 단계가 있는데 첫 번째 단계는 도입 단계이며, 두 번째는 중간 단계이고, 마지막은 고급 단계다. 각 단계마다 시험을 치게 되어 있다. 모든 과정을 이수하면 검증 카드를 받게 되고 그제야 비로소 신천지 회원으로 인정을 받는다.

셋째, 신천지는 잘못된 종말론을 주장하는데 신천지 신도의 숫자가 14만 4천이 되면 그들은 하나님과 연합되어 영생을 누리며, 육체적 죽음을 맛보지 않게 된다고 한다. 이 숫자는 신약성경 요한계시록 7장 4절과 14장 1절 및 3절에 기록되어 있는데 신천지는 이 숫자를 문자적으로 해석한다. 따라서 14만 4천은 먼저 이마에 인을 맞은 자로서 구원을 받으며 그 후에 다른 사람이 구원을 받는다고 주장한다. 현재는 사실 14만 4천의 수를 훌쩍 넘었지만, 신천지는 말을 또 교묘하게 바꾸어 이제는 신도 중에 가짜도 있을 수 있으므로 이 14만 4천 명에 들어가기 위해 노력해야 한다고 가르친다. 하지만 이것은 성경을 전혀 잘못 이해한 것이다. 요한계시록에 나타난 대부분의 숫자는 상징적이다. 14만 4천은 구약의 12지파와 신약의 열두 사도를 곱한 후 다시 1000이라는 다수를 상징하는 숫자를 곱한 것으로 모든 하나님의 백성을 상징하는 것이다.

넷째, 신천지는 소위 '비유풀이'라는 것을 통해 자의적으로 성경을 해석하며 이를 통해 기존 교회 성도를 유혹한다. 성경의 비유를 제대로 이해하지 못하면 성경의 숨겨진 비밀을 알 수 없다는 식으로 미혹하며 따라서 한 사람이 미혹을 받으면 그 다음 단계로 넘어가게 된다. 그러므로 이 미혹에 넘어가지 않는 것이 매우 중요하다. 특히 마태복음 13장에 나오는 비유를 잘못 해석하면서 가령, 씨앗은 말씀이고 나무는 사람이며 가지는 제자이고 새는 영이며 그릇은 사람의 마음을 뜻한다고 주장하며, 이 외에도 많은 오류가 있다. 신천지는 교인으로 하여금 이 모든 것을 기억하게 하기 위해 노래를 부르고 시험도 치르게 한다.

다섯째, 신천지는 성경을 아담, 노아, 육적 이스라엘, 선지, 영적 이스라엘, 영적 새 이스라엘 시대로 나누는데, 현재가 '영적 새 이스라엘 시대'로 신천지를 통해 구원받는다고 주장한다. 또한 신천지는 12지파로 나누어지는데 야고보, 시몬, 마태, 바돌로매, 요한, 빌립, 다대오, 야고보, 안드레, 베드로, 도마, 맛디야다. 각 지파는 상징색도 다 다르다. 하지만 실제로 그들의 목표는 기존 교회다. 신천지는 소위 '추수꾼'을 기성 교회에 은밀하게 보내어 특별한 임무를 수행하게 한다. 이들은 두 그룹으로 나뉘는 데 정보를 수집하는 추수꾼과 실제로 유혹적인 활동을 수행하는 급습 추수꾼이다. 실제로 신천지 교도 중 많은 이들은 기존 교회에 다니면서 자신을 위장한다. 따라서 신천지의 미혹하는 전략을 바로 아는 것이 매우 필요하다. 이들은 기존 교회 목회자의 설교에 만족하지 않거나 교회의 영적 활동에 목마른 사람을 주된 표적으로 삼는다. 교회, 특히 목회자들에게 불평불만이 많은 사람을 미혹한다. 또한 교회를 공격하여 서로 대적하게 만든다. 즉 한 교회 성도로 하여금 서로를 의심하게 만들며 교회의 가르침에 대해서도 불신하게 만든다. 그 후 미혹 받은 성도를 교회 밖으로 끌어내어 별도로 성경공부를 시킨다. 이런 방식으로 교회를 분열시켜 그 교회 성도를 신천지로 인도하는 것이다. 따라서 이런 경험을 가진 교인은 반드시 교회 지도자에게 알려야 한다.

여섯째, 신천지는 많은 자선단체를 세워 사람을 미혹한다. 가령 만남, 좋은 날, 영혼 지키미 등이다. 이러한 단체는 헌혈, 이웃돕기, 북한 어린이 돕기, 불우이웃을 위한 김치 담그기, 헌옷 모으기 등 다양한 사회봉사활동을 한다.

마지막으로 신천지는 많은 거짓 교회와 거짓 기도원을 세운다. 신천지는 과거에 일반 교회에서 목회를 한 사람이나 지도자를 포섭하여 위장 교회를 세운다. 그들은 필요시 "예수교장로회"라는 이름도 사용하면서 자신을 위장한다. 위장 기도원 또한 부흥회, 치유 집회 등 다양한 위장 활동도 하고 있다.

2. 대표적인 신천지 사상가 이만희

신천지의 교주 이만희는 1931년 경상북도 청도군에서 태어났다. 신학을 제대로 공부한 사람이 아니다. 그는 27세에 질병으로 인해 처음으로 "천부교"를 창시했던 박태선 전도관에 들어간 이후에 "증거장막"이라는 이단을 창설한 유재열과 같은 여러 사이비 교주들을 따르며 배우다가 여러 사이비 집단을 합쳐 신천지를 창설했다. 따라서 그가 배우고 가르치는 성경 대부분의 교리는 이단적이다. 그는 자신이 알파와 오메가요 보혜사 성령이며 만국을 다스릴 자라고 주장하면서 예수님을 믿고 구원받는 지금까지의 기독교는 '처음 하늘과 처음 땅이고' 이제는 예수님이 보내신 이만희 교주를 믿어야 구원받는 새로운 시대가 열린다고 주장한다. 그는 『계시록의 진상』(1985), 『계시록의 완전 해설』(1986), 『계시록의 진상 2』(1988), 『계시록의 실상』(1993), 『요한계시록의 실상』(2005), 『예수 그리스도의 행전』(2006), 『천지창조』(2007), 『계시와 주석』(2008), 『진리의 전당 I』(2009), II(2010), III(2011)과 같은 책을 집필하기도 했다.

3. 신천지 세계관의 장점

그럼 신천지의 장점은 어떤 것이 있을까? 먼저 신천지는 성경, 그중에도 복음서 공부에 집중한다는 것이다. 앞서 예를 든 것과 같이 그들은 복음서에 진리가 있다고 주장한다. 신천지는 조금 오래된 개역성경을 사용하면서 개정개역에는 약 800군데 오류가 있다고 보기 때문이다. 따라서 그들의 교리를 이해하려면 비교해석 방법을 사용해야 한다. 그렇게 하기 위해서 신천지는 복음서 자체를 매우 강조하는데 일반 교회가 복음서 구절을 해석하는 것을 배우기 원하는 사람에게 성경공부를 제공하기 때문이다. 다른 면에서 교회의 성도는 복음서를 체계적으로 배울 기회가 별로 없다. 따라서 신천지 신도는 일반 그리스도인보다 복음서에 대한 지식이 더 많다. 이런 부분은 신천지의 장점이라고 할 수 있겠다.

둘째, 신천지는 신도를 철저히 관리한다. 신천지는 신도 관리를 매우 효과적으로 하므로 이 점 또한 장점으로 볼 수 있다. 그들은 또한 "신앙행정카드"를 발급받는데, 이것이 신천지 신도를 잃지 않도록 예방하는 데 사용되고 있다. 나아가 보다 효과적인 선교 활동 및 관리를 위한 몇 가지 서류가 있다. 개인 전도 관리카드, 접촉자 관리카드, 전도카드, 신앙 관리카드다. 이 카드를 좀 더 깊이 보면 취미/특기 등이 기재되어 있다. 신천지는 이러한 친분을 접촉점으로 삼아 다른 외부인들에게 접근하고 있다.

마지막으로 신천지는 다양한 사회봉사 및 구제활동을 한다. 가령 신천지 대구지부는 "사랑의 연탄 나눔"이라는 지역사회 봉사 활동을 시작했다. 사실 그들은 무료 식사, 만남(이만희 및 김남희 두 사람의 가운데 글자를 인용하여 지음) 그리고 재능 기부를 통해 다양한 지역사회 봉사를 제공하고 있다. 이러한 활동을 통해 신천지는 다양한 자원봉사활동을 벌이고 있으며 공적 복지에 공헌하고 있다. 이런 활동을 통해 신천지를 향한 일반 국민의 인상을 긍정적으로 바꾸려고 시도한다.

4. 신천지 세계관의 단점

그렇다면 신천지의 단점은 무엇인가? 무엇보다 먼저 그들의 교리에 상호 모순되는 점이 있다. 성경을 전체적으로 보는 것이 아니라 선택적으로 해석하기 때문에 그들의 교리 중 서로 상충하는 부분도 있다. 가령 창조와 새창조 교리를 들 수 있다. 이만희는 하나님께서 세상이 타락하자 심판하셨고 그 후 새로운 세상을 만드셨다고 주장한다. 신천지는 자신만이 "선택된 백성"이며 그들만 이 새로운 세상에 들어갈 수 있다고 믿는다. 이것은 하나님께서 다른 나머지 사람들은 포기하시고 그들만 재창조된 세계에 들어간다는 것이다. 하지만 성경은 이렇게 말한다.

> 주 당신들의 하나님은 자비로운 하나님이시니, 당신을 버리시거나 멸하시지 않고, 또 당신들의 조상과 맺으신 언약을 잊지도 않으실 것입니다(신 4:31).

> 어머니가 어찌 제 젖먹이를 잊겠으며, 제 태에서 낳은 아들을 어찌 긍휼히 여기지 않겠느냐! 비록 어머니가 자식을 잊는다 하여도, 나는 절대로 너를 잊지 않겠다(사 49:15).

또한 신구약성경 간에 나타나는 모순이다. 세상이 첫 창조에서 새 창조로 바뀌면 언약도 구약에서 신약으로 바뀐다는 것이다. 아담이 언약을 어겨 하나님께서 아담의 세상을 포기하고 새로운 세상을 만들어 노아와 언약을 맺었다는 것이다. 나아가 이러한 과정은 계속해서 반복되어 지금은 하나님께서 이만희를 새로운 목자로 선택하셨고 신천지를 믿는 사람은 하나님의 선택된 백성이라는 것이다. 즉 예수 그리스도가 죽은 후 세상은 다시 타락하여 변질되었기에 하나님께서는 이만희를 선택하여 새로운 구세주로 삼으셨고 새로운 세계를 창조하신다는 것이다. 이것은 예수 그리스도를 통한 구원의 실패를 의미한다.

> 내가 너와 세우는 언약은, 나와 너 사이에 맺는 것일 뿐 아니라, 너의 뒤에 오는 너의 자손과도 대대로 세우는 영원한 언약이다. 이 언약을 따라서, 나는, 너의 하나님이 될 뿐만 아니라, 뒤에 오는 너의 자손의 하나님도 될 것이다(창 17:7).

> 하나님이 다시 모세에게 말씀하셨다. "너는 이스라엘 자손에게 이르기를 '여호와, 너희 조상의 하나님, 곧 아브라함의 하나님, 이삭의 하나님, 야곱의 하나님이 나를 너희에게 보내셨다' 하여라. 이것이 영원한 나의 이름이며, 이것이 바로 너희가 대대로 기억할 나의 이름이다(출 3:15).

하나님의 언약은 영원하며 불변하다. 하나님의 언약은 폐기된 것이 아니라 연속성이 있으며 점진적으로 발전되는 것이다. 하지만 신천지는 이처럼 왜곡된 교리를 주장한다.

둘째, 신도를 사회와 가족으로부터 단절시킨다는 것이다. 많은 부모들이 자녀를 신천지에 빼앗겨 "사랑하는 딸아 제발 가정으로 돌아오라."는 피켓을 들고 있는 것을 자주 볼 수 있다. 왜 그들은 가정과 직장을 떠나는가? 왜냐하면 신천지는 영적인 가족이 육적인 가족보다 더 중요하다고 가르치기 때문이다. 그리고 그들의 숫자가 14만 4천이 되면 세상은 바뀌어 새 하늘과 새 땅이 임할 것이라고 믿는다. 그때가 되면 그들은 왕들이 되어 만물을 다스릴 것이므로 지금 열심히 전도하고 있다. 최근에 그들의 숫자는 이미 14만 4천을 넘었는데 이제는 말을 바꾸어 그중에도 진짜가 있고 가짜가 있다고 하면서 더욱 전도를 열심히 해야 한다고 강조한다. 이러한 신앙은 특별한 결과를 낳게 되는데 학생은 학업을 포기하고 가정을 떠나며 이혼하고 가족을 버리게 된다. 이것은 정말 심각한 사회 문제이며 많은 가족이 이로 인해 고통을 당하고 있다.

셋째, 사회적으로 여러 가지 물의를 일으키고 있다. MBC에서는 2007년 5월 8일과 2007년 12월 25일 두 차례에 걸쳐 PD수첩을 통해 신천지에 대한 방송을 방영하였다. 이 방송에서는 신천지가 "신도의 가족에게 종교를 강요하였다.", "가정을 파괴하도록 조장하였다.", "이만희 본인은 방송에서 영생을 부인했으나 실제로는 신도가 이만희 씨가 영생을 한다고 믿고 있으며, 이만희 씨도 신도에게 영생권을 써 준 사실이 있다."는 등의 내용으로 신천지를 비판하였다(윤근영, 2009). 2008년 6월에는 대전 MBC의 시사보도프로그램인 시사플러스의 첫 방송으로 "누구를 위한 신천지인가?" 편을 방영하였으며, 2011년 9월에는 광주방송의 시사고발프로그램인 "시사터치 따따뿌따"에서도 전남대학교에서의 신천지의 과도한 포교활동을 보도하였다. 개신교 종교방송인 CBS는 "크리스천 Q"에서 신천지에 대한 방송을 2008년 2월 15일과 2008년 3월 14일에 실시하였다. 이후 CBS는 신천지 OUT! 사이트를 만들어, 신천지대책보도운동을 지속적으로 진행했다. 2015년 3월 16일부터는 4주 간 월요일과 화요일에 신천지예수교 증거장막성전을 비판적으로 다룬 8부작 특집 다큐멘터리《신천지에 빠진 사람들》을 제작해 방영했다(www.dynews.co.kr/news/articleView.html?idxno= 250549).

신천지 측은 이 방송에 대해 신천지를 각종 사회문제를 일으키는 집단으로 보도하는 방송이라며 방송금지 가처분 신청을 냈으나 법원은 방송을 공공의 이익과 부합한다는 이유로 기각하였다. 나아가 신천지는 불법으로 기부금납입증명서를 발부하였으며, 소속 교인이 이 기부금납입증명서를 관할 세무서에 제출하였으나 세무서는 이를 탈세로 보아 가산금을 추징하였고(「과천뉴스」 2012), 2013년 6월 13일에는 이 종교를 탈퇴한 대학생을 집단 폭행한 신천지 교인 3명에게 집행유예 또는 벌금형을 선고했다(「교회와 신앙」 2013). 또한 2015년 9월 18일에는 "9·18. 종교대통합 만국회의 1주년 기념식"이라는 이름으로 올림픽공원 평화의 문에서 종교적 색채를 감추기 위해

HWPL(Heaven culture, World peace, Restoration of Light, (사)하늘문화세계평화광복, 대표 이만희)라는 단체의 이름으로 행사를 주최했는데 국민체육진흥공단은 홈페이지에 이 행사는 사전에 승인되지 않은 불법 행사임을 공지하며 행사장 철거 등을 강력히 요구했다. 그러나 주최 측에서 행사를 강행하여 시민은 수많은 신천지 신도로 인해 역 내 화장실 사용은 물론 인근 화장실 사용에도 어려움을 겪어야만 했고 평화의 광장 주변은 물론 지하철역 안에도 인파가 몰려 이동에 불편을 겪어야만 했다(ko.wikipedia.org/wiki/신천지예수교_증거장막성전#방송_및_언론보도). 2016년 4월 29일에는 신천지 신자 10만 명정도가 한기총과 CBS 방송국의 폐쇄를 요구하며 전국 각지의 CBS 방송국 건물 앞에서 대규모 시위를 하여 시민의 교통에 불편을 주는 등의 피해를 입히게 되었다(백상현, 김아영, 2016). 나아가 2019년 9월 11일에는 경기도청과 수원월드컵경기장관리재단이 대관 허가를 취소했음에도 경기장을 불법으로 점거한 사건이 있었다(「노컷뉴스」, 2019). 또한 최근에는 코로나 19 바이러스를 대량으로 전염시키는 등 국가적으로 큰 문제를 일으켰다.

5. 신천지 세계관의 단점에 대한 기독교 세계관적 대안

이러한 신천지에 대한 올바른 대안으로는 무엇보다 먼저 성경을 올바로 해석해야 한다. 기독교 세계관은 창조, 타락, 구속, 완성이라는 균형 잡힌 세계관을 제시한다(최용준, 2020). 특히 이만희는 자칭 보혜사라고 주장하나 결국 한 인간에 불과함을 분명히 밝혀야 한다.

요한복음 14장 16-17절을 보면 오순절에 임할 성령을 예언한 것이다.

> 내가 아버지께 구하겠다. 그리하면 아버지께서 다른 보혜사
> 를 너희에게 보내셔서, 영원히 너희와 함께 계시게 하실 것
> 이다. 그는 진리의 영이시다. 세상은 그를 보지도 못하고 알
> 지도 못하므로, 그를 맞아들일 수가 없다. 그러나 너희는 그
> 를 안다. 그것은, 그가 너희와 함께 계시고, 또 너희 안에 계
> 실 것이기 때문이다(요 14: 16-17).

또한 로마서 10장 9-10절에도 보면 이만희와는 아무 상관이 없음을 분명히 볼 수 있다.

> 당신이 만일 예수는 주님이라고 입으로 고백하고, 하나님께
> 서 그를 죽은 사람들 가운데서 살리신 것을 마음으로 믿으
> 면 구원을 얻을 것입니다. 사람은 마음으로 믿어서 의에 이
> 르고, 입으로 고백해서 구원에 이르게 됩니다(롬 10:9-10).

신천지는 더 많은 사람이 구원받도록 전도해야 한다고 강조한다. 그러나 성경은 우리가 예수를 그리스도로 믿고 고백하면 이미 구원

을 받았다고 말한다. 그분 외에 다른 그 어떤 사람도 필요 없다는 것이다.

둘째, 하나님께서는 가정의 중요성을 강조하신다.

> 아내 된 이 여러분, 남편에게 순종하십시오. 이것이 주님 안에서 합당한 일입니다. 남편 된 이 여러분, 아내를 사랑하십시오. 아내를 모질게 대하지 마십시오. 자녀 된 이 여러분, 모든 일에 부모에게 복종하십시오. 이것이 주님을 기쁘게 해 드리는 일입니다. 어버이 된 이 여러분, 여러분의 자녀들을 격분하게 하지 마십시오(골 3:18-21).

그들의 의기를 꺾지 않아야 한다. 가정은 우리가 천국을 맛볼 수 있는 곳이다. 따라서 각 가정은 잘 돌보아야 한다고 한 사도 바울의 말을 기억해야 한다.

> 누구든지 자기 친척 특히 가족을 돌보지 않으면, 그는 벌써 믿음을 저버린 사람이요, 믿지 않는 사람보다 더 나쁜 사람입니다(딤전 5:8).

신천지를 믿고 가출한 가족에게 피해를 당했다는 사람들에 의해 현재 신천지 피해가족 모임(신피모)이 구성되었고, 2004년부터 안티 카페가 개설되어 운영되기도 하였으나 다음 카페에서 신천지에 의해 사이버 가처분을 당해 2006년 5월부터 기독교 포털사이트 갓피플에서 "바로 알자 (사이비) 신천지" 카페를 운영하다 현재는 네이버로 옮겼다. 또한 신천지 본부가 있는 과천시에서는 과천시를 신천지의 성지로 만들려는 움직임을 막기 위해 2007년부터 개신교 교회를 중심으로 신천지대책 과천시범시민연대가 구성되어 있다(전병선, 2007). 이들은 교회와 대학생 선교단체 동아리와 연합하여 신천지 예방 캠페인을 벌이기도 했다(『뉴스앤조이』, 2010).

결론

이 장에서는 신천지에 대해 기독교 세계관적으로 고찰해 보았다. 이 신천지는 이만희에 의해 시작된 기독교 이단으로 특히 최근 코로나 19 사태와 관련하여 한국 사회에 매우 큰 악영향을 끼쳤다. 이들은 성경공부를 강조하고 신도를 철저히 관리하며 다양한 사회봉사 및 구제활동을 하면서 많은 사람을 미혹한다. 하지만 신천지의 교리에는 상호 모순되는 점이 있으며 성경을 잘못 해석하고, 신도를 사회와 가족으로부터 단절시켜 많은 가정이 고통당하고 있으며 나아가 사회적으로 여러 가지 물의를 일으키고 있다. 이에 대한 올바른 대안으로는 무엇보다 먼저 성경을 올바로 해석해야 하며, 가정의 중요성을 강조해야 한다. 나아가 사회적으로 다양한 대응을 통해 이 신천지의 확산을 막아야 할 것이다.

신천지는 지금도 막대한 자금력과 조직력으로 전 세계적으로 적지 않은 영향력을 발휘하고 있다. 그러므로 앞으로도 기독학자들은 이 세계관을 계속 예의주시하면서 적절한 대안을 제시하며 올바르게 대응해야 할 것이다.

15. 하나님의교회(Church of God)

서론

하나님의교회 세계복음선교협회(World Mission Society Church of
God)는 1964년에 대한민국에서 자칭 재림 그리스도라는 안상홍이
설립한 기독교 이단이다. 처음 설립될 당시 이름은 "하나님의교회
예수증인회"였다. 하지만 설립자인 안상홍의 사후 "하나님의교회
안상홍 증인회"로 개칭하였다가 현재는 "하나님의교회 세계복음선
교협회"로 활동 중이다. 그러나 이 단체의 통상적인 명칭은 "하나
님의교회"인데 그 유래는 고린도전서 1장 2절[15] 및 갈라디아서 1장
13절[16] 등을 인용해 예수 그리스도께서 세운 정통 초대교회의 이름
이 하나님의교회였으며 이에 따라 초대교회의 순수한 신앙을 회복
한다는 의미가 담겨져 있다고 주장한다. 그래서 자신들만 지상에서

---

[15] 고린도에 있는 하나님의교회에 이 편지를 씁니다.

[16] 나는 하나님의교회를 몹시 박해하였고, 또 아주 없애버리려고 하였습니다.

하나님이 세운 유일한 교회라고 강조한다. 1985년 안상홍이 세상을 떠날 때까지만 해도 교회가 10여 개로 미미하던 교세는 당시 약관 20대로 총회장을 맡은 김주철 목사가 공격적인 선교에 나서면서 비약적인 성장을 거듭해 2019년 3월 현재 세계 175개국에 7,500여 개의 교회가 설립되어 있고, 등록 신도는 300만여 명이며, 한국에는 약 450여 개의 교회가 있다고 말하지만(김민식, 2017), 이 통계는 사실이 아닐 가능성이 더 많다(허호익, 2013). 이 단체의 본부는 경기도 성남시 분당구에 소재한 새예루살렘 판교성전이다.

하나님의교회는 홈페이지(watv.org)와 개인 접촉을 통해 매우 활발하게 포교활동을 하고 있다. 그렇다면 왜 지금도 이렇게 많은 사람이 이 하나님의교회를 추종하고 있는지 나아가 기독교 세계관으로 이 단체를 어떻게 평가해야 하는지를 본 장에서 다루고자 한다. 먼저 이 세계관의 내용을 구체적으로 분석한 후 대표적 사상가 안상홍을 언급하고 이 세계관이 매력적으로 보이게 된 장점이 무엇인지 생각해 봄과 동시에 이 사상이 자체적으로 드러내는 내적 모순이나 단점은 없는지 살펴보겠다. 그 후 이 문제점에 대해 기독교 세계관은 어떤 대안을 제시할 수 있는지 언급함으로써 이 세계관을 어떻게 극복할 수 있는지 결론을 맺도록 하겠다.

하나님의교회에 대한 기독교 세계관적 고찰

1. 하나님의교회 세계관의 내용

하나님의교회 세계관에는 몇 가지 특징이 있다.

먼저 이들은 기독교인 천주교와 개신교의 교리는 현재 이방 종교와 많이 혼합되어 성경의 내용을 제대로 실천하지 못하고 있으며, 성경에 있는 초대교회의 가르침을 회복해야 한다고 주장한다. 그러므로 예수님과 사도 및 초대교회 성도가 지켰던, 새 언약의 안식일(安息日)과 유월절(逾越節)을 포함한 7개 절기를 지켜야 한다고 주장한다. 기본적으로 구약의 절기와 날짜는 동일하지만, 예배 방법은 예수 그리스도께서 바꿔 주신 새 언약의 절기를 지킨다. 새 언약은 인류 구원을 위한 완전한 진리라고 믿으며 하나님의교회는 예수 그리스도께서 세우시고 베드로, 요한, 바울 등 사도가 다녔던 초대 하나님의교회 원형을 그대로 이어 가며 안식일과 유월절 등의 새 언약을 소중히 지키고 전한다.

그러면서 진리가 사라지고 불법이 가득한 이 시대에 초대교회의 진리를 회복하여 인류를 영원한 생명으로 인도하는 진정한 종교개혁을 펼치고 있다고 주장한다. 특별히 유월절이 매우 중요한데 유월절은 하나님께서 인류에게 영원한 생명을 허락해 주시고자 세워 주신 생명의 진리라고 한다. 유월절에는 '재앙이 넘어간다.'는 의미가 담겨 있는데 성경상 날짜는 성력 1월 14일 저녁으로, 양력으로는 3~4월경에 해당한다면서 2천 년 전 예수 그리스도께서 죄와 사망의 사슬에 매인 인류를 구원하고자 유월절에 그리스도의 몸과 피를 상징하는 떡과 포도주를 주시며 죄 사함과 영생을 약속하시고 "이는 내 피로 세우는 새 언약"이라 칭하셨으므로 예수 그리스도의 의 행적대로 유월절을 지키면 하나님의 살과 피를 물려받는 자녀가 된다고 강조한다.

나아가 하나님의교회는 일요일이 아니라 토요일인 안식일에 예배를 드린다. 성경은 일곱째 날 안식일을 하나님께 예배할 성일로 규정하고 있다고 주장하면서 안식일은 창조주 하나님이 6일간 천지 창조를 마치고 일곱째 날 안식하신 날로, 거룩하고 복되게 하시고 백성에게 지키라 명하신 날이라고 강조한다(watv.org/ko/truth-intro). 따라서 안식일 예배를 매주 토요일 오전, 오후, 저녁에, 화요일 저녁에는 삼일예배를 드린다. 나아가 연간 절기로 유월절, 무교절, 부활절, 오순절, 나팔절, 대속죄일, 초막절의 7개 절기가 3차로 조직되어 있다. 모두 예수 그리스도께서 3년간 복음을 전파하시며 친히 가르치시고 본보이신 새 언약의 절기라고 하면서 각 절기마다 영원한 생명, 죄 사함, 부활, 성령 등 하나님의 축복이 약속되어 있다고 주장한다. 매년 유월절, 무교절, 부활절, 오순절, 나팔절, 대속죄일, 초막절을 지킨다. 유월절에 하나님의 살과 피로 약속된 떡과 포도주를 먹고 마심으로써 재앙에서 구원을 받고 영생의 축복을 얻어 천국에 갈 수 있다고 믿으며 무교절을 통해 예수 그리스도의 고난에 참여하게 된다고 주장한다. 부활절에 하나님의 이름으로 축사한 떡을 먹어야 그리스도를 알아볼 수 있는 영안이 열린다고 말하며 오순절은 초대교회의 복음 발전에 큰 원동력이 되었던 성령이 강림한 날로 보며 나팔절을 지킨 후 열흘 동안 대속죄일을 준비하는 기도를 한다. 이 대속죄일을 통해 잘못을 회개하여 죄 사함과 구원을 받고 죄는 그리스도를 거쳐 최종적으로 사단 마귀에게 넘어간다고 보며 초막절에 생명수, 즉 하나님의 능력인 성령을 덧입고 재앙을 면한다고 본다. 나아가 예배를 드리거나 기도할 때 반드시 여자는 머리 수건을 써야 하며 남자는 머리에 아무것도 쓰지 않아야 한다.

둘째, 하나님의교회는 성령시대에 나타날 어머니 하나님을 믿어야만 구원 받을 수 있다고 강조한다. 하나님께서 우리의 구원을 위해 허락해 주신 성경 전반에 아버지 하나님뿐 아니라 어머니 하나님이 증거되어 있다고 주장하면서 그 예로 마태복음 6장 9절[17] 및 갈라디아서 4장 26절[18]을 언급한다. 따라서 하나님의교회는 아버지 하나님과 어머니 하나님께서 보여 주신 사랑과 섬김, 희생의 본을 따른다고 강조한다. 천지를 창조한 하나님이 복수의 신을 의미하는 엘로힘(אֱלֹהִים)이라 표현된 것과, 하나님의 형상대로 남자와 여자가 창조된 것은 남성 형상의 아버지 하나님과 여성 형상의 어머니 하나님의 존재를 방증하며, 이러한 하나님의 뜻대로 창조된 만물에는 하나님의 뜻이 깃들어 있다. 성부시대에는 여호와, 성자시대에

---

17 그러므로 너희는 이렇게 기도하여라. 하늘에 계신 우리 아버지, 그 이름을 거룩하게 하여 주시며.

18 그러나 하늘에 있는 예루살렘은 종이 아닌 여자이며, 우리의 어머니입니다.

는 예수, 성령시대에는 성령과 신부가 생명수를 주시며, 여기서 신부가 새 예루살렘이며 어머니 하나님이라고 주장한다.

셋째, 하나님의교회는 가정의 행복을 중요시한다고 주장한다. 하나님께서 우리에게 영의 아버지가 되시고 영의 어머니가 되시며 우리가 하나님의 자녀임을(고후 6:17-18) 알려 주셨다고 주장하면서, 지상에 사랑의 공동체인 가족이 있는 것처럼 천국에도 영원한 사랑의 공동체인 영의 가족이 있다고 강조한다. 나아가 가족이 혈연으로 맺어져 있듯, 천국 가족도 유월절을 통해 허락되는 '언약의 피'로 맺어진다고 주장하며 가정은 사랑의 보금자리이자 사회의 근간이며 따라서 하나님의교회는 가정을 소중히 여기고 가족 화목과 행복 증진을 위해 노력한다고 강조한다(watv.org/ko/truth-intro). 즉 성경의 가르침대로 부모님을 공경하고, 자녀에게 자애하며, 형제간에 우애하고 부부는 서로 한 몸처럼 아끼고 사랑하면서 가정을 작은 천국으로 가꾸는 이러한 모습은 가정과 학교, 직장과 사회에서 성도의 선한 행실로 이어진다고 선전한다.

넷째, 하나님의교회는 이웃과 사회 그리고 지구촌의 평화를 이루어간다고 강조한다. 지구는 커다란 집, 그 안에서 함께 하는 인류는 한 가족과 다름없다고 말하면서 하나님께서 인류에게 값없이 동일한 축복과 사랑을 주신 것처럼 국가, 인종, 성별, 언어, 문화에 차별 없이 사랑을 나눈다고 주장한다. 따라서 지구촌 가족 누구나 행복하고 평화롭게 살아갈 수 있도록 이웃과 사회, 국가의 화합 및 발전을 위해 나눔과 봉사를 실천하며, 모두가 천국 축복을 받을 수 있도록 구원의 복된 소식을 전한다고 주장한다.

다섯째, 하나님의교회는 십자가를 우상으로 배격한다. 교회라 하면 누구나 십자가를 떠올리지만 하나님의교회에는 십자가가 없다. 예수님이 세우시고 사도가 다녔던 초대교회는 십자가를 세웠던 적도 없을 뿐더러 십자가를 믿음의 대상이나 상징으로 여기는 교리는 존재하지 않았다. 십자가를 세우고 그에 의미를 부여하는 자체가 "우상을 숭배하지 말라."는 십계명 중 제 2계명에 반하는 행위이기 때문이라고 강조한다. 역사적으로 십자가는 고대 다양한 이방 종교 신앙의 상징이었고 예수 그리스도 당시에는 사형틀이었는데 그것이 교회가 세속화되면서 교회 안으로 유입된 것이라고 지적하면서 배격하며, 십자가에서 자신을 희생하신 그리스도와 그 보혈의 의미를 중시한다고 주장한다(watv.org/ko/truth-intro).

마지막으로 하나님의교회는 성탄절을 지키지 않는다. 매년 12월 25일은 크리스마스, 곧 예수 그리스도의 탄생일로 불리며 동서양을 막론하고 전 세계가 축제 분위기이지만 교회 역사상 이 12월 25일은 원래 로마의 태양 탄생 축제일이며 기독교가 세속화되면서 예수님의 탄생일로 변개된 것이라고 지적하면서 하나님의교회는 예수님과 관련이 없는 이 크리스마스를 지키지 않는다고 강조한다(watv.org/ko/truth-intro).

2. 대표적인 하나님의교회 사상가 안상홍

하나님의교회 창시자였던 안상홍은 1918년 1월 13일, 전북 장수군 개남면에서 출생했다. 1937년에 일본에 건너갔다가 1946년 10월에 귀국하였다. 1947년 7월에 제7일 안식일예수재림교회에 입교하고 1948년 12월 16일 인천 낙섬에서 이명덕 목사에게 침례 받았다고 한다. 1953년부터 계시를 받기 시작했다고 하면서 안상홍은 1956년에 "10년 안에 예수 재림이 있을 것"이라는 안식교 목사의 설교에 반박하는 간증문을 통해 초대교회의 진리가 자신을 통해서 회복될 것임을 지시받았다고 주장하였다. 그러자 1962년 3월 17일 안식교에서 출교당했고 그 후 그를 추종하는 23명과 함께 안식교를 탈퇴하여 1964년 4월 28일 부산에서 '여호와의 전의 산들의 꼭대기(미 4:1-2)'라는 하나님의교회 예수증인회를 창립하고 교회를 설립해 나갔다(안상홍. 2009:19). 자칭 재림 예수라고 하던 안상홍은 1981년 장길자를 하나님의 신부로 택하고 신도에게 "어머니 하나님"으로 칭송하게 하였으며 37년간 사역하다가 1985년 67세의 나이로 사망했다.

안상홍 사후 그의 추종자들은 1985년 3월 22일에 본부를 서울 관악구 봉천동으로 옮겼고 6월 2일에 임시총회를 열어 교회 명칭을 "하나님의교회 안상홍 증인회"로 개칭한 후 안상홍의 이름으로 기도하도록 하고 나아가 안상홍의 아내였던 장길자 전도사(1943년 10월 29일생)를 하나님의 신부로 공포하였다. 이후부터 장길자를 신격화하여 어린양의 신부, 하늘에서 내려온 새 예루살렘, 위에 있는 어머니 등으로 숭배한다. 나아가 하나님의교회는 지금도 성경의 예언을 이룬 재림주라고 주장하며, 지금 이 시대는 성령시대이고 성령이 안상홍이라고 강조한다(watv.org/ko/truth-intro).

하나님의교회의 정관 전문은 다음과 같다.

> 이 마지막 시대인 성령의 시대에는 성경의 증거대로 새 이름으로 이 땅에 오신 성령 하나님 安商洪 님의 이름과 성령 하나님의 신부되시는 어머니 하나님(張吉子 님)을 믿음으로 구원을 받는다는 진리를 믿는다."

그리고 정관 1장 4조(安商洪님)에는 안상홍이 성령 하나님이며, 예언에 따라 오신 재림 그리스도이며, 이 시대의 구원자로서, 지상의 마지막 교회인 하나님의교회를 설립하신 후 (하늘로) 올리우신 승천한 자로 규정하고 있다. 이를 정리하면 다음과 같다.

> 안상홍은 성령시대 인류를 구원하기 위해 이 땅에 오신 성령 하나님이시고 다윗의 예언으로 이 땅에 오신 재림 그리스도이며 멜기세덱의 반차로 이 땅에 오신 재림 그리스도다. 그는 예언에 따라 오셨고 진리로 이끄셨으며, 올리우셨고 지상의 마지막 교회인 하나님의교회를 설립하셨다는 것이다.

나아가 안상홍이 하나님의 새 이름인 것이 성경에 기록되었다고
주장한다.

> 또 내가 보니, 어린 양이 시온 산에 서 있었습니다. 그 어린
> 양과 함께 십사만 사천 명이 서 있었는데, 그들의 이마에는
> 어린 양의 이름과 그의 아버지의 이름이 적혀 있었습니다.
> 그리고 나는 많은 물이 흐르는 소리와도 같고 큰 천둥소리
> 와도 같은 음성이 하늘에서 울려오는 것을 들었습니다. 내
> 가 들은 음성은 거문고를 타고 있는 사람들의 노랫가락과
> 같았습니다(계 14:1-2).

하늘에서 나는 '많은 물소리'는 큰 물 '홍(洪)'을 말하고 '거문고 타
는 것'은 거문고 소리 '상(商)'인데 여기에 안식일을 지키라고 한 '안
(安)'을 붙여 안상홍(安商洪)이라는 억지 주장을 펼친다. 그러나 사실
홍은 큰물 홍(洪) 자이지만 상(商)은 헤아릴 상 자이며 거문고 소리와
전혀 무관하다.

안상홍이 하나님인 또 다른 이유는 그가 마지막 엘리야이기 때문
이라는 것이다. "참으로 주 하나님은, 당신의 비밀을 그 종 예언자
들에게 미리 알리지 않고서는, 어떤 일도 하지 않으신다(암 3:7)."와
"주의 크고 두려운 날이 이르기 전에, 내가 너희에게 엘리야 예언자
를 보내겠다(말 4:5)."를 인용하면서 엘리야라는 이름을 번역하면 '나
의 하나님은 여호와'인데 엘리야는 이스라엘 동쪽에 있는 요단강 동

편에 살고 있었으므로 마지막 엘리야도 동방에서 나타날 것이라는 억지 주장을 편다(안상홍, 1980). 또한 "정한 때가 오면, 하나님께서 주님의 나타나심을 보여 주실 것입니다(딤전 6:15)."라고 하였는데 인간의 눈으로 볼 수 있는 모습으로 오신다면 육체로 오신다는 말씀이라고 하면서 이 마지막 엘리야가 곧 아버지 하나님인 안상홍을 지칭한다는 것이다. 하지만 동방에 태어난 사람이 안상홍 혼자만은 아니다. 한국의 이단의 교주들은 대개 동방을 한국으로 해석하여 자신을 동방의 의인, 동방의 독수리하고 하지만 구약성서의 동방이 반드시 한국을 가리키는 것은 아니다.

안상홍은 1985년 2월 25일 67세에 죽어 부산 석계공원묘지에 있는 그의 묘비에는 "고 선지자 엘리야 안상홍의 묘"라고 적혀 있다. 그러나 안상홍은 육신으로 오신 "그 엘리야(하나님 여호와)는 최후 심판주로서 변형되는 동시에 14만 4천 명의 산 성도도 천사로 변형되어 승천하게 될 것"이라고 주장한다(안상홍, 1980:261). 그래서 하나님의교회 홈페이지의 교회연혁에는 안상홍이 '1985년 올리우심'이라고 명시하고 있다. 안상홍의 육신이 천사로 변형되어 승천해야 할 터인데, 안상홍의 육신이 묘에 그대로 안장되어 있다는 사실은 모순이 아닐 수 없다.

안상홍이 '다윗의 예언으로 이 땅에 오신 재림 그리스도'인 이유는 성경에 나오는 '구름'이라는 단어가 '육신을 가진 인간'을 뜻하기 때문이라고 한다(안상홍, 1980:190). 인자(재림 예수)는 구름을 타고 오거나(눅 21:27) 백마를 타고 온다(계 19:11)고 했는데 여기서 구름과 백마는 육체를 가르친다고 해석한다. 초림 때나 재림 때나 여호와 곧 예수께서 오실 때에는 영광의 빛을 구름(육체)로 가렸기 때문에 세상에 계셔도 알아보기 어렵다. 암행으로 오셔서 세상을 심판하여야 하기 때문에 신학박사라도 그를 알아보지 못할 것이라고 한다(안상홍. 1980:201). 그러나 성경에 나오는 구름이 모든 인간의 육체를 뜻하는 것이 아니다. 구름은 하나님의 영광(출 16:10; 겔 10:4)을 뜻하기 때문이다. 심지어 "그들은 예수 그리스도께서 육신을 입고 오셨음을 고백하지 않습니다. 이런 자야말로 속이는 자요, 그리스도의 적대자(요이 1:7)"라는 말씀을 인용하면서 안상홍 재림 예수가 육체로 온 것을 부인하는 자는 적그리스도라고 주장한다. 그러나 요한일서의 내용은 당시 영지주의자들이 예수가 육신으로 이 땅에 오신 것이 아니라 육신을 빌려 입고 나타난 가현적 존재라고 주장하였기 때문에 이 가현설을 반대하기 위해 예수가 육신으로 온 것을 부인하는 영지주의자는 적그리스도라고 규정한 것이다.

안상홍이 재림 예수인 또 다른 이유는 그가 예수가 못다 채운 다윗의 재위기간을 채웠기 때문이라고 한다. 에스겔 37장 25절에 "내 종 다윗이 그들의 영원한 왕이 될 것"이라고 했는데 다윗이 30세에 위에 나가서 40년을 다스렸고(삼하 5:4) 예수 그리스도는 30년쯤(눅 3:23)에 세례를 받고 공생애를 3년으로 끝냈다. 다윗의 재위 기간이 40년인데 예수는 공생애가 3년 밖에 되지 않으므로 다윗의 위에 대한 예언이 성취되려면 재림 예수가 와서 나머지 37년의 기간을 채워야 한다는 것이다. 그래서 1948년 침례를 받고 1985년 죽은 안상홍이 그 37년의 사역을 채웠다는 것이다. 나아가 이스라엘이 독립한 1948년 안상홍이 침례를 받은 것은 마태복음 24장 32-33절의 예언의 성취라고 주장한다. 1948년 이스라엘의 독립은 '무화과의 잎이 돋는 것'이고 이 해에 안상홍이 침례를 받은 것은 '인자가 문 앞에 가까이 온 것'으로 해석한다. 1948년에 침례 받은 것으로 인자라고 주장하는 것인데, 1948년 한 해 동안에 전 세계에서 침례를 받은 사람이 안상홍 하나뿐이라고 생각하는 억지 논리다. 안상홍이 1948년 30세 되던 해에 안식교회에서 침례를 받고 37년간 복음사업을 하고 67세 되던 해인 1985년 2월 25일 죽었다는 것이다. 그렇다면 37년 사역을 한 사람은 모두 예수의 37년 사역을 채운 것이 된다는 유치한 논리다.

나아가 옛 언약의 제사 직분은 아론의 반차를 따르지만(히 7:11-13) 멜기세덱의 반차(시 110:4; 히 7:14-21)를 따르는 새 언약의 제사 직분을 맡은 이가 안상홍이라고 한다.

> 초림 때 이루지 못한 멜기세덱의 예언을 완성시키셔야 하므로 족보도 없다는 예언에 따라 이스라엘 족보에 오를 수 없는 이방 나라에 탄생하셔야 하고, 아비도 어미도 없다는 예언에 따라 불신자 가정에서 태어나야 합니다.…이러한 선지자의 예언에 따라 이스라엘 족보에 오를 수 없는 이방나라 동방 땅 끝 대한민국에, 그것도 육신의 부모님이 하나님을 믿지 않는 불신자의 가정에 태어나셔서 새 언약의 유월절

떡과 포도주로 우리에게 영생의 축복을 빌어 주신 분이 안
상홍님이십니다(안상홍, 1980:152, 김주철, 2008:99).

그러면 한국에서 태어났고 육신의 부모가 불신자인 이가 안상홍
하나뿐일까? 억지 논리가 아닐 수 없다.

하나님의교회는 "안상홍 하나님의 이름으로 침례를 받고 죄 사함
을 얻으라."고 가르친다. 침례를 받은 증거로 교적부를 작성하게 하
는데 거기에는 생명번호가 부여된다. 하나님의교회 공식 홈페이지
에 가입하려면 교회가 부여한 생명번호를 기입하여야 회원가입승인
이 된다. 요한계시록(13:8, 20:12)에는 생명책이 언급되어 있는데 안
상홍 증인회에서는 자신들의 교적부에 생명번호가 등록되는 것이
생명책에 기록되는 것이며, 그 이름이 생명책에 기록된 이들에게만
구원이 있다고 주장한다. 이것은 기성 교회의 교적부나 교인 명부
같은 것인데 저들은 자기들만이 생명책을 소유하고 있으며 거기에
등록되지 못하면 구원받지 못하는 것으로 교인을 미혹하고 있다.

나아가 하나님의교회는 안상홍을 육신을 입고 온 보혜사 성령 하
나님이라고 주장한다. 그래서 구약시대에는 하나님께 기도하고 신
약시대에는 예수 그리스도의 이름으로 기도하였지만, 지금은 성령
시대이므로 성령 하나님인 아버지 안상홍의 이름으로 기도해야 한
다고 가르친다. 성부시대와 성자시대와 성령시대는 전화의 지역번
호가 각기 다르듯이 통화방식이 다르기 때문에 안상홍 이름으로 기
도해야 하나님께 통한다는 것이다. 그래서 안상홍의 이름으로 침례

를 받은 신자에게 '하늘에 계신 안상홍 아버지 하나님'의 이름으로 기도하도록 가르친다. '우리의 원하는 기도'는 〈새 노래〉 2장에 실려 있는데 예배가 끝날 때마다 이 기도문을 한다.

> 하늘에 계신 아버지 안상홍 님, 아버지께서 강림하실 날은 임박하였사오나 우리들은 아무 준비가 없사오니, 아버지여! 우리들을 불쌍히 여기시고 아버지의 성령으로 말미암아 우리를 거듭나게 하사, 아버지의 강림하실 날에 부족함이 없이 영접하게 하여 주옵소서. 아버지 안상홍님 이름으로 간구하옵나이다. 아멘.

감히 안상홍을 '육체 옷을 입고 이 땅에 오신 하나님 아버지'라고 주장하며 안상홍의 이름으로 침례를 받고 기도하게 하다니 큰 신성모독이 아닐 수 없다.

3. 하나님의교회 세계관의 장점

그럼 하나님의교회의 장점은 어떤 것이 있을까?

먼저 가정을 강조하는 것은 긍정적으로 볼 수 있을 것이다. 현대 사회에 수많은 가정이 깨지면서 자녀가 상처받고 심지어 자녀를 낳지 않아 출산율이 세계 최저인 한국 상황에서 건강한 가정의 중요성은 결코 지나치게 강조될 수 없을 것이다.

둘째, 지구촌의 평화를 위해 여러 가지 노력을 하는 것도 인정할 수 있겠다. 이들은 국가, 인종, 성별, 언어, 문화에 차별 없이 사랑을 나눈다고 주장하면서 지구촌 가족 누구나 행복하고 평화롭게 살아갈 수 있도록 다양한 나눔과 봉사를 실천한다. 실제로 하나님의 교회는 다양한 사회봉사 활동을 통해 많은 상을 받았다. 가령 2002년 부산아시안게임과 아·태장애인경기대회에 연 인원 38,000명, 2003년 대구 유니버시아드대회에 연 인원 87,000명이 각각 서포터스 활동에 참가하여 2003년에 대한민국 대통령 표창을 받았고, 2004년에도 대한민국 국가훈장 체육훈장 맹호장 수훈, 포장 수훈을 받았다. 나아가 2011년 미국 라이프타임상 및 자원봉사 부문 단체 금상, 2014년 미국 자원봉사 부문 단체 금상, 2015년 대한민국 대통령 단체 표창, 2016년 6월 영국 자원봉사 부문 여왕상, 2018년 미국 동부, 중부, 서부권 연합회 대통령 자원봉사상 금상, 2018년 11월 국제환경상 그린애플상 금상, 동상 동시 수상, 2019년 1월 15일 부천 시의회의장 표창장, 2019년 2월 9일 남양주 시의회의장 표창장, 2019년 3월 4일 남양주 시장 표창장, 2019년 5월 1일 국회의원 표창장(조응천), 2019년 6월 3일 국회의원 표창장(김경진), 2019년 6월 5일 의정부 시의회의장 표창장, 2019년 7월 1일 제천시장 표창패, 2019년 7월 10일 자유한국당 인천시당 위원장 국회의원 표창장, 2019년 9월 2일 아산시장 표창장, 2019년 12월 29일 구미시장 표창장, 2019년 12월 31일 구리시장 표창장 및 2019년 12월 31일 당진시장 표창장 등이 있다(ko.wikipedia.org/wiki/하나님의교회_세계복음

선교협회#연혁). 이 부분도 조금 지나치게 선전하기 위한 면이 보이긴
하지만 봉사 자체는 긍정적으로 볼 수 있을 것이다.

4. 하나님의교회 세계관의 단점

그렇다면 하나님의교회의 단점은 무엇인가?

무엇보다 먼저 성경을 잘못 해석한다는 것이다. 하나님의교회는
안식일 및 유월절을 비롯한 구약의 일곱 절기를 모두 강조하며 지킨
다. 하지만 이것은 신구약성경 전체를 균형 있게 보지 못하기 때문
이다. 이는 안상홍이 제7 안식교의 영향을 가장 많이 받았기 때문이
라고 할 수 있다. 안식일과 주일 간에는 연속성과 비연속성이 있다.
출애굽기 20장 8-11절에 보면 하나님께서 안식일을 지키라고 명령
하시면서 이는 창조의 마지막 일곱째 날 하나님께서 쉬셨기 때문이
라고 분명히 말씀한다. 하지만 신명기 5장 12-15절을 보면 안식의
의미가 창조에서 출애굽이라는 구속의 의미로 발전된 것을 볼 수 있
다. 나아가 히브리서 4장에 보면 예수 그리스도께서 구약의 모든 약
속을 이루셔서 우리에게 참된 안식을 주심을 알 수 있다. 사도행전
에 보면 예수님의 부활 이후부터 초대교회가 처음에는 안식일인 토
요일에 모이다가 점진적으로 주일인 일요일에 모이는 것을 볼 수 있
다(행 20:7; 고전 16:2). 나아가 유월절을 강조하는 것은 유월절 어린
양이신 예수 그리스도께서 십자가에 죽으심으로 유월절의 의미가
완성되었음을 바르게 이해하지 못하기 때문이다. 따라서 우리가 유

월절을 지켜야 하는 것이 아니라 성찬을 통해 예수 그리스도의 살과 피를 빵과 포도주로 먹고 마심으로 새 언약을 기억하며 구속의 은혜에 감사하는 것이다(고전 11:23-29). 다른 구약의 절기도 예수 그리스도의 구속 사역으로 성취되었으며 성령의 사역에 의해 적용됨을 이해한다면 구약의 절기를 지킬 필요는 없는 것이다.

둘째, 소위 '어머니 하나님'에 대한 주장이다. 이에 대한 근거로 갈라디아서 4장 26절을 인용한다. 하지만 갈라디아서 4장 26절에서 말하는 어머니는 하나님을 뜻하는 것이 아니라 하늘에 있는 예루살렘을 아브라함의 아내 사라에 비유한 것이다. 또한 천지를 창조한 하나님의 이름이 엘로힘인 것과 하나님의 형상대로 남자와 여자가 창조된 것은 남성 형상의 아버지 하나님과 여성 형상의 어머니 하나님의 존재를 방증한다고 하는 것도 사실은 오해다. 엘로힘은 문법적으로 '남성복수형'이다. 따라서 이것이 반드시 어머니 하나님을 암시한다고 볼 수 없다. 나아가 하나님의 형상을 닮은 남자와 여자는 오히려 하나님의 삼위일체성을 닮은 것이라고 말할 수 있다. 즉 하나님은 한 분이시지만 세 인격체로 존재하신다. 이것을 닮아 남편과 아내도 두 인격체이지만 결혼하면 한 몸이라고 부르는 것이다. 하나님에게 남성과 여성이 있다고 하는 것은 인간의 남녀 구분을 하나님께 역투사하는 오류다. 따라서 성령시대에는 성령과 신부가 생명수를 주시며, 여기서 신부가 새 예루살렘이며 어머니 하나님이라고 주장하는 것도 분명한 오류다. 여기서 신부는 신랑되신 그리스도의 교회이지 하나님 어머니가 결코 될 수 없기 때문이다(최용준, 2019:196-198). 이와 관련하여 하나님의교회는 인간을 신격화하는 큰 잘못을 범하고 있다. 교주 안상홍과 부인 장길자를 신적인 존재로 숭배하기 때문이다. 심지어 기존 교회에서 부르는 찬송가인 "주 하나님 지으신 모든 세계"를 하나님의교회는 "안상홍 님 지으신 모든 세계"로 가사를 바꾸어 부른다.

마지막으로 이 단체는 협박과 폭력, 가정불화, 이혼, 가출, 재산 헌납, 가정 파괴, 아동학대 피해 등 사회적으로 물의를 일으키고 있다. 겉으로는 가정의 평화를 추구한다고 선전하지만 실제로 하나님의교회측 탈퇴한 여신도가 하나님의교회를 비방하고 다니자 일부 신도가 이 여성의 집에 들어가 손목과 다리, 가슴을 묶고 폭행해 상해를 입혔고, 그 아들(당시 4살)의 손목을 묶고 청테이프로 입을 막는 등 폭행했다는 범죄 사실로 대구지방법원에서 유죄를 선고받았다. 하나님의교회 부녀자 신도 중 종교로 인한 갈등이 원인이 되어 가출하거나 이혼을 한 사례도 적지 않고 또 어린 자녀를 하나님의교회에 데려가 교리를 가르치거나 긴 시간 예배에 참석시키거나 조용히 설교를 듣게 하기 위해 벌을 준 사례도 있다(www.nocutnews. co.kr/news/4549532).

5. 하나님의교회 세계관의 단점에 대한 기독교 세계관적 대안

이러한 하나님의교회에 대한 올바른 대안으로는 먼저 성경을 올바로 해석해야 한다. 특별히 신·구약성경 전체를 균형 있게 보아야 한다. 안식일과 주일 간의 관계도 점진적 발전 단계로 해석해야 한다. 유월절 또한 신약에서 예수 그리스도의 성취라는 관점에서 보아야 한다.

둘째, 소위 '어머니 하나님'에 대해서는 성경의 삼위일체를 올바르게 이해해야 한다. 신격의 통일체 안에 동일한 본질, 능력, 영원성을 가진 세 위격이 계시는데, 성부 하나님, 성자 하나님, 성령 하나님이시다(마 3:16-17, 28:19; 고후 13:13).

셋째, 십계명 제 1, 2계명에 따라 결코 인간을 신격화해서는 안 된다. 안상홍과 장길자는 결코 하나님이 될 수 없다. 그들은 한낱 인간에 불과하기 때문이다.

마지막으로 올바른 기독교 세계관은 가정에 불화를 가져오는 것이 아니라 천국 가정으로 가꾸어 가도록 돕는다. 나아가 사회적으로도 물의를 일으켜서는 안 되며 빛과 소금으로 세상을 섬겨야 할 것이다.

III. 결론

이 장에서는 하나님의교회에 대해 기독교 세계관적으로 고찰해 보았다. 이 하나님의교회는 안상홍에 의해 시작된 기독교 이단으로 현재 전 세계적으로 세력을 확장하고 있다. 하지만 하나님의교회의 교리에는 모순되는 점이 많으며 성경을 잘못 해석하고, 인간을 신격화하며 사회적으로 여러 가지 물의를 일으키고 있다. 이에 대한 올바른 대안으로는 무엇보다 먼저 성경을 올바로 해석해야 하며 하나님의 삼위일체성을 바르게 이해해야 하며 사회의 빛과 소금이 되어야 함을 강조해야 한다. 나아가 교회적, 사회적, 법적으로 다양한 대응을 통해 이 하나님의교회의 확산을 막아야 할 것이다.

하나님의교회는 지금도 막대한 자금력과 조직력을 바탕으로 신천지보다 더 빠르게 세력을 넓혀 가고 있으며 국제적으로 영향력을 확대하고 있다. 그러므로 앞으로도 기독학자들은 이 세계관을 계속 예의주시하면서 적절한 대안을 제시하며 올바르게 대응해야 할 것이다.

강명희 역(2014). 『구토』. Sartre, J. P. *La Nausée*. 서울: 하서.

고명섭(2009). "지젝 해체된 저항 주체를 되살려라." 『한겨레』. 2009년 1
월 30일.

공자, 탁양현 역(2018). 『논어』. 서울: e퍼플.

『교회와 신앙』(2013). "신천지 탈퇴한 대학생 집단 폭행… '징역 6월, 집행
유예'". 2013년 6 월 16일.

『과천뉴스』(2012). "종교단체 자격 없이 기부금영수증 발행". 2012년 2월
11일.

금장태(1990). 『한국 유교의 이해』. 서울: 민족문화사.

김민식(2017). "[하나님의교회] 어머니 하나님의 사랑으로 세계인의 안식
처가 되다". 『동아일보』 2017년 9월 26일자.

김연경 역(2012). 『카라마조프가의 형제들』. Достоéвский(도스토예프
스키). *Братья Карамазовы*. 파주: 민음사.

김주철(2008). 『하나님 아버지, 하나님 어머니』. 서울: 멜기세덱 출판사.

김천배 역(2000). 『나와 너』. Buber, M. *Ich und Du*. 서울: 대한기독교서회.

김화영 역(2011). 『페스트』. Camus, A. *La Peste*. 파주: 민음사.

『노컷뉴스』(2019). "이단 신천지, 수원월드컵경기장 무단 점거 '만국회의'

강행". 2019년 9월 18일.

「뉴스앤조이」(2010). "전북대 학생들 신천지 조심하세요". 2010년 9월 15일.

동양고전연구회(2016). 『중용』. 파주: 민음사.

류현진, 류현모 역. (2013). 『충돌하는 세계관』, Myers, J. & Noebel, D. A.(2015). *Understanding the Times: A Survey of Competing Worldviews*. 서울: 꿈을 이루는 사람들(DCTY).

방곤 역(2013). 『실존주의는 휴머니즘이다』. Sartre, J. P. *L'existentialisme est un humanisme*. 서울: 문예출판사.

백상현, 김아영(2016). "거리로 나온 '신천지' 적반하장 시위… 한국 교회에 선전포고" 2016년 4월 29일, 「국민일보」.

백승균(1984). 제3부 네오마르크시즘: 신마르크스주의(현대급진사상논문집), 한국윤리학회(구 한국국민윤리학회), 「윤리 연구」 18권 0호 (1984), 411-429.

손봉호, 김영식 공역(1987). 『근대 과학의 출현과 종교』. Hooykaas, R. (2000). *Religion and the Rise of Modern Science*. 서울: 정음사.

송현주(2008). 『불교의 역사』. 한국종교문화연구소, 세계 종교학 입문, 서울: 청년사.

增谷文雄(마즈다니 후미오, 1990). 現代佛教入門, 정병조 역. 서울: 현음사.

신국원(1999). 『포스트모더니즘』. 서울: IVP.

안상홍(2009). 『새 언약의 복음』. 서울: 멜기세덱 출판사.

_____(1980). 『하나님의 비밀과 생명수의 힘』. 서울: 멜기세덱 출판사.

오상원(2008). 『유예』. 서울: 문학과 지성사.

윤근영(2009). "'PD수첩-신천지의 수상한 비밀' 정정·반론 보도". 「뉴시스」.

윤승용(1991). "이슬람교의 역사", 『한국 종교사 입문』. 한국종교학회 편, 서울: 청년사.

이경식(1988). "기독교와 마르크시즘: 제2장 새로운 세계관의 확립을 위하여−마르크스주의적 세계관과 기독교적 세계관", 67−99.

이동현 역. (1998). 『지하생활자의 수기』. Достоевский(도스토예프스키). *Записки из подполья*. 서울: 문예출판사.

이반 투르게네프, 이항재 역(2012). 『아버지와 아들』. 서울: 문학동네.

이범선(2007). 『오발탄』. 서울: 문학과 지성사.

이정서 역(2014). 『이방인』. Camus, A. *L'Étranger*. 서울: 새움.

이진오, 최양석 역(2017). 『철학 1』. 신옥희, 홍경자, 박은미 역(2019). 『철학 2』. 정영도 역(2019). 『철학 3』. Jaspers, K. *Philosophie*. 서울: 아카넷.

이태하(2018). 『근대 영국 철학에서 종교의 문제: 이신론과 자연 종교』. 성남: 북코리아.

임춘갑 역(2015). 『이것이냐 저것이냐』. Kierkegaard, S. *Enten-Eller*. 서울: 다산글방.

_____(2018). 『반복』. Kierkegaard, S. *Gjentagelsen*. 서울: 다산글방.

_____(2018). 『공포와 전율』. Kierkegaard, S. *Frygt og Bæven*. 서울: 다산글방.

_____(2011). 『불안의 개념』. Kierkegaard, S. *Begrebet Angest*. 서울: 치우.

임헌만(2006). "개혁주의 문화관으로 본 비판적 뉴에이지 운동(New Age Movement)사상 고찰", 「국제 신학」 제8권 171−193.

장덕순, 윤태림, 조용만(1969). 『한국인』. 서울: 배영사.

전광식(1994). "포스트모더니즘에 대한 기독교 세계관적 비판", 「통합연구」, 제7권 2호(통권 22호), 1994년 6월, 21-29

_____(1998).『학문의 숲길을 걷는 기쁨』. 서울: CUP.

전병선(2007). "신천지 본거지 과천서 '대책연대' 출범".「국민일보」.

정희영(2012). "한국 교육의 발전과 기독교: 개화기를 중심으로" 손봉호, 조성표 편저.『한국 사회의 발전과 기독교』. 서울: 예영커뮤니케이션, 125-151.

조민음(2017). "신천지 2017년 교세 현황".「현대 종교」.

최용준(2005). "헤르만 도예베르트: 변혁적 철학으로서의 기독교 철학의 성격을 확립한 철학자" 손봉호 외,『하나님을 사랑한 철학자 9인』. 서울: IVP, 2005.

_____(2008).『응답하는 인간』. 서울: SFC.

_____(2013).『당신, 축복의 통로가 되어라』. 서울: 아침향기.

_____(2018). "칼빈주의가 제네바의 변혁에 미친 영향에 관한 고찰"「신앙과 학문」. 제23권 3호 통권 76호.

_____(2019). "완성에 대한 기독교 세계관적 고찰: 요한계시록 21장 1-4절을 중심으로",「신앙과 학문」. 제24권 4호(통권 81호).

_____(2020).『성경적 세계관 강의』. 서울: CUP.

표도르 도스토예프스키, 김연경 역(2009).『악령』. 서울: 열린책들.

표재명 역(1985).『철학적 단편』. Kierkegaard, S. *Philosophiske Smuler eller En Smule Philosophi*. 서울: 박영사.

한국사르트르연구회(2014).『카페 사르트르』. 서울: 기파랑.

한인철(2005). "자연 종교의 빛에서 본 기독교: 이신론을 중심으로"「대학과 선교」. 9, 197-255.

허호익(2013). "'하나님의교회(세계복음선교협회)'의 주요 교리와 그 비판", 「교회와 신앙」. www.amennews.com/news/articleView.html?idxno=12676.

Amano, J. Y. & Geisler, N. L.(1989). *The Infiltration of the New Age*. Tyndale House.

Anderson, W. T.(1990). *Reality Isn't What It Used to Be: Theatrical Politics, Ready-to-Wear Religion, Global Myths, Primitive Chic, and Other Wonders of the Postmodern World*. San Francisco, CA: Harper & Row.

as-Sadr, M. B.(1989). *Our Philosophy*. Ansariyan Publications.

Baer, R. N.(1989). *Inside the New Age Nightmare*. Lafayette, LA: Huntington House.

Barna, G.(1994). *Virtual America*. Ventura, CA: Regal.

Beckett, S.(2011). *Waiting for Godot: A Tragicomedy in Two Acts*. New York: Grove Press.

_____(1997). *Quad*. Editions de Minuit.

_____(2009). *Endgame and Act Without Words*. New York: Grove Press.

Bell, D.(2000). *The End of Ideology: On the Exhaustion of Political Ideas in the Fifties, with "The Resumption of History in the New Century*. Harvard University Press.

Bellah, R. N. et.(1985). *Habits of the Heart*. New York: Harper & Row.

Bunnag, J.(1973). *Buddhist Monk, Buddhist Layman*, Cambridge: Cambridge University Press.

Burton, R.(1621). *The Anatomy of Melancholy*. Oxford.

Callinicos, A.(1991). *Against Postmodernism: A Marxist Critique*. Polity Press.

Carmody, D. L. & Carmody, J. T.(1990). *Prayers in World Religions*. Mary-knoll: Orbis Books.

Carson, D. A.(1993). "Christian Witness in an Age of Pluralism." in D.A. Carson and John Woodbridge, eds., *God and Culture: Essays in Honor of Carl F.H. Henry*. Grand Rapids, MI: Eerdmans.

Cherbury, Lord Herbert of. Meyrick Heath Carré tarns(1937). *De Veritate*. University of Bristol.

Choi, Y. J.(2006). *Dialogue and Antithesis: A Philosophical Study on the Significance of Herman Dooyeweerd's Transcendental Critique*. Cheltenham: The Hermit Kingdom Press.

Chopra, D.(2000). *How to know God: The Soul's Journey Into the Mystery of Mysteries*. Harmony Books.

Condorcet, N. de.(2016). *Esquisse d'un tableau historique des progrès de l'esprit humain*. CreateSpace Independent Publishing Platform.

D'Antonio, M.(1992). *Heaven On Earth: Dispatches from America's Spiritual Frontier*. Crown.

Dawkins, R.(1986). *The Blind Watchmaker*. New York: W. W. Norton.

_____(1998). "Postmodernism disrobed" *Nature*. 141−143.

Deem, R. L. "Why Deism Fails as a Philosophical Paradigm for the Universe." Retrieved from www.godandscience.org/apologetics/deism.html.

Dembsky, W.(2002). *Intelligent Design: The Bridge Between Science & Theology*.

IVP Academic. 서울대학교 창조과학연구회 역, (2002) 『지적 설계』. 서울: IVP.

Dooyeweerd, H.(1968). *In the Twilight of Western Thought: Studies in the Pre-*

tended Autonomy of Philosophical Thought. Phillipsburg, NJ: Presbyterian and Reformed Publishing Company.

_____(1969). *A NEW CRITIQUE OF THEORETICAL THOUGHT Two Volume Set (Volumes II-II & III-IV).* Presbyterian & Reformed Publ.

Drummond, R.(1974). *Gotama, The Buddha.* Grand Rapids: Eerdmans.

Engels, F.(1885). *Das Kapital: Kritik der politischen Ökonomie* Vol. 2. Hamburg: Verlag von Otto Meisner

_____(1894). *Das Kapital: Kritik der politischen Ökonomie* Vol. 3. Hamburg: Verlag von Otto Meisner

Erickson, M. J.(2001). *Truth or Consequences: The Promise & Perils of Postmodernism.* Downers Grove, IL: InterVarsity Press.

Feuerbach, L.(2014). *Das Wesen des Christentums.* Anaconda Verlag.

Feyerabend, P.(1995). "Anything Goes," in Walter Truett Anderson, ed., *The Truth About The Truth.* New York, NY: Tarcher/Putnam Publishers, 199-200.

Foucault, M.(1983). *This Is Not a Pipe.* Berkeley, CA: University of California Press.

Franklin, B.(1849). *Benjamin Franklin: His Autobiography: With a Narrative of His Public Life and Services.* New York: Harper & Brothers.

Fukuyama, F.(2006). *The End of History and the Last Man.* Free Press.

Fuller, S.(2018). "Relativism versus Absolutism: The Sense of Relativism That Leibniz and Hegel Grasped but Plato Didn't" in Stenmark, M., Fuller, S. & Zackariasson, U. ed., Palgrave Macmillan. 21-34.

Geden, A. S.(1921). "Pantheism in Hindu," in *Encyclopaedia of Religions and Ethics*, 9:619. Edited by James Hasting. 12 vols. New York: Charles Scribner's Sons.

Geering, L.(1971). *Resurrection: A Symbol of Hope*. Hodder & Stoughton Ltd.

Geisler, N.(1980). *Introduction to Philosophy: A Christian Perspective*. Grand Rapids: Baker, 1980.

Gertz, N.(2018). *Nihilism and Technology*. Rowman & Littlefield International.

_____(2019). *Nihilism*. The MIT Press.

Gore, A.(1992). *Earth in the balance: Ecology and the Human Spirit*. Houghton Mifflin.

Groothuis, D. R.(1986). *Unmasking the New Age*. Downers Grove: IVP Books.

_____(1988). *Confronting the New Age: How to Resist a Growing Religious Movement*. Downers Grove: InterVarsity Press.

_____(1997). *The Soul in Cyberspace*. Baker Books.

Halverson, D. C.(1990). *Crystal Clear: Understanding and Reaching New Agers*. Colorado Springs, CO: NavPress.

Hamade, L. B.(1990). *Understanding the Arab World,* Nashville: Thomas Nelson Publishers.

Harris, S.(2004, 2005). *The End of Faith: religion, terror and the future of reason*. W.W. Norton & Company.

Hegarty, P.(2006). "Noise Music" *The Semiotic Review of Books*. 16(1−2):2. Ontario: Lakehead University.

Heidegger, M.(1973). *The End of Philosophy*. Harper & Row.

Hitchens, C.(2002). *Why Orwell matters*. Basic Books.

Horgan, J.(1998, 2015) *The End of Science: Facing The Limits Of Knowledge In The Twilight Of The Scientific Age*. Basic Books.

Howard, M. C. & King(1992). J. E. *A History of Marxian Economics: Volume II, 1929–1990*. Princeton, NJ: Princeton Univ. Press.

Huxley, A.(1963). *The Doors of Perception and Heaven and Hell*. New York: Harper & Row.

Jacobi, F. H.(2019). *Friedrich Heinrich Jacobi's Werke*, Vol. 1. Forgotten Books.

Jameson, F.(1991). *Postmodernism, or, the Cultural Logic of Late Capitalism*. Duke UP.

Jefferson, T.(2011). *The Life and Morals of Jesus of Nazareth*. Smithsonian Books.

Johnson, B.(2009). *Deism: A Revolution in Religion, a Revolution in You*. Clearwater, FL: World Union of Deists.

_____(2013). *An Answer to C.S. Lewis' Mere Christianity*. Clearwater, FL: World Union of Deists.

_____(2014). *God gave us reason, not religion*. Clearwater, FL: World Union of Deists.

Kafka, F.(1961). "The Watchman", *Parables and Paradoxes*. New York: Schocken Books.

_____(2006). *Der Prozess*. Anaconda.

Kant, I.(1793). *Die Religion innerhalb der Grenzen der bloßen Vernunft*. Königsburg.

_____(2003). *Kritik der praktischen Vernunft.* Hamburg: Hrsg. von Horst D. Brandt und Heiner F. Klemme, Meiner.

Kateregga, B. D. & Shenk, D. W.(1980). *Islam and Christianity.* Grand Rapids: Eerdmans.

Kempis, T. à.(2012). *The Imitation of Christ: Selections Annotated & Explained.* SkyLight Paths.

Kołakowski, L.(2005). *Main Currents of Marxism.* New York: W. W. Norton and Company.

Kuhn, T. S.(1996). *The Structure of Scientific Revolutions.* 3rd ed. Chicago, IL: University of Chicago Press.

Kurtz, P.(1973). *Humanist Manifestos I and II.* Buffalo, N. Y.: Prometheus.

_____(2000). *Humanist Manifesto 2000: A Call for A New Planetary Humanism.* Amherst, NY: Prometheus Books.

La Mettrie, J. J. O. de.(2015). *L'Homme Machine.* CreateSpace Independent Publishing Platform.

Latourette, K.(1956). *Introducing Buddhism.* New York: Friendship Press.

Lenin, V.I.(1978). *Complete Collected Works,* 45 vols. Moscow, USSR: Progress Publishers, 10:83.

_____(1976). *The Teachings of Karl Marx.* New York, NY: International Publishers.

_____(1927). *Materialism and Empirio-Criticism.* New York, NY: International Publishers.

Lessing, G. E.(1779). *Nathan der Weise.* Berlin.

_____(1780). *Die Erziehung des Menschengeschlechts.* Berlin.

Lilly, J.(2017). *Center of the Cyclone: An Autobiography of Inner Space.* New

York: Julian Press.

Lyotard, J.-F.(1979). *La Condition postmoderne: Rapport sur le savoir, Collection Critique. The Postmodern Condition: A Report on Knowledge.* Minneapolis, MN: University of Minnesota Press(1984). 유정완 역, 『포스트모던의 조건: 지식의 보고서』. 파주: 민음사(2018).

_____(1988). *L'INHUMAIN.: Causeries sur le temps.* Editions Galilée.Marsh, J.(1981). "The Universe and Dr. Sagan", *Commentary*(1981. 5), 64−68.

MacIntyre, A.(2013). *After Virtue: A Study in Moral Theory.* Bloomsbury Academic.

Maclain, S.(1983, 1989). *Out on a Limb.* New York: Bantam.

Marx, K.(1848). *Manifest der Kommunistischen Partei.* London.

_____(1867). *Das Kapital: Kritik der politischen Ökonomie* Vol. 1. Hamburg: Verlag von Otto Meisner

_____(1974). *On Historical Materialism.* New York, NY: International Publishers.

Marx, K. and Engels, F.(1974). *On Religion.* New York, NY: Schocken Books.

_____(1976). *Collected Works*, 40 vols. New York, NY: International Publishers, 3:175.

McDowell, J. & Hostetler, B.(1998). *The New Tolerance.* Carol Stream IL: Tyndale House.

McKibben, B.(1989, 1997). *The End of Nature.* Random House.

Miller, E.(1989). *A Crash Course on the New Age Movement.* Grand Rapids, MI: Baker Book.

Molyneux, J.(1995). "Is Marxism deterministic?" *International Socialism Journal*, Issue 68.

Moreland, J. P.(1989). *Christianity and the Nature of Science: A Philosophical Investigation*. Grand Rapids, MI: Baker Book House.

Morey, R.(1920). *The Islamic Invasion*. Eugene: Harvest House Publishers.

Montgomery, R.(1972). *A World Beyond*. New York, NY: Ballantine/Fawcett Crest Books.

Moody, Jr., R. J.(1976). *Life after Life*. New York: Bantam.

Moore, G. E.(2016). *Principia Ethica*. CreateSpace Independent Publishing Platform.

Murray, J.(1987). *Redemption Accomplished and Applied*, Grand Rapids: Eerdmans.

Mutahhari, A. M.(2014). *An Introduction to Ilm al-Kalam*. CreateSpace Independent Publishing Platform.

Myers, J. & Noebel, D. A.(2015). *Understanding the Times: A Survey of Competing Worldviews*. David C. Cook.

Nasr, S. H.(2009). *Islam, Science, Muslims and Technology*. Islamic Book Trust.

Nietzsche, F.(2019). *Also sprach Zarathustra: Ein Buch für Alle und Keinen*. Bern: schattenlos Verlag.

_____(2012). *Der Wille zur Macht*. Jazzybee Publishing.

_____(2017). *Die fröhliche Wissenschaft*. Nikol.

Naugle, D. K.(2018). *Worldview: the history of a concept*, Grand Rapids: Eerdmans, 2002. 박세혁 역, 『세계관, 그 개념의 역사』. CUP.

Newbigin, L.(1989). *The Gospel in a Pluralist Society*. Grand Rapids: Eerdmans.

Paine, T.(2014). *The Age of Reason*. Grand Rapids: Michigan Legal Publishing.

Palmer, E.(2018). *Principles of Nature*. West Bloomfield, MI: Franklin Classics.

Plantinga, A.(1993). *Warrant and Proper Function*. Oxford: Oxford University Press.

Polanyi, M.(1974). *Personal Knowledge: Towards a Post-Critical Philosophy*. Chicago, IL: University of Chicago Press.

Pope, A.(1733). *An Essay on Man: In Epistles to a Friend (Epistle II)*. London.

Popper, K.(2002). *Conjectures and Refutations: The Growth of Scientific Knowledge*. Routledge.

Postman, N.(1996). *The End of Education: Redefining the Value of School* Reprint Edition. Vintage.

Robertson, O. P.(1980). *The Christ of the Covenants*, Phillipsburg: P&R.

Rorty, R.(1998). *Achieving Our Country: Leftist Thought In Twentieth-Century America*. Cambridge, MA: Harvard University Press.

Rorty, R. & Vattimo, G.(2005). *The Future of Religion*. New York, NY: Columbia University Press.

Ross, F. & Hills, T.(1956). *The Great Religions by Which Men Live*. New York: Fawcett World Library.

Rousseau, J. J.(2009). *Emile ou de l'éducation*. Editions Flammarion.

Ruccio, D. F. & Amariglio, J.(2003). *Postmodern Moments in Modern Economics*. Princeton, NJ: Princeton University Press.

Schaeffer, F.(2005). *How Should We Then Live?: The Rise and Decline of Western Thought and Culture*. Wheaton, IL: Crossway Books, L'Abri 50th Anniversary edition.

Sagan, C.(1980). *Cosmos.* New York: Random House.

Seidner, S. S.(2009). "A Trojan Horse: Logotherapeutic Transcendence and its Secular Implications for Theology". Mater Dei Institute.

Sire, J. W.(2009). *The Universe Next Door: A Basic World View Catalog.* Downers Grove: InterVarsity Press. 김헌수 역(2007). 『기독교와 현대사상』. 서울: IVP.

_____(2004). *Naming the Elephant: Worldview as a concept,* Downers Grove: InterVarsity Press. 홍병룡 역, 『코끼리 이름 짓기』. 서울: IVP(2007).

Sokal, A. & Bricmont, J.(1999). *Fashionable Nonsense: Postmodern Intellectuals' Abuse of Science.* Picador.

Smith, F. L.(1986). *Out On a Broken Limb.* Eugene, OR: Harvest House.

Spangler, D.(1977). *Reflections of the Christ.* Forres, Scotland: Findhorn.

Stark, R.(2003). *For the Glory of God.* Princeton, NJ: Princeton University Press.

Stevens, B.(2016). *Nihilism: A Philosophy Based In Nothingness And Eternity.* Manticore Press.

Tindal, M.(2015). *Christianity as Old as the Creation.* New Jersey: Palala Press.

Toland, J.(1696). *Christianity not Mysterious.* London.

van der Walt, B. J.(1994). *Liberating Message: A Christian view for Africa,* Potchefstroom: IRS.

Vanhoozer, K. J. ed.(2005). *Postmodern Theology.* Cambridge, UK: Cambridge University Press.

Voltaire(1763). *Traité sur la Tolérance.* Genève: Cramer frères.

_____(1799). *Epitre à l'auteur du livre des Trois imposteurs.* tome 10.

_____(1799). *L'Orphelin de la Chine.* Paris.

_____(1869). *Oeuvres complètes de Voltaire,* Volume 7.

Walsh, B. J. & Middleton, J. R.(1984). *The Transforming Vision: Shaping a Christian World View,* Downers Grove: InterVarsity Press. 황영철 역,『그리스도인의 비전』. 서울: IVP(1987).

Walsch, N. D.(1996). *Conversations with God: An Uncommon Dialogue* Book 2-15, Putnam/Hampton Roads.

Ward, G.(2003). *Postmodernism.* Chicago, IL: McGraw-Hill.

Weber, M.(1991). *Die Wirtschaftsethik der Weltreligionen. Konfuzianismus und Taoismus: 1915-1920.* Max Weber-Studienausgabe, Band 1. Mohr Siebeck. 이상률 역,『유교와 도교』. 서울: 문예출판사(1990).

_____(2015). *Gesammelte Aufsätze zur Religionssoziologie. Band 2: Hinduismus und Buddhismus.* Severus Verlag. 홍윤기 역(1986).『힌두교와 불교』. 서울: 한국신학연구소.

Weigel, G.(1993). "The Collapse of Communism" in *The World & I* vol. 8, 372-73.

Westfall, R. S.(1980). *Never at Rest.* Cambridge University Press.

Wilber, K.(1996). *Brief History of Everything,* Boston: Shambhala.

Wolters, A. M.(1985). *Creation Regained: Biblical Basics for a Reformational Worldview,* Grand Rapids: Eerdmans. 양성만, 홍병룡 역,『창조, 타락, 구속』. IVP(2007).

Zukav, G.(1989). *The Seat of the Soul.* New York, NY: Simon and Schuster.Ward, abissonichilista.altervista.org

americanhumanist.org/what—is—humanism/definition—of—humanism

aquariusnewageplayground.com

bactra.org/chomsky—on—postmodernism.html

encykorea.aks.ac.kr/Contents/Index?contents_id=E0002132

news.chosun.com/site/data/html_dir/2019/11/22/2019112202403.html

naturalism.org

news.chosun.com/site/data/html_dir/2019/11/22/2019112202403.html

news.joins.com/article/23010516

nihil.org

nownews.seoul.co.kr/news/newsView.php?id=20180918601010

upload.wikimedia.org/wikipedia/commons/thumb/e/e8/DharmaWheel-
GIF.gif/800px—DharmaWheelGIF.gif

upload.wikimedia.org/wikipedia/commons/thumb/0/09/Wittenberg_
Stadtkirche_1.jpg/440px—Wittenberg_Stadtkirche_1.jpg

watv.org/ko/truth—intro

web.archive.org/web/20050406210913/http://www.naturalism.org/cen-
ter_for_naturalism.htm

www.allaboutphilosophy.org/deism.htm

www.allaboutworldview.org

www.amazon.com/Bob—Johnson/e/B009H79QJ8/ref=dp_byline_cont_
book_1

www.bethel.de

www.deism.com

www.dynews.co.kr/news/articleView.html?idxno=250549

www.hinduismtoday.com

www.ibulgyo.com/news/articleView.html?idxno=86362

www.iep.utm.edu/nihilism

www.islamicity.org

www.islamreligion.com

www.jostiband.nl/concerten/repetities

www.marxist.com

www.marxist.org

www.nocutnews.co.kr/news/4549532

www.onpostmodernism.com

www.youtube.com/watch?v=IIvpT0Fr1fo

youtube.com/2IysV4TTYOE